毛泽东　　和　　他的同学们

Mao Zedong

and

He's Classmates

李 丽/著

团结出版社

图书在版编目（ＣＩＰ）数据

毛泽东和他的同学们 / 李丽著. -- 北京 ：团结出
版社，2017.5（2018.6 重印）
ISBN 978-7-5126-4803-6

Ⅰ．①毛… Ⅱ．①李… Ⅲ．①毛泽东（1893-1976）
－生平事迹 Ⅳ．①A752

中国版本图书馆 CIP 数据核字(2016)第 316050 号

出　版：团结出版社
　　　　（北京市东城区东皇城根南街 84 号　邮编：100006）
电　话：（010）65228880　65244790　（出版社）
　　　　（010）65238766　85113874　65133603（发行部）
　　　　（010）65133603（邮购）
网　址：http://www.tjpress.com
E-mail：zb65244790@vip.163.com
　　　　fx65133603@163.com（发行部邮购）
经　销：全国新华书店
印　装：三河市东方印刷有限公司

开　本：170mm×240mm　　　16 开
印　张：13.75
字　数：205 千字
印　数：4046-6055
版　次：2017 年 5 月　第 1 版
印　次：2018 年 6 月　第 2 次印刷
书　号：978-7-5126-4803-6
定　价：28.00 元

1914 年毛泽东照

1918 年毛泽东（四排右二）与湖南省立第一师范本科第八班同学合影

挚挚同学情

　　伟人毛泽东一生入读了 13 所学校。1902 年，9 岁的他进入韶山冲南岸私塾启蒙，在家乡"六年孔夫子"换了 7 所私塾。私塾同学都是乡邻，他们调皮玩乐、抗议塾师体罚、偷看小说、憧憬外面的世界，在最纯真的年代里，他们一起成长，建立了纯洁的感情。

　　1910 年，17 岁的毛泽东考入湘乡县立东山高等小学堂读书，从此走出了乡关，走向了外面更广阔的世界。湘乡求学拉开了他接受新式民主教育的序幕，此后他入学的湘乡驻省中学堂、公立高级商业学校、湖南全省高等中学校，湖南省立第四师范，以及他求学时间最长、对他人生影响最大，学生生涯最后一站的湖南省立第一师范，这些学校都地处湖南省会长沙，汇聚了来自全省各地学业优异、追求进步的青年学子们，毛泽东与他们中不少人结成了肝胆相照、坦诚相见的朋友，他与这些志同道合的学友们携手共进，谱写了一曲曲激昂的奋进之歌。

　　以真挚和朴实为基，以信任和坦诚为石，毛泽东和同学们筑起友谊的长城，抵御敌人的无情刀剑，抵挡乱世的诡谲风云。读私塾时学生们要自己带中饭，有同学家里穷没有带饭，毛泽东宁愿吃不饱肚子，也要把自己的饭菜分一半给同学。"韶山冲来冲连冲，十户人家九户穷"，这样偏僻的穷山沟里只走出了毛泽东、毛岱钟等寥寥无几的有一定家庭条件且求学意志坚定的少年。当毛泽东寻求到了理想，走上新的征途时，他没有忘记仍困居在家乡一隅的亲友们、同学们，仍无比地信任着他们。他劝说中断学业的同学重拾课本，走进他开办的湖南自修大学；他带领有勇气、有想法的同学走上革命道路，介绍他们入团入党。他在家乡播下革命的火种、建立起第一个农村党支部，为乡亲们，为更多留在家乡的同学指明新的路途。同样，朴实的私塾同学是毛泽东有力的后盾。当毛泽东要在韶山开展农民运动时，是他的同学钟志申第一个站出来支持他；当毛泽东被敌人通缉时，是他的同学张有成、郭梓阁兄弟不顾自身安危掩护他脱离危险；当毛泽东为大家而无法顾全小家时，是他那些老实巴交的乡亲、同学为他保护祖坟，守住屋舍。

毛泽东是一个感情十分热烈的人，他"求友之心甚热"，他真挚的情感使他每到一个陌生的地方都可以寻求到真正的朋友。即便是在排外思想严重，他感到颇为压抑的东山学校，他还是结交到了谭世瑛、萧三等几个密切的好友。1915年秋，在一师求学的毛泽东向长沙各校发出征友启事，说"愿嘤鸣以求友，敢步将伯之呼"，意欲结交刻苦耐劳、意志坚定、随时准备为国捐躯的青年。在收到回信，与人相谈甚欢后，他又主动表示"愿结管鲍之谊"。

与他交往密切的一师同班同学易昌陶病逝，毛泽东深情地写了一首挽诗和挽联，其中有语云："子期竟早亡，牙琴从此绝"，以钟子期和俞伯牙为喻，表达了他对易昌陶的深厚感情。在给同学的信中，他也热烈地表达对同学的思念之情，"日来思念殊甚"，"相违咫尺数日，情若千里三秋"……毛泽东的奔放、外向型性格为他赢得了众多同学的好感，是同学情感的催化剂。

而毛泽东和同学们能够长时间相交、相知，贵在于他们之间坦诚信任，互帮互助。有同学因为玩笑产生误会，毛泽东主动承认错误，真诚地道歉，得到同学的谅解。有同学因为参加体育活动丢弃了学业，毛泽东诚挚地劝说，使他们兼顾了学业。在寻求理想的路上，一些同学明确表示兴趣在于教书不在于革命，毛泽东表示理解，支持他们教书育人。

以勤学好知为舵，以理想和进步为舵，毛泽东与同学们拉起友谊的帆，在快意人生中乘风破浪。毛泽东读书的目的十分明确，为救国救民而储才蓄能。他为此刻苦攻读，奋发踔励。因为"好读书"他有缘结识了一大批同样爱好读书、求知欲旺盛的同校同学，如萧子升、蔡和森等人。毛泽东和他们组建课外哲学学习小组，互相借阅书籍。萧子升曾打算将"经之类十三种，史之类十六种，子之类二十二种，集之类二十六种，合七十有七种"，"购之非二百金莫办"的祖遗经史惠赠于毛泽东，毛泽东再三拒绝，只愿借读。无疑，这件事体现了他们间浓厚真挚的同学情。

对于结交，毛泽东有选择，有原则，这个原则用他自己在湖南省立第一师范读书时的话归纳而言：不谈金钱，不谈男女之间问题，不谈家庭琐事。他的一个同学曾当着他的面锱铢必较，吩咐仆人买肉的事，毛泽东当场拂袖而去，再也没有和那个同学交往过。可以说，毛泽东结交的同学都是情趣相投、携手共进的诤友、良友。

从 1912 年 6 月到 1920 年 11 月间，毛泽东的书信共 39 封，其中写给同学朋友的信达 34 封。这些信无一列外都蕴含着两个重要信息：一是交流对学习的看法；二是交流对时事、学业的感想和对未来的筹划。"斋其躬而有益于国与群，仁人君子所欲为也"（1915 年 7 月《致友人信》），"《甲寅》杂志第十一第十二两卷，欲阅甚殷，仍欲请兄剩暇向徐先生一借。"（1916 年 2 月 29 日《致萧子升信》），"我想我们学会，不可徒然做人的聚集，感情的结合，要变为主义的结合才好。主义譬如一面旗子，旗子立起了，大家才有所指望，才知所趋赴"（1920 年 11 月 25 日《致罗璈阶信》）……

"携来百侣曾游，忆往昔峥嵘岁月稠。恰同学少年，风华正茂；书生意气，挥斥方遒。指点江山，激扬文字，粪土当年万户侯。曾记否，到中流击水，浪遏飞舟？"1925 年 8 月一个秋高气爽的日子里，毛泽东独自伫立在长沙的橘子洲头，眺望着澄净碧水，感受着万物自由，不由得忆起了与同学们品谈国事，畅游湘江的美好往事，从而挥笔写下了这首《沁园春·长沙》。从中，我们可以真切地感受到毛泽东的学习生涯是多么地意气风发，充实上进。他相邀萧子升不带分文步行漫游长沙、宁乡、安化等地，沿途了解风土人情；他与张昆弟游览昭山，夜宿昭山寺，畅谈"人之心力与体力合行一事，事未有难成者"；他与罗学瓒、邹蕴真等人环游长沙水陆洲，至夜，清风明月，醉酒歌诗……他们发起一师学潮、组织护校斗争，他们主办工人夜校、进行社会调查，他们成立新民学会，组织赴法勤工俭学，他们开展驱张运动、创办文化书社，在明亮的教室里，在秀丽的岳麓山上，在壮阔的湘江河中，在冰雪覆盖的北京城，到处是这群孜孜不倦，充满朝气的青年身影，到处洋溢着斗志高昂的勃勃生机。

上井冈山后，毛泽东与同学们的联系长时间中断。战火的锤炼，思想的洗礼，困难的磨砺逐渐使他蜕变成满腹经纶的诗人，成为坚定的马克思主义者，使他从"毛委员"、"毛先生"历练成为了一个国家的最高领袖"毛主席"。而昔年私塾同学大多仍是面朝黄土背朝天，不识马列为何物者的普通农民，昔年交好的中学同学仍多为抱残守缺的旧式文人，或是普通的教书匠。岁月的无情、思想的藩篱、身份的鸿沟却斩不断、分不离情谊深重的真挚同学情。建国后，一份份长信鸿雁传书，传递着他对同学们的问候与关怀。他在生活上关心他们，自掏腰包在金钱上资助其中生活困难者。他曾给同学周世钊的信中叮嘱到："如有其他穷师友，因生活困难，日子难过的事，请告我，应即援助，都由你经手。这是一种社会主义援助性质。"他在思想上关怀他们，让他们乐于参与到新中国的建设中；他对他们做出了学术成绩，参加了新中国的思想改造和建设表示由衷的喜悦；他对他们提出的有益党和国家发展建设的请求，给予支持。

夏明服，别甫在伯，益阳桃江县人。毛泽东在湖南省立第四师范和一师的同班同学，1918 年一师毕业后，他们又同在一师附小共事一年，夏在伯毕业后一直从事教育工作。1937 年抗战爆发，他除了投身抗日宣传活动外，还向远在延安的毛泽东写信，推荐县立四校的进步青年肖瀚元、刘汉初赴延安入学。毛泽东在第二年辗转收到信后，给夏在伯热情回信："在伯学兄如晤：肖刘二君长，带来手书，读之倍增睽别之感。深望事业益进，为国努力，南北异地，工作方向实相同也。肖刘入学不成问题。有纯洁青年能吃苦耐劳者，此间均不加拒绝。"夏在伯接到回信时，肖、刘已在延安入学并参加了革命。建国后，肖瀚元任山东省总工会主席，刘汉初从事教学，在昆明师范学院外语系任教授。

建国后与老同学的交往，不仅是同学情的延续，在毛泽东这里，还有更深层次的含义，他十分注重询问乡情、省情和人民对待国家政策的态度等情况。

　　王汝霖，毛泽东在湖南省立第四师范和第一师范读书时的同班同学，且同一宿舍。1950 年初，湖南省永明县人民政府征粮时任用的一批旧政权职员乱征粮，损害了人民群众的切身利益。王汝霖写信向毛泽东反映了这个情况。5 月 7 日，他收到了毛泽东亲笔回信："汝霖学兄：一月卅一日来信收到，感谢你的好意。征粮中出了许多弊病，政府已有令纠正，不知结果究竟如何？便时尚祈详举见告为盼！"

　　毛泽东昔年来往最为密切的同学萧子升后来与他分道扬镳，在国民党政府担任官员，又远走异国他乡，甚至在后来对毛泽东有许多不实的评价，但毛泽东仍然顾念同学之情，多次托人传话，希望萧子升能够回归故土。

　　正所谓"一死一生，乃见交情；一贫一富，乃知交态；一贵一贱，交情乃见。"毛泽东和同学们平等、真挚的同学情感人肺腑，难能可贵。

　　毛泽东尽管顾念旧情，关心旧交学友，但作为党和国家的最高领袖，他绝不把个人情感带入公事中，始终坚持公私分明，坚守国法党纪。对于一些学友的过分要求，如请求介绍工作、解决职务等，毛泽东婉言相劝或予以拒绝。

　　毛森品，是毛泽东在湘乡东山高等小学堂的同学。建国后，毛森品曾两次写信给毛泽东，请求帮忙介绍工作，毛泽东认为"吾兄出任工作极为赞成，其步骤似宜就群众利益方面有所赞助表现，为人所重，自然而然参加进去，不宜由弟推荐"。

　　曾韵珂，毛泽东在湖南省立第一师范的同学，曾一起到乡村调查。此后，他长期从事教育工作，并当过某校校长。1954 年当地政府要将他调到城外小学去教书，他因此上书毛泽东，去信不久便得到了毛泽东的亲笔回信，信中写道："改任中学或其他职务一事，我不便说话，请另行设法图之。"但对于老同学在信中倾诉的困难之情形，毛泽东"甚表同情"，并"寄上人民币二百万元"（相当于现在的 200 元）。1962 年，毛泽东又给曾韵珂寄去 700 元。对于毛泽东的公私分明，曾韵珂万分理解，他也十分感谢毛泽东的捐助之情，1963 年 12 月，当毛泽东 70 岁时，还赋诗两首表达祝贺之意。

　　借用毛泽东自己表明的对文家亲友的态度："因为我爱他们，我就希望他们进步，勤耕守法……努力和众人一样，不应有任何特殊。"毛泽东对同学也正是这样，对他们的帮助首先是建立在他们是普通劳动人民群众中的一员的基础上的。

毛泽东始终遵循着"恋亲，但不为亲徇私；念旧，但不为旧谋利；济亲，但不以公济私"。也正因为如此，他与同学们的情感是真正的朋友之情，道义之交，它的真挚与美好，更值得为世人所称道和学习。

目　录

那还是叔祖父
——毛泽东和毛裕初

　　一水护田将绿绕，两山排闼送青来，宜人的乡村私塾景象养育了一群朴实厚道的农村娃。天真烂漫的童年时代，他们没有辈分之分，没有天分之别，毛泽东和毛裕初自然而然地建立起纯真的友谊。新中国成立后再次相见，毛泽东很喜欢这位纯朴直率的昔年同学，笑称他为"叔祖父"。而毛裕初在平易近人、平等相待的开国领袖面前，畅所欲言。

与塾师对对子

　　在韶山村土地冲南岸下屋场坐落着一栋青砖泥瓦的房子，这是邹姓人家的祠堂。房前有一汪碧水，对面是清秀葱郁的象鼻山，静谧美丽的风景让人心旷神怡，是读书人的好去处。不知从什么时候起，在它靠北角的一间小楼房里办了一家私塾。塾师邹春培年复一年地教着书，没有想到在1902年的春天会碰到一个让人爱恨交加、天分奇佳却不守规矩的学生。他读书从不读出声，给他点书，他说不要点了，省得先生费累。邹春培十分奇怪，问："你特来读书，不点书何理要得？"他就回答："你不点我也背得。"短短时间，他从读《百家姓》《三字经》开始，继而读了《幼学琼林》《论语》《孟子》《中庸》《大学》等，没有点过的书他凭借翻《康熙字典》也能认得、懂得。

南岸私塾课堂内景

填红蒙字，他就不填，要自己放手写，居然比一般学生照着填写的还要好些。邹春培知道，私塾里的学生们常叫这个学生"省先生"，意思是天资聪颖，不需要先生劳神。

平常正襟危坐的邹先生此刻站在堂前颇感头疼，读书不劳神的"省先生"总是在规矩方面让人气躁。邹春培外出办事，安排了功课要学生们温习。谁知回来，却发现他带着几个学生在房前池塘游泳，居然还拿《论语》中的典故说是遵循圣人言。罚他背书，不用说肯定能背。邹春培满脸怒气又带着些许无奈。私塾里 10 个大小不一的儿童肃立，有的低垂着头，有的紧张局促，有的满怀担忧。邹先生对学生十分严厉，动不动就打手板，打屁股或跪凳子。"那就对对子，对不出的人打板子。"邹春培想出了这个法子。他先考问带头犯事的"省先生"毛泽东，他出句"濯足"，一脸平静的毛泽东应声而答："修身。""濯足"是经书中的成句，《孟子·离娄上》云"清斯濯缨，浊斯濯足矣"，《楚辞·渔父》亦有成句："渔父莞尔而笑，鼓枻而去。歌曰'沧浪之水清兮，可以濯吾缨；沧浪之水浊兮，可以濯吾足'。"其直译为洗脚。《礼记·大学》有云：

"欲成其家者，先修其身。""修身"即修身养性，努力提高自己的品德修养。邹先生批评学生们不该玩水，毛泽东却指出游泳既可以锻炼身体，又可以提高修养。邹先生不禁暗暗点头，又一次哑口无言地面对这个才华横溢的学生。毛泽东的下联对得工稳妥帖，词性相同，动宾对动宾，平仄相反，且立意显然更高一筹，堪称佳对。邹先生又考问其他参与逃学游泳的学生，第一个就点了坐在前排的毛裕初，他出句："牛皮菜。"毛裕初对曰："马屎苋。"毛泽东见状，连忙提醒道："是马齿苋，不是马屎苋，因为它的叶子像马齿。"毛裕初也由此免除了一次打板子。

毛裕初，又名玉初，号鼎言，行五，家住印山冲。与毛泽东是同族，两人能谈到一块，玩到一起，关系亲密。学业优异、聪明大胆、关心弱小的毛泽东是孩子头，即便是比他大4岁的毛裕初也愿意听他安排。上山放牛，摘野果，爬树……这是他们的快乐童年。

叔祖父进京

毛裕初如同祖辈那样，还是偏远山村里一个面朝黄土背朝天的泥腿子，哪能想到有一天可以进"皇城"。曾经的京都从北平又改名为北京，可再怎么变，对于毛裕初来说，都是神圣无比、做梦都不敢想的地方。他满怀忐忑，想到在1957年的这个冬天要见到几十年未见的老同学又有些激动。得知消息的那天，他是那么难以置信和惊喜。他穿着露了棉絮的薄袄子，挥舞着锄头，正在印山冲山上挖药。突然被家人叫回家来，一个干部模样的人正等着他，告知他去北京见毛主席，他都愣了一阵没有反应过来。他换上干净衣服，由韶山招待所派人护送到长沙，而后乘火车上北京。抵京后，被安排住在一个招待所里。乡下没有什么好东西，可毛裕初听以前上京的乡亲们说过，毛主席对家乡土特产情有独钟。要不是靠着"润之主席"领导的共产党浴血奋战，推翻了剥削阶级，他这一辈子衣不蔽体，食不果腹，还谈什么上北京。虽然毛泽东一再说不让带东西，这个实在的乡下人还是带上了一些山枣饼等自家做的土玩意儿。

几天后，一辆车把毛裕初送进了古朴肃穆的庭院。老同学现在是国家最高领导人，在过去那可是"皇帝"，戏文里的皇帝都是威风凛凛、高高在上的，这个朴实的老农民想到这里，十分紧张。细心体贴的毛泽东察觉到了毛裕初的种种情绪，喜欢和农民打交道的他也善于与他们交流。丰泽园的住所里，他紧紧地握着毛裕初的手，对他的到来表示欢迎。毛泽东凝视了片刻，亲切地问毛裕初："你是哪一辈的？"毛泽东一口韶山乡音让毛裕初放松了不少，回答说："我是恩字辈的，派名毛恩谱。"毛泽东听后大笑了起来，"搞了半天，还是我的叔祖父咧。"韶山毛氏家族从第七代开始按派系诗取名："立显荣朝士，文芳运际祥；祖恩贻泽远，世代永承昌。"恩字辈是毛泽东的祖父辈。而更巧的是，毛泽东的祖父谱名叫"毛恩普"，字寅宾，号翼臣，与毛裕初谱名读音相同，只是字、号不同。毛裕初听了毛泽东一番话忍不住跟着笑了起来。

毛泽东请毛裕初在沙发上坐下来。经过一番交流，毛裕初放松下来，他主动问道："主席，你还记得在南岸读书的事吗？"

"记得不多了。我们的老师叫邹春培先生，是吗？"

"是的。"

毛裕初又说："主席，你那时候很会读书。你还记得吗？邹先生对学生要求很严厉，常常罚同学们背书。背不出就打手心，或者罚站。"

毛泽东也陷入了回忆，想起了往事，他接着说道："是的。我们跟邹先生作过'斗争'，我们甚至还为此逃过学。不过，先生那时还是为了我们好哩！"两人你一言我一语，聊起南岸读书时的桩桩件件。

生于农村、长于农村的毛泽东一辈子都十分关注农民的生活，他担心自己住在北京城里得不到真实的材料，不仅时常实地考察，而且他在给乡下亲友的信中说："乡间生产、贸易、公粮等项情形，暇时望告一二。""乡间情形，便时尚希告我一二。"每次接见乡亲们，更是要认真详细地询问乡里的情况。这次，毛泽东问毛裕初："现在农村的情况如何？社员生活过得好不好？心情舒畅不舒畅？"

毛裕初以前听进京的乡亲们说过，知道毛泽东关心这些事情，回答起来也很是利索："搭帮主席翻了身，现在的日子算是好多了。农村现在没有要米讨饭的了。"

毛泽东又关切地问道："现在每人每年能吃多少谷？每天能吃多少米？"

"每人每年平均能吃 500 斤谷。"

毛泽东估算了下，有点失望，说道："这是不够的，每天只能吃到 1 斤 3 两多谷。"顿了顿，他说："我们的政策是每人每年至少要吃 500 斤米，这样才能不让大家饿肚子。"

毛裕初是从旧社会过来的人，过惯了苦日子，对于新生活他知足感恩，于是由衷地说："是少了点，但比以前要饭讨米，就不知强到哪里去了。"

毛泽东想到农民的苦与累，还是心下内疚："农民辛苦呵，一年四季，泥里水里，风里雨里，到头来连肚子都吃不饱，真叫人过意不去。"

毛裕初劝道："您可莫这么说，您比我们还辛苦哩。"毛泽东摇了摇头："我这个主席没有当好呀。"停了停，又说："现在是过渡时期，国家底子薄，今后的日子会慢慢好起来的。只要大家奋发图强，搞好生产，就能过上幸福生活。"毛泽东给毛裕初递了根烟，又想起一件事来，"早几天，我看了《湖南日报》，报上说，湖南的粮食亩产达到了八百斤。"

毛裕初凭着多年种田的经验就知道粮食亩产根本不可能有这么多。老实直率的他脱口而出："这不可能，实际上亩产大约只有六百斤，要达到八百斤，那是个别的，搞试验田，肥料下得足，土质好，管理也好，亩产才可能有八百斤。"毛裕初接着将现在乡间出现的一些虚报产量的苗头等情况讲给毛泽东听。

一转眼几个小时过去了，毛泽东邀请毛裕初共进午餐。席间，毛泽东不断地给毛裕初敬酒、敬菜。毛裕初有点惶恐，连忙说："主席给我敬酒，真是不敢当！"毛泽东笑着安慰他："你是我的叔祖父，是长辈嘛，敬老尊贤，我是应当的。"毛裕初心情舒畅，一连喝了好几盅，脸上顿时泛起了红光。毛裕初知道毛泽东工作繁忙，自己已经耽误了太多时间，午饭后，他告别老同学回到了招待所。

不敢搭飞机

北京郊外的天空一碧如洗，一束束和煦的光穿过云层照在人的身上，冬季的阳光都特别地熨帖人心，"嗡—嗡"一阵强有力的喧嚣过去，仰起头来还能看到飞机的模糊身影和它在白云中划出的白白长尾。千里之外的韶山冲里怕是忙着熏腊肉、腊鱼，浆红薯片了。出门一里不如家里，该看的看了，也是回乡的时候了。毛裕初在北京这一待，就是个把月，由毛泽东派的人陪着爬了长城、游了颐和园，看遍了北京的名胜古迹。离家日久，他开始挂念家里的情况，也不想给毛泽东增加太多的麻烦，他准备回乡。临行前，他去跟毛泽东辞行。"主席，麻烦你这么久了。我还是早点回去。"

毛泽东知道毛裕初来一次不容易，挽留道："你在北京留下来，再住一段时间是没问题的，你年纪大了，回去也做不了多少事。"

"主席，我已经住了一个多月，白住在这里不行，乡下有事。再说，主席也忙不赢，莫耽误你的大事！"毛裕初十分感动，但还是一心回乡。

毛泽东安慰他："不要紧，你来北京，让我了解了乡里许多情况。"

"主席，"毛裕初想起家乡人民的嘱托，问道，"你革命几十年，一直在外奔波，没有回过家乡，韶山人民都盼望您回去哩！"

毛泽东也惦记着回乡，只是新中国成立初国家百废待兴，一直没有抽出时间，他沉吟了一会，说："我今年没有时间回去，明年或者后年再回去吧。总之，要回去看看乡亲们！"

毛泽东又问毛裕初："你这次来北京，到处都看了吗，玩了吗？"

毛裕初高兴得直点头，笑道："这次来，什么都看了，什么地方都玩了。"话说到这，他想起那个高高的天空中的强壮身影，有些好奇，有些羡慕，但他迟疑着，没好意思往下讲。

"有什么不能说的？"毛泽东看着老实巴交的同学嗫嗫嚅嚅的，感到有点奇怪。

"我还有一样东西没看到。"

"什么东西没有看到？"

"我到过飞机场，"毛裕初有些惋惜地说，"因隔得远了些，那飞机没有看清。"

毛泽东体贴地说："难得来一次，飞机没有看清真是划不来。这样吧，你就坐飞机回去吧，从北京看到长沙，看它一个饱。"

毛裕初连连摆手："不，不，不，我只是要看飞机，冒（没）说要坐飞机。"

"坐飞机不是更好吗？"毛泽东更感到奇怪。

"坐不得呀，"毛裕初有几分紧张地说，"我年纪这么大，飞机飞得那么高，会不会扮（跌）下来？扮下来了还种得田吗？"

毛泽东听后笑了起来，安慰老同学："不会的，你放心坐就是！"他又告诉秘书拿来 200 元交给毛裕初："这点钱，给你回去作零用。"

毛裕初看着毛泽东帮自己规划，十分过意不去，他知道自己在北京玩、吃、住的花销都是毛泽东自己掏腰包，现在还要坐飞机，又给那么大一笔钱，他来了毛泽东住处几次，知道毛泽东生活俭朴，日常开销的地方又多，连忙拒绝道："那怎么好！主席您开支大，人来得多，我不能要你的钱。"

毛泽东一再坚持："不要嫌少，先拿 200 元回去用，如果有困难，你写信来，我再给你寄。"

"我生活还过得去，不麻烦主席了！"

毛泽东连说没问题。他又叫秘书给毛裕初添置了棉衣、棉裤、棉鞋、棉帽，还送给他一支加长的手电。他说："乡下没有电灯，晚上看不见，你回去可以用一用。"

毛裕初带着毛泽东送给他的礼物，满载着毛泽东的关怀，回到了家乡。此后，他遵照毛泽东的嘱咐，经常写信向毛泽东反映家乡的情况，信中也更是充满了对毛泽东的感激和想念之情。毛泽东虽无暇一一回信，但妥善安排中央办公厅秘书室给他回复。

故乡相见

毛裕初日盼夜盼，一直惦记着毛泽东说过的话，等待着他回家乡看望父老乡亲。终于在 1959 年 6 月 25 日这天，他们的约定得以成真。毛泽东这天下午 5 点 44 分回到韶山，住在韶山招待所松山一号楼。他一进寓所，便对中共韶山招待所支部书记毛伟昂说："你帮我去把山神请来！"韶山称地方官为"山神"或"土地"，毛泽东的意思是指请中共韶山公社委员会书记毛继生。毛继生得知后赶来，毛泽东对他说："离开韶山几十年哒，这次回来，要同乡亲们会一会面，打一打讲，吃餐便饭。"他扳着指头数要请哪些人：包括老表、堂兄弟、老共产党员、农民自卫队员、烈士家属……一共 40 多人，其中就有毛裕初。第二天晚上，毛裕初等人到达松山一号楼。毛泽东十分高兴，他一边招呼乡亲们，一边跟他们了解一些历史和现实情况。招待所里欢声笑语，四处是亲切熟悉的乡音，一片热闹的节日景象。宴席是毛泽东自费办的，菜色很简单，都是些家常小菜，但大家都情绪高昂，心情激动。便宴开始时，毛泽东从座位上站了起来，端起酒杯先向乡亲们敬了杯酒。随后，又离开座位来到众位乡亲面前，逐桌相敬。毛泽东、毛裕初等人开怀畅饮，谈笑风生。饭后，毛泽东和大家留影。之后又留下毛裕初等部分老人再次交谈，毛裕初、毛顺清等老人反映了公共食堂、深耕、密植中的一些问题以及干部作风等情况，毛泽东赞赏他们积极敢言，说："你们讲得好。不然，我听不到这些意见。"座谈会后，毛泽东亲自相送老人。

毛裕初曾在接见时问毛泽东："主席，你这次回来，能住多久？"

"住两天。明天就走。"毛泽东答道。

毛裕初又问："还隔多久再回来？"

毛泽东耐心地回答："只要国家形势好，国家大事不那么忙，我就会经常回来，不一定是哪一年哪一月哪一天，随时都有可能回来。总之，一有空就会回来看你们！"

夜幕沉沉，但这注定是一个无数人都无法入眠的深夜。毛裕初回到家里仍无比兴奋，他向家人详细描述见面的场景和谈的话，毛泽东的音容笑貌不止让他记忆深刻，也让他的妻儿们仿佛亲眼所见。另一边的招待所里，毛泽东缅怀着往事，亦是百感交集，久不能寐。他来到房子外面的坪地上，徐徐吹着的山风，送来阵阵麦田的清香，呱叫跳跃的青蛙，舞动闪亮的萤火虫，静谧的山村一片祥和。他坐了一会，又回到房间，他在房内踱来踱去，最后提笔写下了一首《七律·到韶山》：

> 别梦依稀咒逝川，故园三十二年前。
> 红旗卷起农奴戟，黑手高悬霸主鞭。
> 为有牺牲多壮志，敢教日月换新天。
> 喜看稻菽千重浪，遍地英雄下夕烟。

《七律·到韶山》手迹

毛泽东还特意在诗前写道："一九五九年六月二十五日到韶山。离别这个地方已有三十二周年了。"1927年毛泽东考察韶山农民运动时曾对乡亲们说："反动派不打倒，革命不成功，我毛润之就不回韶山！"距1927年他上一次回乡，至今已是32年，其间弟弟毛泽民、毛泽覃，妻子杨开慧，儿子毛岸英，侄儿毛楚雄，堂妹毛泽建都为了革命英勇牺牲。在韶山这块弹丸之地还有上千名勇士献身革命，血洒战场。正是因为无数的革命先烈舍己为国，舍生取义，才有后人和平建设的环境。旧社会遗留下一个千疮百孔的旧中国，无数的中国儿女又一次投身于建设中，才使新中国呈现出一片欣欣向荣、无限生机的景象。此情此景怎能不让人热血沸腾，难以忘怀。歌未竟，东方白。

6月27日，毛泽东再一次接见包括毛裕初在内的当地部分干部和群众，听取了有关生产、生活和规划等情况汇报，还设宴邀请毛裕初等乡亲吃饭，饭后又与毛裕初等合影留念。下午4时左右，他与毛裕初等人依依不舍地分别，离开了韶山。

1960年冬，毛裕初曾致信毛泽东，要求再去北京看望他。毛泽东工作繁忙，无暇回复，秘书代回了一封信，说明：主席工作很忙，暂时无法接见，容后再邀您来京面叙。

可惜，天公不作美。同年，毛裕初因病治疗无效，带着遗憾在韶山印山冲逝世，享年71岁。

点燃韶山革命的火种
——毛泽东和钟志申

他，是毛泽东启蒙私塾的同学；他，是毛泽东亲自建立的第一个农村党支部的成员；他，是"韶山五杰"之一，为革命牺牲的英雄人物。他——钟志申，和毛福轩、庞叔侃等人在毛泽东的亲自领导下，点燃了韶山革命的火种。

重逢

1925 年 2 月 6 日，狭小的韶山冲仍在凛冽寒风的包裹中，四处都是山，山里的风吹起来刮出"呜——呜"的厉声，在平常总觉得像山里野兽的吼叫，这个日子听起来却又像是号角。一些中年人袖着手，几个年轻人焦急地走来走去，人们似乎不再畏惧这瑟瑟的寒意，翘首远眺。"回来了，回来了，润之回来了！"报信人的一声呼喊犹如一个讯号，人流往前涌动。上屋场毛家在韶山十里八坳有很好的口碑，四年前，毛泽东兄弟舍家为国全部外出参加革命，临走前，他们把欠别人的账都还了，乡亲欠他们家的账却一笔勾销，还请了几桌客，表示对乡亲们的谢意。不少村人都是毛家长子毛泽东带出去读书长见识、参加工作。村里虽然偏远，但随着这些人回乡探亲也带回来外面的消息，乡亲们听说毛泽东办学校、开书店，现在还当了官。乡里人重情义，感念毛家的善举，得知毛泽东回乡的消息，乡亲们三五成群地跑向上屋场。毛泽东带着妻儿回到家乡看到的就是这样一幅热闹景象。人群前一个浓眉大眼、嘴唇厚实的憨壮汉子激动地跑上前来，两人的双手紧紧地握在了一起，多年未见，但他们几乎是异口同声地叫出了对方的名字。"润之！""志申！"这个汉子叫钟志申，又名振响，韶山冲钟家湾人，1893年6月8日生，自幼过继给叔父钟福光为嗣。他与毛泽东同在南岸私塾和钟家湾私塾读过书。毛泽东后来远赴东山学院、湘乡驻省中学等处求学，而钟志申因为家境贫寒，在清溪寺小学读了两年书后即在家务农。老同学久别重逢，毛泽东详细地询问钟志申的情况，从田里收成，到家里生活，从地方民情，到个人遭遇。钟志申性格直爽，脾气火爆，便竹筒倒豆子般和毛泽东一一诉说起来。通过这番谈话，毛泽东深刻地了解到钟志申深受土豪劣绅的欺侮，赞扬他曾带领人反抗大恶霸成胥生的团丁。

那是1918年，韶山这个偏僻山区的广大农民处于水深火热之中，歌谣称："韶山冲来冲连冲，十户人家九户穷。农民眼前三条路，逃荒讨米坐监牢。"地主豪绅们把持乡政，霸占土地，租重税多。尤其是团防局长、大地主成胥生，依权仗势，无恶不作，欺压农民，敲骨吸髓，除了征缴按例规的租税之外，还巧立名目，收什么"田息鸡、田息肉、路桥捐、人头捐、烟灶捐"等。1918年他的"烟灶捐"却收到了1937年，竟预征了20年。钟志申虽然读书不多，但秉性刚强，嫉恶如仇，当成胥生派团丁来到钟家湾收捐时，钟志申一直以来的不满情绪爆发，聚集村里几十个农民围住团丁讲理，并拒绝交捐，大家最终赶走了团丁。成胥生扬言要教训钟志申，不久钟志申被迫出走，到江浙一带当了几年兵。旧式军阀部队动辄打骂的生活让钟志申忍受不了，他又逃了回来。回家后，他父亲怕再受成胥生的打击报复，设法托人说情暂了旧事。为了避祸，钟志申一家迁到了杨林乡的汤家湾，以种田为主，兼营一点小生意，过着清苦的生活。

不止是钟志申生活艰难，乡亲们也都是一肚子苦水。他们纷纷向毛泽东介绍起乡里的情况。毛泽东听了大家的谈话，看着这些一直以来吃不饱穿不暖的乡亲，沉重地说："我们韶山，有个最大的特点，穷！但是穷得有志气。

穷到什么程度呢？十户就有九户粮无升合，地无寸土。拿在座的新枚兄来说，自己虽然做郎中，可是全家大小 7 口人吃饭菜，只有一亩田，年年是禾镰上壁，就是没得饭恰（吃）。穷得有志气，像志申就是这样，敢于和成胥生作对，把团丁像疯狗一样赶跑……"他停了停，又继续说："对付反动派就是这样！地主土豪、贪官污吏，你不打，他是不会倒的。"夜已经深了，毛泽东没有再细谈，他送乡亲们离开上屋场。

钟志申回到家里，越想越觉得毛泽东说得有道理。此后，他和毛福轩、庞叔侃、毛新枚、李耿侯等人时常到上屋场与毛泽东长谈，毛泽东也深知钟志申等人为人正直、诚恳，他们希望改变现状的愿望比别人更强烈，革命的热情更高。他几次专程步行 30 余里到钟志申家拜访、谈心，讲述革命道理，要他起来革命。

播种

毛泽东多次与钟志申深入地谈心，他曾问钟志申："在韶山，是成胥生这样的人多，还是毛福轩、钟志申这样的人多？"毛泽东形象生动地指出："一根筷子容易折，一把筷子谁也折不断。"在他的启发教育下，钟志申的革命觉悟极大地提高，他对"穷人为什么穷，富人为什么富"，"要使穷人过好日子，必须打倒压在头上的地主阶级"等道理逐渐有了深刻的理解，也认识到"像自己这样的家庭尚且难以维持，那些上无片瓦、下无插针之地的贫苦农民不革命就更无法度日了"，钟志申下定决心"这样的世道必须改变"，他积极地投入到农民运动中去，成为农运骨干。

钟志申等人跟着毛泽东走访贫苦农民、亲戚朋友、进步知识分子、开明绅士等，并利用一切可以利用的机会如乡村婚丧场合，用通俗易懂的语言和生动的比喻宣传讲述国内外的政治形势，说明农民遭受痛苦，要团结起来革命。他们早出夜归，经常一天要走五六十里山路。在毛泽东的指导下，钟志申、毛福轩、毛新枚等秘密发动和组织农民，建立农民协会。钟志申直接负责组织杨林汤家湾一带革命较坚决、纪律性较强的农民、进步知识分子、农村手工业者和小商贩，在这年 3 月，汤家湾等地建立了秘密农协。为了帮助农会解决活动经费不足的困难，钟志申还卖掉自家在汤家湾的房子，将这笔钱用于农会开支。他们随后还在毛氏宗祠、李氏祠堂等处创办了 20 多所农民夜校。夜校通过教识字、学珠算，向农民进行革命启蒙教育。6 月，他们在韶山一带成立了 20 多个"雪耻会"，作为公开的群众性的革命组织，开展反帝爱国斗争。

在蓬勃发展的革命运动中，在毛泽东的亲自培养教育下，钟志申进步很快，革命觉悟高，革命性坚定，领导斗争能力强。1925 年 6 月，经毛泽东介绍，他被批准加入中国共产党。6 月的天气虽已逐渐炎热，但夜里，山风徐徐吹来，竟是格外清爽。在漆黑的夜色掩护下，陆续有几人悄悄地走进上屋场，登上了毛泽东卧室的小阁楼。油灯下，照亮了他们激动兴奋的脸庞——钟志申、毛福轩、庞叔侃、李耿侯、毛新枚。毛泽东宣布中共韶山特别支部成立，由毛福轩任书记，党支部秘密代号"庞德甫"。中共韶山特别支部最早的五位成员被称为"韶山五杰"。他们的革命经历正如他们入党时的宣誓："努力革命，牺牲个人，服从组织，阶级斗争，严守秘密，永不叛党。"五人后来全部为革命壮烈牺牲。

中共韶山特别支部犹如一颗顽强的革命火种，点燃了韶山农民运动的熊熊烈火。它的成立使韶山农民运动焕然一新，发出巨大的革命能量。到 1927 年 6 月，支部的党员迅速发展到 230 多人。

7 月初，毛泽东在韶山建立了国民党的组织，成立国民党第七区党部，并任常务委员，钟志申、李耿侯等分别担任宣传和组织工作。7 月 10 日，钟志申作为代表，出席了湘潭西二区七都在郭氏祠堂召开的雪耻会成立大会。会上，钟志申和毛福轩等被选为该会的执行委员。钟志申第一次在三四百人的群众大会上讲了话，他铿锵有力的声音、充满激情的语言给在场的人留下深刻印象。从此，韶山党支部和秘密农协利用雪耻会，使秘密斗争和公开斗争有机地结合起来，充分调动各方面的积极性。韶山的农民运动如火如荼地发展起来，出现了"一切权力归农会"，"农协会员漫山遍野，梭标短棍一呼百应"的局面。

平粜阻禁

1925年夏天，韶山遭了大旱，田地龟裂，禾苗枯黄。正值青黄不接、民食奇缺时节，成胥生、何乔八等地主豪绅却乘机囤积居奇，高抬米价，一升米由60文猛涨至160文。为了牟取暴利，他们把粮食运往湘潭县城去卖，韶山一带的农民却无米下锅。旱灾和饥荒威胁着贫苦的农民，人们愁眉不展，挖野菜、卖儿女，却仍难以为继。毛泽东召集钟志申等人开会，决定立即在韶山一带发动群众，开展一场平粜阻禁的经济斗争，解决农民的吃饭问题。钟志申和庞叔侃先出面与韶山最大的地主成胥生交涉。

这天，钟志申、庞叔侃来到成胥生家里。成胥生正以请客做寿为掩护，密谋策划把粮食运到湘潭。钟志申一见成胥生，便开门见山地说："现在灾荒严重，青黄不接，老百姓都揭不开锅。你身为一个都的团防局长，要执行孙中山先生的三民主义，解决这个民生问题。我们代表雪耻会，通知你开仓平粜！"老奸巨猾的成胥生知道现在雪耻会势大，又是得到国民党承认的公开组织，他强装客气地对钟志申、庞叔侃说："平粜是应该的，问题是现在仓里无粮，要求缓些时候再商量。"成胥生的态度早在毛泽东的预料之中，并事先与钟志申等人讨论过如何应对他的缓兵之计。钟志申、庞叔侃一针见血地指出："现在农民没有饭吃，想拿钱向你买，你说没有，这样的谎话谁能相信呢？你家的底细我们清楚得很，你仓里的粮食已经堆得发了霉！"成胥生被当场戳穿，恼羞成怒地叫道："我情愿放在仓里喂老鼠，也不拿出来平粜。看你们雪耻会怎么样？"钟志申义正词严地给成胥生下了最后通牒，然后与庞叔侃离开成家，找毛泽东商量下一步行动。按照毛泽东的部署，钟志申派人监视成胥生等土豪，果不其然，第二天深夜，成胥生派团丁带着枪护送，悄悄地将几百担谷米运到银田寺，准备装船偷运到湘潭。毛福轩、钟志申等立即率领几百农民，拿着锄头、箩筐、扁担蜂拥而至，把稻谷全部扣了下来。这样，雪耻会便掌握了主动权。钟志申、庞叔侃随后遵照毛泽东的指示，又来到成胥生家。钟志申首先揭穿了成胥生说的"没有粮食"的谎言，然后向他摊牌："如果你打算要钱，就 60 文一升卖，如果不愿这样卖，那索性让农民都挑走，一文钱也不给！"成胥生知道现在谷米已经在雪耻会手里，不答应也不行，只好答应平粜。成胥生谷米被平粜的消息很快传遍了韶山，其他的土豪劣绅看到最有实力的大地主成胥生都平粜了，只好咬牙把谷米平粜给农民。平粜阻禁狠狠地打击了土豪劣绅，使农民度过了灾荒。党支部、雪耻会在群众中的威信大大提高了。

革命一定会成功

上屋场的灯光在 1925 年闪耀着长久的光芒，一盏小桐油灯不知多少次从黑暗迎来了黎明。但在 8 月底的这天，它跳跃的灯火似乎失去了往日的振奋，淡淡的离愁笼罩在屋内。毛新枚正在劝说毛泽东往后要注意身体，毛福轩在催促毛泽东快点走。一向冲动爱说的钟志申却沉默了很久，才依依不舍地对毛泽东说："你要走，我舍不得呢。你在韶山这几个月，是我最舒心的日子。"原来，平粜阻禁后成胥生暗中向湖南省长赵恒惕告密，赵恒惕电令湘潭县团防局"立即逮捕毛泽东，就地正法"，幸亏有人提前报信，毛泽东正准备离开韶山。他知道韶山党支部今后的担子会更重，嘱咐毛福轩、钟志申等人要把担子挑起来。对于老同学钟志申的进步，毛泽东十分欣慰。钟志申从以前性格冲动到现在学会了动脑筋、讲策略。他鼓励钟志申继续加强学习，多注意发展新力量。钟志申忍泪点头。

毛泽东离开韶山后，韶山党支部在毛福轩的带领下开展工作。为了支部今后的发展，1925 年冬，钟志申受派遣来到银田寺白庙小学当校长，以教书为掩护，开展农民运动，发展党的组织，并在银田寺创办书店"知行合作社"，他任经理。该社对外是印发学生的课本、练习册和雪耻会文件，实际却是党的秘密联络机关，为党筹集活动经费。12 月，下七都秘密成立了第一区农民协会，钟志申被选为主要负责人之一，年底，成立了中共韶山总支委员会，钟志申被选为委员兼熊家（杨林公社）党支部书记。

1926 年 3 月，赵恒惕被赶出湖南，韶山总支利用有利的革命形势，将农民协会由秘密转入公开，第一区农协会址设在银田寺白庙，正式升旗，挂牌。8月，湘潭县农协成立，钟志申作为韶山代表之一出席成立大会。两个月后，第一区农协改选，钟志申被选为执行委员。年底，中共湘潭第一区部委成立，钟志申当选为组织部长。钟志申还发动群众推翻了汤峻岩把持的下七都团防局，夺取团防局的枪支，建立了农民自己的武装——农民自卫队。

1927年年初，毛泽东回故乡考察农民运动。1月5日，钟志申和第一区农协的其他负责人在银田寺迎接了毛泽东。傍晚，银田寺白庙里召开第一区农协干部、农协会员大会，到会的有一千多人，会议由钟志申、成正清主持，毛泽东在会上作了重要讲话。当讲到革命形势时，毛泽东问大家，革命至今成功了没有？当时有的人回答说，革命成功了，也有的人说还没有成功。毛泽东说："革命还没有成功。革命好比上楼梯，要先站稳第一脚，没有站稳就不要往上爬，现在还只登第一步楼梯，还是闯祸的一步，革命仅仅是开始。"又说革命好比砌屋，先要清好脚，要打好基础。他号召大家紧密团结，去掉绊脚石，绊脚石就是土豪劣绅。钟志申听了频频点头，将毛泽东的这番话牢牢地记在心里。会后，钟志申等向毛泽东详细汇报了第一区农运情况，听取毛泽东的指示。钟志申积极参与和协助毛泽东随后在韶山的农运考察活动。他和农协会员们按照毛泽东的指示，开展镇压土豪汤峻岩等一系列斗争，最后均获得胜利。

"马日事变"后，湖南省总工会和省农协组织各县10万工农武装进攻长沙。钟志申等彻夜不眠，迅速组织韶山农民自卫军参加进攻长沙的战斗行列。不久，以韶山农民自卫军为核心的潭（湘潭）湘（湘乡）宁（宁乡）边区工农义勇军司令部成立。整个队伍约万余人，其中韶山特别区和第一区就有3000多人、200多支枪。钟志申等毛泽东亲自发展起来的党员干部在参谋处、政治处、军需处等部门任职，具体领导韶山本地的自卫军支队。后因陈独秀的右倾投降主义，要"静候国民政府解决"，上级党组织指示工农武装停止进攻，钟志申和庞叔侃率领韶山农民自卫军转移到韶山的大塘湾一带，仍坚持斗争。毛泽东领导秋收起义的消息传到韶山后，钟志申先后组织了两批韶山农民自卫军和革命青年前去加入起义队伍。

钟志申

不久，钟志申根据党组织的安排，在长沙府正街以开京货铺为名建立秘密联络点，担任中共湖南省委秘密交通员，从事党的地下工作。

1928年2月12日，由于叛徒出卖，钟志申被国民党逮捕入狱。在狱中一个月，他受尽严刑拷打，却始终坚贞不屈。3月12日，钟志申被杀害于长沙浏阳门外识字岭，时年仅35岁。被押赴刑场途中，他一路高呼入党誓言，其刚烈坚毅、视死如归震撼人心。

钟志申的家属在收敛烈士遗体的时候，从他的内衣中发现了一份被鲜血浸染的遗书。

"我的案子突然变得严重，可能无出狱希望。这并不可怕。当我入党之时，就抱定视死如归的意志。我认定，共产党一定会胜利，革命一定会成功。我牺牲生命，把一切贡献于革命，是为了寻找自由，为了全国人民求得解放。我知道，我的牺牲，不会白牺牲，我的血，不会白流。因为血债须用血来还。党会给我报仇，你们会给我报仇。要记住：共产党是杀不绝的啊！你们接到这封信时，可能我已不在人世了。我死不足惜，但继母在堂，子女年幼，周氏不聪，全赖你们维持、抚育，安慰他们不要悲痛。桃三成人，可继我志，我无念。"

这封信写于就义前两天，即3月10日，钟志申预感到敌人将要对自己下毒手了，给他的哥哥钟志炎、钟志刚写下这封信，信中表现了一个共产党员视死如归的坚定意志。钟志申的家属含泪将信藏在屋檐下的墙缝里保存下来，新中国成立后上交党组织。

毛泽东得知钟志申牺牲的消息，心里十分悲痛。新中国成立后，他对钟志申的亲属多有照顾，回故乡韶山省亲时，还接见了烈士的亲属，对他们进行勉励和关怀。

"皮蛋"又叫"享二哥"
——毛泽东和邹普勋

　　毛泽东出身农家，儿时，他和他的小伙伴们在韶山冲的山坳里一起读私塾，放牛砍柴，游泳嬉戏，度过了快乐充实的童年。在总角之交里，有一位与毛泽东有更特殊的关系，他就是邹普勋——毛泽东的启蒙老师邹春培的儿子。毛泽东不仅给予邹普勋同学间的关怀，也把对恩师的感激和怀念之情倾注到他的身上。

韶山有个"皮蛋"

　　1949年10月，开国大典不久后的一天，中南海菊香书屋内乡音缭绕，伴着爽朗的笑声，屋外明媚的阳光似乎感受到屋内人的愉快，烈日杲杲。这时，屋内那个浑厚有力的声音又响了起来，问的却是一个与刚才话题风马牛不相及的事情，"泽连，韶山有个'皮蛋'，你晓得吗？"毛泽连看看问话的主人——新中国的最高领袖毛泽东，又看看他手指着的那碗炒鸡蛋，一时有点纳闷，愣了半晌，问道："是吃的皮蛋吗？"毛泽东忍不住笑了，他摇了摇头，话音里带着丝丝愉悦，说："不是的。我所说的皮蛋叫享二哥，大名是邹普勋，是下屋场的。"毛泽连恍然大悟。1913年出生的毛泽连比毛泽东小了二十岁，主席三哥的那些儿时故事他知道的并不多。不过邹普勋其人，毛泽连还是认识的。邹普勋，乳名亨二，名世家，号赞初，是毛泽东的启蒙老师邹春培的儿子，与毛泽东是好友。毛泽连这一辈的乡亲都叫邹普勋"亨二哥"，却不知道他还有个外号叫"皮蛋"。没等毛泽连细想，只听毛泽东又问："他身体好吗？"

"身体不好。"毛泽连如实地回答。

毛泽东沉默了，也许是想起 1925 年他回韶山开展农民运动，邹普勋常到上屋场听他宣传革命道理的场景，那时的邹普勋可是生龙活虎，精神焕发。他积极参加农民运动，并于 1926 年加入了中国共产党。然而第一次大革命失败后，邹普勋这个乡村刻碑文的石匠为维持全家生计，劳碌奔波，积劳成疾，得了肺病，没钱治疗，身体每况愈下。

毛泽东皱了皱眉，又问道："家庭情况好吗？"

"也不好。"毛泽连解释说，"邹普勋是个老实人，他不会做生意，不会赚钱。"

"你到北京来，他晓得吗？"

"他不晓得，我没有告诉他。"

毛泽东顿了顿，充满深情地说："下一次，要把他接来北京，我们好好叙谈叙谈，已经几十年没见过面了，叫他来住一住。"

"李轲老表，"毛泽东转向此次与毛泽连一同上京的姑表弟李轲，恳切地说，"你有文化，回去替亨二哥写个报告，把他的情况向政府反映一下，争取替他解决一些困难。"李轲连忙答应了。

毛泽东深深地舒了一口气，沉默了很久，原本喜悦的气氛平增了几分忧虑。邹普勋，邹春培，这几个字在这位胸怀天下的伟人心里占据着重要分量，恩师已经过世，无以为报，他的儿子，自己的好友仍在乡下过着贫困交加的日子。毛泽东夹过一筷子炒鸡蛋咀嚼着，思绪似乎回到了与亨二哥的过往……

私塾逃学的同盟军

1902 年春，毛泽东结束了唐家圫外婆家的寄养生活，也告别了私塾旁听生生涯，回到韶山正式拜师求学。求学的第一站，就是距家百米，仅隔了一座土丘

毛泽东少年时代读过的《诗经》《论语》

的南岸私塾。南岸私塾办在邹氏公祠内，塾师邹春培与毛泽东的父亲毛顺生关系密切。邹普勋此时2岁，正是活泼好动的年纪，喜爱与私塾的学生们玩耍，也常坐在私塾里旁听。邹春培是个非常严厉古板、一丝不苟的老先生，信奉"不打不成才"的教育理论，学生只要稍有懈怠或不听教诲，就拿戒尺打手板心，要么就到孔夫子牌位前罚站、罚跪。调皮的毛泽东常常越矩，他又对塾师动则打骂、体罚学生的行为很反感，抗拒塾师的惩罚，因此常和邹春培起冲突。但是毛泽东跟邹普勋的关系就和谐多了，邹普勋也正值年幼贪玩的时候，毛泽东带着一帮人调皮捣蛋，其中也少不了邹普勋的身影。一群小伙伴偷自己家的果子，邹普勋负责放风，看到祖母来了，立马发出信号，小伙伴们闻风就逃。祖母在屋顶晒了梅子、盐姜等干果，邹普勋把具体位置告诉小伙伴们，大家伙在毛泽东的指挥下分头行事，有的拿竹竿，有的捉蚱蜢，把蚱蜢系在竹竿上，往邹普勋指出的方向一抛，蚱蜢锯子般的腿就挂了干果下来。

一个赤日炎炎的夏天，南岸私塾狭小的阁楼里，闷热得就像蒸笼，学生们如坐针毡，外出办事的邹先生临走前安排了新课文《论语·先进》中《子路、曾皙、冉有、公西华侍坐章》。大家摇头晃脑，可灼人的太阳已经让不少人昏昏欲睡。毛泽东还在读着："……莫春者，春服既成，冠者五六人，童子六七人，浴乎沂，风乎舞雩，咏而归。"他眼前一亮，天气这么热，何不到池塘里洗个澡。毛泽东的提议一下就得到拥护，十几个蒙童像从笼中放出的小鸟，一个接一个地扑到了私塾门前的池塘里。一群人打水仗，比游泳，花样百出。杨柳依依，碧水荡漾，大伙尽情地在水中玩闹着，忘记了时间。等邹春培回来，刚好被逮个正着。面对盛怒的先生，毛泽东敢作敢当，承认是自己带头，却辩解说是孔圣人同意的，他不慌不忙地背起了《子路、曾皙、冉有、公西华侍坐章》。邹先生说不过毛泽东，气急败坏地去上屋场找毛顺生。毛泽东知道形势不妙，父亲是个爆脾气，一言不合就要开打的，于是背起书包往外逃，他想：逃到离韶山很远的县城去，这样父亲一定抓不到。根深叶茂的山间，枝叶婆娑，野猫呜呜地乱窜，仅填了些野果的肚子也学毛泽东一样造起了反，不满10岁的毛泽东迷路了，在山里转了三天，却还没有找到去县城的路。最终，他被一位路过的砍柴老人送回了家。四处寻找儿子，担忧不已的毛顺生原本一肚子火早就烟消云散，看到衣衫褴褛的儿子也是暗自心疼不已，事情过后，他没有再责备毛泽东。在毛泽东逃跑时，邹普勋等同学纷纷跟邹春培求情，并以罢课的形式向邹春培抗议。就这样，毛泽东也没有受到邹先生的责罚。这次罢课以胜利结束。

虽然屡有冲突，但是邹春培还是很器重毛泽东这个调皮又聪明的学生，常对人说："润之将来必成大器，小小年纪，学问已非吾辈所能及矣！"1952年，毛泽东接邹普勋进京，回忆起读南岸私塾的点滴，回忆起邹普勋的父亲，毛泽东说："邹先生是个好人啊！他是个严师啊，我那时读书顽皮，不懂得严是爱、宽是害，还造过他的反哩！"又与邹普勋说起儿时趣事，不禁哈哈大笑。

望好生保养

话说，毛泽连和李轲是韶山第一批进京看望毛泽东的亲属，他们回到韶山，向人们讲述毛泽东接见的情况，人们羡慕不已。而一样受到人们艳羡的还有邹普勋，毛泽连带回了毛主席写给邹普勋的亲笔信。毛泽东放心不下邹普勋，在毛泽连回乡时，再三嘱咐，要他的堂弟一定去看看"亨二哥"并转达自己的问候，还临时亲笔书写了一封短信。信云：

亨二哥：

　　听你身体不大好，甚以为念。希望你好生保养，恢复健康。

毛泽东
一九四九年十一月二十八日

收到毛泽东的来信和问候，邹普勋异常地高兴和感动，想不到分别几十年了，毛泽东还念念不忘他这个普普通通的乡下人。他将信读了一遍又一遍，让老伴小心翼翼地压在箱子里，并交代儿子要好好收着，留给子孙后代作为永久的纪念。然而，身体不好的邹普勋未能及时回信。几个月过去，远在北京城的毛泽东不见邹普勋的音讯，倒是接到房兄毛宇居从韶山来信，反映邹普勋家庭生活困难，要求接济。毛泽东又一次听说邹普勋生活贫困，更是惦念不安。1950年5月，邹普勋给毛泽东复了一封信，在信中一是对当上中央人民政府主席的昔日同窗表示祝贺，二是汇报自己的家庭生活情况，对毛泽东的关怀表示感谢，他说"自得主席垂询关照，疾病已见好转"。毛泽东看了他的信后，于5月15日连书两封信。一封给毛宇居，毛泽东经常委托毛宇居处理些乡间事务。信云：

宇居兄：

　　迭接数函，极为感谢。乡间情形，尚望随时示知。邹普勋（亨二）如十分困难，病情又重时，如兄手中富裕时，请酌为接济若干，容后由弟归还。另纸请交邹普勋为祷。即颂
健康

毛泽东
一九五〇年五月十五日

信中提到的"另纸"是另一封信，正是给邹普勋的。

普勋兄：

　　五月七日来信收到，感谢你的好意。贵体渐愈，甚慰。尚望好生保养。你家里人口多少，生活困难至何种程度，你自己还能劳动否，便时尚望告我。

　　此祝

健康

毛泽东

一九五〇年五月十五日

　　信中，毛泽东无微不至的关切之情跃然纸上，从家里人口到生活，到身体，如此细致的询问在毛泽东致亲友的书信中是绝无仅有的。收到信的邹普勋又一次感受到了毛泽东真挚的关怀，萌发了要养好身体，赴北京看望老朋友的强烈愿望。在湖南省文史馆工作的毛宇居也遵照毛泽东的嘱托，把从薪水中节省出的 200 万元（旧币）钱送给邹普勋，帮他度过了解放初期的饥馑。

　　1951 年 9 月，毛宇居和毛泽东的表兄文梅清等上京与毛泽东见面，毛泽东向他们询问邹普勋情况。在毛宇居等返乡时，托他们带给邹普勋人民币 100 万元（旧币），作为邹的治病和生活费用。

"皮蛋"进京

　　时光荏苒，1952 年 7 月，宁静的韶山冲又一次沸腾了。毛主席寄信给毛宇居慰问乡亲们并邀请几位乡亲去北京，这其中就有邹普勋。毛泽东请毛宇居转给邹普勋一封信，信中再次明确了请邹普勋赴京。信云："普勋兄：七月一日的信收到。你的生活提高一些，甚慰，为你庆贺。秋收以后，如你愿意来北京一游，可以偕李漱清先生一道来京住个把月。"在"秋收以后"几字底下，毛泽东特意画上着重号，不希望乡亲们为了上京见他而耽误农活。8 月 21 日，毛泽东为了邹普勋、李漱清上京一事，又专程致信毛宇居，细致地说明："（一）须他们自己下决心，出远门难免有风险；（二）到京住一至两个月即还家乡。如他们同意这两点，则可于阳历九月间动身北来。到长沙湖南省委统一战线部刘道衡部长处接洽，领取来京路费，办理乘车事宜。介绍信一件，请予转致李、邹二位。"接到信后，邹、李二人做好进京的准备。9 月 14 日，他们从韶山至长沙坐火车，9 月 21 日达到北京，被安排住在远东饭店。

邹普勋等人在京期间，毛泽东在中南海家中多次宴请他们。9 月 25 日，好不容易从政务中抽出身来的毛泽东请邹普勋、李漱清吃饭。见到久别的邹普勋等人，毛泽东心情极为激动，连声说："老朋友来了，欢迎，欢迎！"而多年未见，身份相差如此悬殊，这让邹普勋不免有些紧张无措，他揉搓着手，不知道该说什么，该怎么做。毛泽东见状，笑着握住邹普勋的手说："老同学，想当年，因为顽皮，我们还一起受过罚呢！"两人的距离一下就拉近了，气氛也轻松起来。席间，毛泽东不停地为邹、李二人敬酒、敬菜。

9 月 26 日，毛泽东又派人接邹普勋、李漱清到中南海，这次宴请还有毛泽东在湖南省立第一师范的老师张干、罗元鲲。入座后，毛泽东亲切地拍拍邹普勋的肩，对张干等人说："你们一定不知道，我的这位童年伙伴有个绰号叫'皮蛋'。皮蛋外表上不怎么好看，吃起来味道很不错。他就是这么个人，农家孩子老实巴交，心里头可好哩！"毛泽东当时已是近 60 岁的人了，在座年龄最小的邹普勋也已过知命之年，几个老人聚在一起谈天说地，听着毛泽东猛然说起的儿时绰号，感觉别样的亲切。席间，毛泽东又详细询问邹普勋一些情况。毛泽东问他："上屋场是原样子不？树砍了没有？"邹普勋说："基本上未变。"毛泽东说："是老样子就好，山里要绿化，树木要保护下来。"邹普勋点了点头，想起儿时，又问道："小时候，你和我在一起看牛、打仗、摘野果子吃，还给我讲故事，记得不？"毛泽东呵呵地笑着说："记得，记得。"

中秋节当天，毛泽东又派车接邹普勋进中南海吃饭。这次，他还特意请来表兄王季范作陪。出乎邹普勋意料的是，在宴会中他还见到了外甥毛泽全一家。原来，这也是毛泽东特意安排的，他知道邹普勋的亲姐姐正是堂弟毛泽全的母亲，于是便邀请在京工作的毛泽全携妻子徐寄萍和三个女儿都到中南海做客。吃饭时，菜色简单，都是苦瓜、茄子、辣椒之类，外加一盆炒鸡蛋，红糙米饭是小米加碎青菜做的二米饭。伙食虽然普通，但大家吃得很香，气氛很愉快。

饭后，大家到客厅一起围坐着，抽烟，吃苹果，说话，充满中秋节团圆的气氛。毛泽全5岁的女儿远玲天真活泼，主动提出要给大家跳舞。看着小女孩快乐的笑脸，可爱的舞蹈，一群人都开心地鼓掌，似乎回到了自己那快乐的童年时光。

邹普勋、李漱清在京住了一个月，毛泽东亲自陪同他们游览中南海，观看电影，请来摄影师为他们拍照。又派医生为他们检查身体，派人带他们游览故宫、天坛公园、长城等名胜古迹，实现他们想坐飞机的愿望。国庆节当天，在毛泽东的安排下，他们登上了天安门观礼台，与党和国家领导人及首都军民欢庆新中国成立三周年。邹普勋他们离京，毛泽东从稿费中又拿出一些钱，为他们买了衣被和许多的生活用品，还送了每人100万元人民币。应邹普勋的要求，毛泽东在一本《社会发展简史》的扉页上题字："邹普勋赠给唐煦存，嘱毛泽东书。"

你的病宜静养

京城一晤，留下了更多剪不断理不清的挂念。这之后，毛泽东先后几次从稿费中批出款项，寄给邹普勋，资助他的生活。两人鸿雁传音，寄托相互间的关怀。1953年8月27日，毛泽东致信邹普勋，信云："普勋兄：前后数信，均已收到。托件办妥，甚慰。你的病宜静养，不宜劳作，望加注意。致李漱清、毛禹居两位的信，烦便时转交为盼！顺祝健康。"一国领袖要操心的事情数不胜数，而即便隔着时空的距离，我们仍从字里行间感受到那殷切的关照。

毛泽东对邹普勋总是格外优容的。不少毛姓族人只进京一次，甚至有些亲属没有去过京城，但对于邹普勋想再次进京的愿望，毛泽东欣然同意。1954年10月29日，他在信中说："普勋想再来北京一次，我想可以。现天气已冷，可在明年开春（阴历三月间）来，如果你们愿意早来，亦可在阳历十二月中旬来。"毛泽东将信寄给邹普勋，又委托他将同意进京的消息转告给谭熙春、毛锡臣和毛泽连。1954年初冬，邹普勋第二次进京。毛泽东体贴入微，又派人将毛泽全一家接至中南海，这其中包括毛泽全进京不久的母亲，邹普勋的亲姐姐毛邹氏。宴会中，有位乡亲提出请毛泽东安排职务，毛泽东听后立刻严肃了起来，他说："建国后韶山很多乡亲想来北京看看，我是很欢迎的，但一年不能来得太多，来得多了我招待不起。你们来去的一切费用都是用我的稿费支付的。另外，还要给当地政府添麻烦，所以不能多来，生活确有困难者，我可以接济点。至于安排学习、工作这类要求就办不到。"又说，"你们不要打我的旗号找湖南当地政府的麻烦，这点请你们原谅，也请回去后和其他亲友们说清。"毛泽东的一席话给邹普勋留下了极为深刻的印象。回到家乡，他向乡亲们传达毛泽东的难处和要求，自己更是以身作则。

1957年，邹普勋过世。1959年毛泽东回到阔别32年的故乡，拜祭父母坟，走访乡亲。在韶山公社社员李文贵家，看到一个青年，他问叫什么名字，李文贵告诉毛泽东："他是邹普勋的儿子，叫邹长卫。"毛泽东点了点头，连忙问："你父亲还在不在？"当听说邹普勋已经不在人世时，毛泽东流露出深深的怀念之情。半晌，毛泽东突然问邹长卫："还有不有牌？"邹长卫很好奇："怎么，主席想打牌？"毛泽东故意逗他："打一打试试看，好久不打牌了。"看邹长卫要当真，毛泽东笑了，说："说着玩的。过去我经常和你父亲打牌，他还偷我的铜角子呢！"当晚，毛泽东在招待所宴请部分乡亲，邹长卫也在其中。

斯人已逝，其情长存。如今，毛泽东也已作古，但一代伟人对他的平民朋友的真诚关怀，对师恩的铭记入心，将流传千古，教育后人。

接济儿时好友"张一哥"
——毛泽东和张有成

张有成，一个再普通不过的名字，因为与毛泽东的交往，而为世人所熟知。他曾在毛泽东革命遇到危险时，不顾自身安危，掩护毛泽东脱险并解囊相助。重情重义的毛泽东在成为国家最高领袖后，也没有忘记这位儿时好友和救命恩人，接他进京叙旧，寄钱接济他。

"孩子王"救了他的"兵"

张有成，1886年出生在韶山冲。因为在兄弟中排行第一，毛泽东亲切地称呼这位儿时好友为"张一哥"。

少年时候的毛泽东，个子长得比一般同龄的孩子都要高大，常爱和比他年龄大的孩子玩。张有成虽然比毛泽东大了7岁，但是两人常在一起玩，感情融洽。韶山冲苍松葱翠，鲜红艳丽的杜鹃花漫山绽放，细泉叮咚一声又一声如妙手拨弄着琴弦，牛儿静静地吃着草，一群孩子围坐在一起，一边吃着透着清香的野果子，一边竖起耳朵专心聆听着什么。"石三，孙悟空后来怎么样了？"一个高个子、体格强壮的男孩应声站起来，一边比画着，一边讲述着。一群放牛的孩子们正在听少年毛泽东绘声绘色地讲述《西游记》中的故事，稚嫩、欢快、清脆的笑声回荡在山谷间。放牛、嬉戏、讲故事，成为这群农家少年生活中十分重要的内容，而毛泽东就是这些活动的组织者。因为儿时拜过"石干娘"，在家排行第三，毛泽东有个小名叫"石三"。每次放牛，毛泽东把同伴们分成"两班"，一班负责放牛，另一班负责采野果、拾干柴、割青草。青草收割得差不多时，就把牛拴在附近吃割来的青草，同伴们则集合在一起讲故事、做游戏。毛泽东会读书，在背经书之余，还读了不少《三国》《水浒》《西游记》等"杂书"，脑袋里装的故事比伙伴们要多，因此，他讲的故事也往往是伙伴们最爱听的。聪明、点子多的毛泽东俨然成了"孩子王"。张有成尽管比毛泽东大了不少，但心甘情愿地做了毛泽东这个"孩子王"的"兵"。

盛夏的韶山，被太阳炙烤着，蝉在枝头聒噪个不停更添烦闷，孩子们这时爱做的游戏就是在山塘里打水仗。山塘水泼在身上，丝丝清凉。这一天，毛泽东与一群少年伙伴在水塘边打水仗，众人分成两边，你来我去，打得很是兴奋。突然，嬉戏忘了形的张有成一脚不稳，"噗通"一声滑进了深凼里。张有成不善游泳，滑进深水凼子后就像秤砣一样直往下沉。伙伴们正急得直跳脚，不知所措时，就看到毛泽东一个猛子扎进了水里。毛泽东对水从小就有股天生的喜爱和亲近，他家屋门前的一汪碧水，私塾前的池塘都是他常游泳的地方，因此水性极好。不到一会，毛泽东就托起张有成出现在水面上，他奋力游着，把张有成往岸边推，伙伴们见状连忙从岸边伸手拖住张有成，众人合力将他拖上了岸。毛泽东上岸后，顾不上甩干身上的水，赶紧叫上几个力气大的伙伴，抬起张有成让他趴伏在牛背上。随着牛的上下颠簸，张有成喝进肚里的池水哗啦哗啦流了出来。因为毛泽东，张有成捡了一条命。对此，他心存感激，未敢忘怀。

"张一木匠"救了"农民运动的王"

张家是木匠世家。张有成的太公是韶山、湘乡一带很有名的木匠。张有成在家排行老大，张太公对他格外重视，很小就教他木匠手艺。他肯动脑筋，善于钻研，尤其善做雕花木床，精湛的木工手艺，使他年纪轻轻就成了远近闻名的木匠。邻里都称他"张一木匠"，韶山、湘乡一带的口音中，"有"和"佑"发音差不多，于是他又被叫成"佑木匠"。张有成后来迁居到了湘乡大坪乡新联村（今属韶山），这里离唐家圫毛泽东外祖父文家很近，文家的木工活总是请张一木匠和他弟弟张四维做。毛泽东和父亲毛顺生去外婆家，也常遇到张氏兄弟在文家干活。毛顺生对张有成的木工手艺非常赏识，也喜欢他为人厚道，善于言谈，家里有些紧要事情就叫张有成兄弟做，比如制作家具、经营谷米、买卖猪牛等。有一段时间，张有成兄弟频繁往来于韶山和大坪之间，成了毛家的常客。毛泽东十分佩服张氏兄弟勤奋刻苦，更敬重他们的人品和胆识。1911 年辛亥革命爆发后，正在长沙湘乡驻省中学读书的毛泽东投笔从戎，毅然参加了湖南新军。他还动员在家乡做木匠的张有成、张四维等人一同参军。

1925 年，毛泽东带着妻子杨开慧，儿子毛岸英、毛岸青回到韶山开展农民运动。回韶山后，他一边养病，一边做社会调查，到朋友、同学、亲戚和左邻右舍农家走访，或邀请亲友到韶山上屋场家中，谈家常、讲时事。张有成是川流不息进出上屋场的人员之一。这位张一木匠虽然读书不多，见识却不短，对毛泽东宣传的革命道理十分信服。他参加了韶山农民协会和雪耻会，在平粜阻禁斗争、建立农民夜校中表现十分积极。毛泽东在韶山领导开展农民运动期间，张有成是韶山农民协会的重要骨干之一。

在毛泽东领导下，韶山农民运动如火如荼，发展迅猛，这引起了反动派的恐慌。1925 年 8 月，反动派决定到韶山缉拿毛泽东。省长赵恒惕命令湘潭县政府"立即逮捕毛泽东，就地正法"。密令刚到湘潭，就被在县政府任职的一位韶山人获悉，他立即派人到韶山送信。消息传来，韶山一下出了好几个"版本"的传言。有人说，"许屠夫"许克祥正带着大队人马向韶山冲来；有人说，湘潭县上七都团防局局长成胥生放了话："谁抓到毛泽东，就赏谁 1 万块光洋。"张有成听了传言后，坐立不安，为毛泽东的安危而担忧。巧合的是，正当他牵挂毛泽东安危时，毛泽东突然到他家来了。见到神色安详的毛泽东，张有成却更加紧张不安。几句寒暄后，张有成将毛泽东拉进了自己的木作坊。作坊内，张有成请来的理发匠正在给他雇佣的木工们理发，他急中生智，将正在理发的人推开，让理发匠把毛泽东一头浓密的头发剃了个一干二净。也许是看气氛太紧张，毛泽东摸着自己光光的脑袋，跟张一哥开起了玩笑："我在外边混了十多年，好容易才熬了西式头，现在叫你快刀斩乱麻，一家伙全剃光了，我这十几年真的是白熬啦！"木工们和理发匠都笑了。张一木匠会心一笑，手上却丝毫不停，利索地将一条青布帕子挽在毛泽东头上，也带着几分幽默的口吻说："头发剃光了会慢慢长起来，要是让枪兵抓去，把脑壳剁掉了，那就无法补偿了。"在张有成的建议下，毛泽东换下长衫，穿上了木工的旧衣服，摇身一变，成了一个木工师傅。没多久，几个团防局官兵闯进木作坊，他们东张西望了一阵，没看出名堂，就叫张一木匠上前问话，问是否看见一个蓄西式头、穿长衫的人。张一木匠故意指着木作坊后头的山埂说："看见啦！他从后面的山埂上跑了！"官兵听了，匆匆忙忙地顺着他指的方向追去。

害怕敌人再次反扑，张有成又亲自送毛泽东离开韶山。他叫来一顶轿子，把毛泽东化装成郎中，一行人不慌不忙地行走在山路上。果不其然，路上遇到了荷枪实弹的团丁，团丁们气势汹汹，催问是什么人，张有成不慌不忙地要轿夫放下轿子，回答说是"郎中先生"，又一再述说"我们家病了人，十分病到九分，得赶快抢救"。毛泽东在轿子里也配合地说道："我是本地的郎中，又不是见不得人的，要看就让他们看看吧。"团丁们见轿夫和"郎中"都泰然自若，急着去救人，并没有起疑，匆匆放了行。

到了安全地段，毛泽东下了轿，张有成从口袋里掏出一个手绢包，取出整整齐齐包在里面的 5 块大洋，全递给了毛泽东。毛泽东知道张一哥家境并不宽裕，这 5 块大洋已是他木作坊运营的本钱，虽然张有成表示可以靠木工活再赚钱，但是远近农户饥寒交迫，哪里还有钱请木工呢？毛泽东不肯收下。张有成好说歹说，硬是将钱塞进了毛泽东的口袋里，最终，毛泽东拗不过张有成，将钱收下。

亲愿亲好，邻愿邻安

二十多年后，毛泽东领导中国共产党建立了新中国，进了北京城。昔日的"张一哥"仍然在乡下继续做着木匠活和农活，过着普通的平民生活。他很关注住在北京城里的毛泽东，外面传来的任何有关毛泽东的讯息都会让他激动。他从来没有想过要利用与毛泽东的关系出名发财，而是愿意过着自己淡泊宁静的生活。对此，他的一些后辈亲戚无法理解。他的一个亲戚专门登门找他，鼓动他跟毛泽东提一提往事。

亲戚问张有成："佑叔，您老人家当初担那么大的风险，掩护毛主席，心里头是怎么想的？"

张一木匠毫不犹豫地说："石三兄弟和我一同长大的。他比我天分高，读了一肚子书。他有难处，我能不管吗？那次他若被团防局捉去，说不定就没命了。人常说，救人一命，胜造七级浮屠。见死不救，天不容哩，雷火劈哩！"

这种真实、平凡的话怎么能让这个满心想着攀龙附凤的亲戚满意呢。于是，他绞尽脑汁地启发张有成："你想过没有，毛主席是中国人民的大救星。你保护他，是为了保护革命领袖！你有大功劳啊！"

张有成摇了摇头，说："没有。我哪晓得他日后要当主席呀！"

亲戚实在是有点恨铁不成钢，气馁地说："白狗子明明在抓他，你却把他掩护在木作坊里。假如被发现了，你就会被抓去，甚至还要砍脑壳哩！"

"不会的。"张一木匠否定他，"远近都晓得我是个木匠，做些家具还凑合。"他抿了口酒，又说，"真要抓我，我就告诉他们，韶山冲里有一句谚语：亲愿亲好，邻愿邻安。"

苟富贵，勿相忘

张有成不愿沾毛泽东的光，但很想到北京看望毛泽东。1951年，他与文梅清给毛泽东写了一封信，表达了这一愿望。同年9月4日，毛泽东回信给他们，表达了邀请之意。信中说：

禹居、梅清、有成三兄：

接到梅清、有成二兄的信，想来京一游，我认为可行。如禹居兄有兴趣，亦可同来一游。来者以三兄为限，他人不要来。到京大约可住一个月至两个月，太久则不方便。如三兄同意这几点，即可偕我这里派的同志一道来京。此祝

健吉！

毛泽东

一九五一年九月四日

"张有成要进北京城了！"喜讯不胫而走，人们成群结队，到张家登门祝贺。9 月 18 日，张有成和毛宇居、文梅清穿着湘潭县人民政府为他们定制的咔叽布中山服，从韶山招待所出发，到达长沙。9 月 23 日，张有成一行在湖南省委统战部干部的陪护下抵达北京。他们被安排进招待所，等待毛泽东接见。毛泽东听说他们到了北京，十分高兴，当晚就到招待所里看望他们。他们听说毛泽东要来，很是兴奋，不约而同地奔到门外迎接。见面时，毛泽东与他们一一握手。当毛泽东握着张有成的手时，张有成想着几十年没见，毛泽东还分得清谁是谁吗？他脱口而出，问道："润之，还认得我吗？"毛泽东呵呵地笑了："认得，认得。哪一个不认得张一哥。"他又说："张一哥，好不容易把你盼来了，欢迎欢迎呀！"回忆起几十年前的往事，毛泽东又一次感激张有成的救命之恩。几人谈得非常投入，直到工作人员看表催促，毛泽东才站起身。他告诉三位老人多住些时日，先到市内转转，国庆后还可到外地转转。他又对工作人员说："这些老人对革命都有贡献，要好好招待他们，来一趟不容易，要陪他们到处走一走。"并叮嘱工作人员这些费用由他来出。

工作人员陪着张有成三人游览京华名胜，逛大小商场，在北京住了一个多月。10 月 1 日那天，三位老人胸前挂着红飘带，以革命老人身份登上了天安门观礼台，参加了国庆大典。尽管毛泽东工作繁忙，百忙之中他还是先后几次接见张有成三人，并请他们吃饭。一次饭前，毛泽东特意将子女们叫来，向他们作了介绍，要孩子们叫"伯父"。毛泽东知道张有成爱喝酒，一向不喝酒的他特地上了酒水，并和他们频频举杯。在中南海含和堂前，他还和三

毛泽东送给张有成的皮箱

位老人合影留念。

张有成三人离京前，毛泽东送给他们许多礼物，其中，送给张有成的有呢子大衣、皮鞋、帽子、皮箱等。他知道张有成每天要喝上几两，还送了老朋友一箱茅台。

现在，毛泽东送给张有成的那口深棕色的皮箱和《毛泽东选集》第二卷陈列在韶山毛泽东同志纪念馆的玻璃展柜里，皮箱四周多处破损，上盖的皮带两边多是不规则锯齿状缺口，在历经岁月无情的磨蚀后，它依然给人一种坚毅硬朗的感觉，满满一箱似乎仍装载着曾经的深情厚谊。

接济儿时好友"张一哥"

毛泽东不仅关心好友，也十分关心乡情，他在接见张有成等人时，仔细询问他们乡里的情况，临别在即，他一再叮嘱张有成等要多给他写信，家中事、村里事、高兴的事和恼火的事都可以写。张有成回到家乡后，常写信给毛泽东汇报乡间情况。

1952年夏，张有成又给毛泽东写了一封信，和以往不同，这封信表达了自己对政府的意见。原来，大坪一带粮食歉收缺粮，因为酿酒要用大量的稻谷和大米，为了节约粮食，当地政府贴出告示禁止蒸酒熬糖，嗜酒的张有成想，这不是要我的命吗？联想到粮亏猪贱，他一气之下，给毛泽东写信诉苦，倾吐自己对禁酒的不满。7月7日，毛泽东亲笔回信劝慰：

有成兄：

前后来信都收到了，谢谢你。你于阴历五月初一给我的信很好，使我晓得乡间许多情形。粮亏猪贱，近月好些否？文家诸位给我的信均收到，便时请你告他们一声，并问他们好。乡间禁酒是因缺粮，秋后可能开禁，你们也可以喝一点了。此复。

顺问安好！

毛泽东

一九五二年七月七日

　　毛泽东不仅对张有成的去信表示感谢，"使我晓得乡间许多情形"，还安慰这位嗜酒的老朋友秋后可能开禁，也就能喝一点了。对于张有成在信中反映的"粮亏猪贱"的情况，毛泽东十分心忧，仅4天后，他又给房兄毛宇居写信，信中问道："接张有成兄的信，乡里粮缺猪贱，不知现在好些否？"毛泽东对乡情的急切关心，跃然纸上。他心中一直挂念此事，直到后来粮食增产，牲猪有了发展，情况好转，才放下心来。

　　考虑到张有成的家境情况，毛泽东每月还定时给他寄来50元钱，让他补贴家用。张有成用毛泽东寄来的钱常常买些腊猪耳朵等做下酒菜。

　　1953年，张有成病逝。8月，张四维给毛泽东写信，毛泽东方才得知。痛失好友的他于同年9月8日亲笔复信张四维，信中还特别提道："有成兄病逝，深为悼念。"

　　美丽清秀的韶山冲里，曾经属于毛泽东和他的伙伴们的快乐童年一去不返了，但这纯洁的友谊给毛泽东留下了美好深刻的回忆。即便是很多年后，他依然充满感情地回忆这段时光。1954年，张四维上京，毛泽东亲切地接见了他，并同他谈起往事，谈起他的哥哥张有成，怀念之情，溢于言辞。

郭梓阁是个好人
——毛泽东和郭梓阁

1906 年，13 岁的毛泽东在韶山井湾里私塾结识了郭梓阁，并成为朋友。1925 年，毛泽东在家乡开展农民运动遇到危险，郭梓阁冒着危险藏匿他。1952 年，虽然郭梓阁被划为地主，毛泽东却说"郭梓阁是个好人"。毛泽东和郭梓阁交往不多，然而正是君子之交淡如水，两人在患难中见真情。

私塾里爱读小说的学生

1906 年，韶山冲朝阳村蜿蜒崎岖的山间小路上稳步走来一个高个子少年。少年 10 多岁的样子，却很有大人风度，显得文质彬彬。一路到了山上，少年把斜跨在身上的书包轻轻一放，敏捷地爬上一棵板栗树，这才显露出他这个年龄常有的调皮和天真。一树碧绿的叶垂着棕色的毛球，煞是可爱，深秋的毛栗子甘甜芳香，少年从树上摘了往下扔，约莫着差不多了，跳下了树，往书包一装，刚好满满的一书包。少年背着书包正预备往来路走，一个年长几岁的少年迎面跑来，急切地说道："润芝，你什么时候离开的？书背完了吗？待会先生回来，背不出，会挨板子的。"被称作"润芝"的少年毛泽东抛了一个刚摘的毛栗子给他，不慌不忙地笑道："承奎兄，你别急，我背完了，待在屋里实在闷，才上山的。""承奎"是郭梓阁的字，他比毛泽东大 4 岁，毛泽东寄住在他家，他把毛泽东当成自己的亲弟弟，在生活上十分照顾。

两人进了蒙馆，毛泽东打开书包，招呼大家来分享他的果实，还留出了一份给塾师。小伙伴们兴高采烈，掰开毛栗子，一边享受着美食，一边叽叽喳喳地议论起《水浒传》。

不多久，一个青年拿着本古籍走了进来。众人见了，纷纷回到座位上坐好，蒙馆里顿时鸦雀无声。看着满地狼藉和毛泽东留给他的那份"重情"，年轻的塾师哭笑不得。为了教育这位调皮胆大的学生，他语气严肃地质问："谁叫你跑到山上去的？"毛泽东没有一点畏惧，回答道："没有谁叫我，我觉得待在屋里背书很闷，就上山了！"塾师年轻，脸皮薄，居然被气得满脸发红。于是，蒙馆里经常上演的戏码又开始了，塾师点书，毛泽东滔滔不绝地背诵着。塾师见背书难不倒他，便指着私塾院子中的天井说，你给我赞"天井"。毛泽东想了想，不慌不忙地吟道："天井四四方，周围是高墙。清清见卵石，小鱼囿中央。只喝井里水，永远养不长。"塾师毛宇居是大毛泽东12岁的房兄，听了这首即兴而发的诗，他心里不禁赞了个好，再回头看看在座的郭梓阁等学生脸上都是佩服神色，难怪这些学生隐隐以毛泽东为首。毛宇居对这个天资聪颖、"状况百出"、不叫自己"先生"而非叫"大哥"的学生，感到颇为头疼。毛宇居采取多点书的方式想以此教育他，可毛泽东记忆力超群，过目不忘，要他背的他都能背出来。毛宇居要学生们做破题文章，毛泽东也是做得很快，总是交头卷，还常帮别人做。私塾里教《公羊春秋》《左传》等经史子集，毛泽东爱看《水浒传》《三国演义》这些"杂书"。他在杂书上放着正书作掩护，偷偷地看。在毛泽东的带动下，私塾里的同学也爱看小说。毛泽东曾回忆说："许多故事，我们几乎背得出，而且反复讨论了许多次。关于这些故事，我们比村里的老人知道得还要多些。"毛泽东在广泛地阅读中国旧小说和故事时，善于思考。有一天他忽然想到，这些小说有一件事情很特别，就是里面没有种田的农民。所有的人物都是武将、文官、书生，从来没有一个农民做主人公。他开始思考这件事情，并希望找出答案。直到两年后，他逐渐得出结论：小说的主人公是不必种田的，因为土地归他们所有和控制。

井湾里私塾在距上屋场约 10 华里的地方，是郭伯勋为郭氏子弟办的蒙馆。郭伯勋是韶山冲的著名中医，曾编撰《医学八字诀》和《医方集解补削》。井湾里私塾总共招收了七八名学生，学生全是寄宿。因郭家与毛泽东父亲毛顺生相熟，破例招收了毛泽东这个唯一一名非郭姓的学生。私塾办在郭家大屋正中的堂屋内，大屋前面住着郭梓阁一家，后边则住着郭梓阁的伯父郭伯勋。郭家十分喜欢懂礼貌、学习好、勤劳动的毛泽东，郭梓阁、郭梓材两兄弟都在私塾读书，与毛泽东是同学。毛泽东与他们同吃、同睡、同学习，建立起了深厚的感情。

"福寿全"南杂店

昔年弹丸之地的韶山冲，有几个名气远扬的招牌，连周边相邻县都有口皆碑，其中一个叫"福寿全"南杂店，一个叫"毛义顺堂"。前一家的当家人叫郭石桥，后一家当家人是毛顺生。这两家关系密切，不仅在生意上互相扶持，而且两家的下一代感情深厚，互为兄弟。郭石桥就是郭梓阁的父亲，毛顺生是毛泽东的父亲。郭石桥是小商人出身，不仅经营"福寿全"南杂店，还办过邮政代办所。他经商有方，重情义，好交游。毛顺生也是很有经济头脑，经营谷米、猪牛等，生意做大了，光靠银元、铜钱来周转不够，就自己出了一种"义顺堂"的票子，代替货币。毛泽东的表侄文九明曾介绍说："用'义顺堂'，到别的地方买 10 头猪不带一分钱可以赶得动；借上百块银元，走就是的；出谷没带钱，担起走就是的。""毛义顺堂"得到了韶山冲周边商界的认可。当时，不止是郭家亭的"福寿全"南杂店，还有关公桥的"长源河"、韶北的"忠义顺堂"、杨林的"毛重庆"、银田寺的"长庆和"等商铺都与"义顺堂"有生意往来。虽然"义顺堂"做得大，但毛顺生生性勤俭，对于子女管得很严，很少拿钱给他们花。毛顺生想要长子在家学做生意，不太赞成毛泽东外出求学，且觉得长沙读书花费太多。因此，毛泽东常常捉襟见肘。此时，郭梓阁兄弟在乡下跟父亲学做生意。而只要毛泽东向郭家借钱，郭家每次必定慷慨解囊。毛泽东每逢假期回家，也总是爱到井湾里拜访老同学郭梓阁、郭梓材兄弟，向他们讲述自己在长沙的见闻和感受，三人讨论对时事问题的看法。

十几年后，两家父辈离世，但郭梓阁、毛泽东建立起来的真诚友谊并没有随着时间的流逝和环境及个人境遇的变化而有所改变。不同的是，"福寿全"南杂店的当家人换成了郭梓阁，"毛义顺堂"的当家人成了毛泽东的大弟弟毛泽民。然而，1921 年，毛泽东回乡教育亲人说："家里的房子可以给人家住，田地可以给人家种。我们欠人家的钱一次还清，人家欠我们的就算了。"他带领全家就这样离开了韶山，舍小家为大家，投身革命。20 年代初期，"毛义顺堂"仍由毛泽民千方百计维持着，只是其产出多半转移到了革命事业上，它的名气和利润也再不能与"福寿全"南杂店相提并论。

"福寿全"南杂店在郭梓阁的精心经营下，为带动韶山的商业发展起到了积极作用，更值得一提的是，它有光荣的革命史，郭梓阁兄弟为韶山农运的发展作出了贡献。1925 年春节过后，毛泽东回韶山一边养病一边开展农民运动，通过同各种人的接触和调查，了解到韶山附近农民的生产、生活情况，农村的阶级状况和各种社会情况。同时，也向他们讲述国家的政治形势，农民穷困的原因和摆脱贫困的办法等，启发他们的觉悟。毛泽东不仅四处走访做社会调查，也以打牌为掩护在上屋场召集积极进步分子开会，还经常与一些秘密农民协会的骨干来郭家的"福寿全"开会。郭家亭"福寿全"南杂店的主人郭梓阁则帮毛泽东他们站岗放哨，打掩护，尽心招待他们。因为郭梓阁等郭氏族人的保护和支持，毛泽东等人在"福寿全"南杂店安全地召开了一次又一次会议，大力推动了韶山农民运动的发展。7 月 10 日，湘潭西二区上七都雪耻会成立大会在郭家亭郭氏祠召开。7 月 30 日，西二区公私学校教育会会员大会也是在郭氏祠召开，改组了教委会（掌管行政）和学委会（掌管经济），选出了十多个进步教师担任公立和私立学校的校长……郭家亭"福寿全"南杂店和郭氏祠成为农运发展的重要场所，由此可见郭梓阁兄弟深得毛泽东的信任。

虽然郭梓阁还不是共产党员，但正是基于对郭梓阁的信任，有一回，毛泽东遭国民党枪兵追捕，他跑到了郭梓阁的"福寿全"南杂店。情况万分紧急，当时正在清理货架的郭梓阁，一见毛泽东急匆匆跑来，后面远远的有追

兵，立马就把毛泽东藏到囤货房。然后佯装无事，将闯进大门的枪兵连哄带
骗地撵走了。为了防止枪兵们杀个回马枪，郭梓阁立即将毛泽东转藏在郭氏
祠堂的楼上，由媳妇负责送饭，自己在外放哨。夜晚，在黑色夜幕的掩护下，
郭梓阁悄悄地将毛泽东转移，使他安全脱险。

公审张茂卿

韶山的春天总是来得特别早，群山环绕下，抬眼望去都是嫩绿的色彩，
极为赏心悦目。不过 1927 年的春天，注定没有人会留意。这一年一切都来得
那么激烈，无论是贫民还是地主，无论是共产党人还是军阀土豪，都被一场
又一场对抗吸引了全部的精力，甚至失去了生命。

当韶山银田寺 3 万群众愤恨的咒骂声、呼喊声，下七都团防局长、劣绅
汤峻岩在几十根乱棍下发出的哀嚎声还在空中回荡时，板凳岭又响起了此起
彼伏的口号。"杀了恶霸张茂卿！"张茂卿其人，湘潭有名的"保产党"分子，
既是大恶霸，又是湖南省警务处特务。1927 年 4 月中旬，他潜到韶山，妄图
与当地土豪劣绅勾结，探听情报，组织"保产党"，破坏农民运动。他窜到
韶山不久，就被特别区第 33 乡（今属杨林乡）的农民抓获。区农民协会决定
就地公审、处决张茂卿。这个决定得到县农协批准后，区农民协会立即准备
了起来：公审台、控诉材料、标语、口号、传单、游行的高帽子等。郭梓阁是
组织者之一，他将祠堂的门取下搭成公审台，布置公审现场……4 月 29 日，
公审大会举行。有了郭梓阁等人的细致准备，公审进行得很是顺利。自卫队
第一班班长蒋福祥手执明晃晃的马刀，处决了张茂卿。随后，又举行了声势
浩大的示威游行。游行队伍从板凳岭出发，经郭家亭、杨林庙到瓦子坪，所
到之处，农民激情高涨，欢呼雀跃。

此时的郭梓阁，心情也是万分激动，自从这年 1 月毛泽东又一次回到韶山，
他发生了显著的变化，以前所未有的激情公开加入到农民运动中来。毛泽东
在韶山短暂停留 5 天，期间他还特地找郭梓阁商量如何办好农会，并请郭出
任司务长。郭梓阁对办农会深表支持，但对司务长一职却表示谦让。毛泽东

耐心地劝说郭发动募捐，筹集经费，办好农会。郭梓阁欣然同意，积极加入到发展扩大农会的工作中来。他还将苦心经营的南杂店的货物拿出来供农会兄弟享用。

韶山发生着翻天覆地的变化，祠堂庙宇做了农民协会会址，农民协会还组织农民修塘、修坝、禁烟赌、办农民夜校，韶山成了农民的天下。

仅仅是 2 个月后，空气里弥漫起浓烈的血腥，灼人的太阳，杀红了眼的国民党兵，偏远的韶山冲无法避免大革命失败的恶果，农会被迫自动解散，共产党人被屠杀，连同情革命的群众也无法幸免，郭梓阁四处躲藏，匿居他乡。直到几年后风声稍松，郭梓阁才回到家乡，继续经营起"福寿全"南杂店。经商有方的他，家境逐渐富裕，他用积蓄还置办了些田产。

1927 年，是历史的转折，也是郭梓阁和毛泽东交往历史中难忘的一年。这年的短暂相聚，成为他们最后一次相见。

郭梓阁是个好人

辗转到了 1952 年，毛泽东才从他处听到郭梓阁的音信。这时的郭梓阁在土地改革运动中，按当时国家政策标准，被划为地主成分。李漱清、邹普勋上京见毛泽东，临行前，他们相邀郭梓阁一同去，郭梓阁因身体不佳未能成行。

毛泽东在北京中南海接见李漱清、邹普勋时，向他们询问郭梓阁的情况，"井湾里郭梓阁先生还在吗？"

李漱清回答说："还在。只是家里搞绿了（韶山土话，意为家里穷了）。"

毛泽东很是惊讶："怎么搞绿了？"

"划了地主。"

毛泽东又问："他为什么不一起来呀？"

李漱清故意问道："他是被管制的对象，还能来吗？"

"家里绿，这是必然的，因为他过去富裕。"毛泽东顿了顿，又说："郭梓阁是个好人。"土改是一项全国性的大政策，涉及 3 亿多人口，毛泽东虽然挂心郭梓阁，但是对于他在土改中被划为地主一事，毛泽东不打算插手。

位尊从不泯民意，权大绝不循私情。有了毛泽东的支持，韶山的土地改革运动开展得轰轰烈烈。郭梓阁虽然被划为"地主"，但是并没有对政府心存怨恨。

李漱清从北京回乡，兴奋地向郭梓阁讲起毛泽东对他的评价。郭梓阁感受到毛泽东的关怀，知道毛泽东虽然身居高位却仍惦记着自己，深受感动。但是当李漱清要他给毛泽东写信时，他对自己"地主"的身份心存顾虑，不想写。热心的李漱清为他代写了一封信。

毛泽东接到以郭梓阁名义写的这封信时，正是1952年12月26日——毛泽东生日这天。他看了信，十分高兴。几个月后，郭梓阁收到了毛泽东从北京寄来的信和200元钱。信云：

梓阁先生台鉴：

　　来信收悉，情况不佳，对革命有所贡献，我很了解。兹寄上人民币二百元，以作生活弥补。望心安勿躁。此复。

毛泽东

在随后的几年里，郭梓阁贫病交加，一家人未能摆脱困境。得知情况后，1958年9月30日，毛泽东指示中共中央办公厅给郭梓阁写信予以慰问，同样寄来了生活费200元。

1959年6月，毛泽东回到阔别32年的韶山，接见、宴请了许多父老乡亲。得知毛泽东回到韶山的消息，重病缠身的郭梓阁在家人的搀扶下，挣扎着赶到韶山冲，但此时毛泽东已经离开。

过了十多天，韶山公社派人送来了请柬，请郭梓阁到韶山招待所吃饭。原来是毛泽东临走时交代，让韶山公社代自己办几桌，请那些因病或有事情未能赴宴的乡亲们。虽然颇有遗憾，但毛泽东如此周到，郭梓阁还是久久回味着。

20世纪60年代初，国家遭受自然灾害，经济陷入困难时期，郭梓阁生活无着。得知情况后，一直也在省吃俭用的毛泽东嘱托中央办公厅秘书处给郭梓阁写信，同时寄上 200 元。

　　无情岁月垂垂尽，1965 年，郭梓阁病逝，时年 76 岁。得知消息，毛泽东又从北京寄来 300 元。从此，井湾里再也不会上演那动人的私塾故事，也再没有那样一个视毛泽东为亲兄弟、支持他革命的"好人"郭梓阁。

有困难，尚可设法帮助

——毛泽东和郭梓材

郭梓材与毛泽东渊源深厚：他们是私塾同学，毛泽东曾给郭梓材改名，郭梓材的妻子刘天民经毛泽东帮助才摆脱了童养媳的艰苦生活。新中国成立后毛泽东多次写信给郭梓材夫妇，资助他们渡过难关。郭梓材在毛泽东的关怀与帮助下，成长并安度晚年。

我们全家人都喜爱他

1906 年秋天，13 岁的毛泽东背着简单的包袱到离家十几里远的井湾里私塾求学。私塾是郭家大伯郭伯勋所办，郭家与毛家祖祖辈辈交情深厚，到了父辈因为都经商更是来往密切。塾师除了郭伯勋，还有毛宇居，学生除了毛泽东以外，郭伯勋的侄子郭梓材、郭梓阁都是姓郭的。

私塾里教的是四书五经，毛泽东很不喜欢读经书，他的反抗观念十分浓厚，开始在课堂上偷偷地读中国古代传奇小说，特别是那些反抗统治阶级压迫和斗争的故事，如《水浒传》《三国演义》《西游记》《隋唐演义》《精忠传》等，他尤为喜欢。郭伯勋熟读古书，精通世故，又善于联系实际，对毛泽东的行为早有发现，他十分喜欢这个异常聪慧、记忆力特强、过目不忘的学生，担心毛泽东荒废学业，就常给学生们讲述历史故事，希望以此吸引他们并启发他们向上之心。他给毛泽东和侄儿们讲张良年轻时虚心求学的故事，讲晋人王嘉的求学故事，告诉他们历代名士"学则智，不学则愚；学则治，不学则乱""人好学，虽死犹存；不学者，虽存，谓之行尸走肉耳"的求学言论。听了郭先生这些生动的道理以后，毛泽东深受教育和启发。从此，他的学习态度端正了许多，读书的自觉性也大大增强。

私塾距上屋场毛家远，为了方便求学，毛泽东常住在郭家，郭家有 5 个小孩，孩子们多了一个玩伴，欢喜异常。郭梓材后来回忆说："我们全家人都喜爱他。"郭家大哥郭梓阁比毛泽东要大，对他关照有加，郭家二姐照料毛泽东最为细致，帮他梳理那条长辫子，还帮他洗衣服，补这补那，家里有一点好菜毛泽东要是不在也要给他留出一份，比对自己的亲弟弟还要亲十分。郭梓材，比毛泽东小 4 岁，当时才 7 岁，刚发蒙。毛泽东懂的东西多，他总喜欢围着毛泽东转，有时叫"润芝哥"，因为玩得特别亲密，有时就简称"润芝"。毛泽东与郭家的孩子相处得十分融洽，他对郭梓材更是关照爱护，要求严格，把他当作亲弟弟一样。白天他们一路上学，晚上睡在一起，天南地北扯谈，毛泽东晚上还讲故事给郭梓材听。毛泽东虽然不是私塾里年纪最大的学生，但其他学生都愿意听他的话，在他们心目中他是一个公认的领导者，不但跟随他和老师造反，反对背书，平日做游戏，也是由毛泽东组织大家排队打仗，由他当指挥，发号施令，叫他们冲锋。

毛泽东自幼同情贫苦人，有一次，郭梓材跟毛泽东一路到如意亭，途中碰到一个青年农民冻得发抖，毛泽东毫不犹豫地把身上的长衫脱下来给他穿。同样的情况不止一次。毛泽东舍己为人、救济穷人的行为和品德深深地感动和影响着郭梓材。

取名"郭栩"

1910 年，郭梓材到湘潭县城投考昭潭高等小学堂并考取了，毛泽东则考入了湘乡县立东山高等小学堂，两人相距更远，但感情依旧深厚。1911 年，郭梓材辍学回乡，在家种田。毛泽东此时又考入了长沙湘乡驻省中学。10

月10日，武昌新军起义，一天，一位革命党人到湘乡驻省中学发表激烈演讲，报告起义情况，毛泽东决心投笔从戎。趁着放假，他来到井湾里劝说郭梓材与他一同去参军。他们开始准备去武昌参加革命军，听说武汉潮湿，他们都备了雨鞋，还募集了一些路费。正要出发时，湖南发生了起义，毛泽东亲眼目睹了这次新军起义。湖南热心的青年学生组织了学生军，但毛泽东认为学生军的基础不好，决定参加正规军，切切实实地干革命。10月底，郭梓材跟随毛泽东参加驻长沙的起义新军二十五混成协五十标第一营左队，当列兵。

参加新军后，两人每月饷银7元。除了吃饭要用2元以及买"白沙水"外，毛泽东把所有的钱都用在订阅报纸上。当时长沙城内市民、部队，都要在湘江里或白沙井挑水吃。毛泽东开始也去挑水，后来由于路远、往返时间长，为挤时间看书报，他就买水喝，或者是郭梓材等战友帮忙供给。毛泽东和郭梓材的军营生活十分繁重，每天要做军事操练，两人都急切地想学好打仗的本事，参加实际的革命斗争，所以不怕苦、不怕累，每次操练都很认真，仅用几个月时间，他们把军队里所必需的基本训练已经搞得滚瓜烂熟了。后来，毛泽东还高兴地回忆说从新军中学到了不少东西，"枪上肩，枪放下，瞄准，射击等那几下子，我至今没有忘记"。

1912年2月，清帝宣布退位。毛泽东认为革命已经结束，在军队无所作为，决定退出军队，继续求学。郭梓材又跟着毛泽东一起退伍。此后，毛泽东先后就读于湖南全省高等中学、省立第四师范、省立第一师范等学校。其间，毛泽东虽然学业繁忙，甚少回家，但仍与郭梓材偶有联系。直到1919年，郭梓材就业于湘潭电灯公司，湘潭与长沙之间来往便捷，毛泽东和郭梓材又有了频繁、密切的接触。毛泽东多次到安源煤矿考察，郭梓材因工作需要原本要常出差到安源购买生活、生产用煤，这时便请毛泽东代买煤炭，毛泽东欣然应允，均负责给他买好，交代运回湘潭。同时，毛泽东到湘潭则利用郭梓材在电灯公司工作之便，开展革命活动，他在电灯公司内设立了一个党支部，公司有地下室，比较隐蔽，党内许多重要会议均在地下室召开。郭梓材最初还不是党员，但毛泽东十分信任他，又兼之他是一个小职员，身份不高，不易引起敌人的怀疑，毛泽东便委托他代为保管一些文件和会议记录。党支部召开秘密会议时，也是郭梓材守门。经过一段时间考验，由毛泽东亲自介绍，郭梓材加入中国共产党。为了便于秘密从事党的工作，毛泽东还给他取了个化名"郭栩"。

1925 年毛泽东回到韶山开展农民运动，建立党的秘密组织，他曾特意到湘潭电灯公司邀请郭梓材一起回乡参加农民运动。因为与郭梓材、郭梓阁等郭家人的亲密、信任关系，毛泽东等革命党人常在郭家、郭家祠堂等处开展革命活动。毛泽东的革命活动引起反动军阀和大地主的仇视，多次派人捉拿他，毛泽东在韶山数次遇险。有一次，毛泽东被追捕，跑到郭家祠堂，再化装成挑水工人，从后门挑着一担水桶从从容容走了。还有一次团丁追得很急，毛泽东见路旁有农民锄草，便接过锄头，脱掉外衣，将围巾折成腰带，弯腰锄起草来，才得以脱身。

郭梓材还曾穿着长衫马褂，与毛泽东和几名农运骨干坐在郭家亭南食店以打骨牌为掩护，召开秘密会议。

1927 年"马日事变"后，因叛徒出卖，许克祥派特务来电灯公司搜查。郭梓材在紧急中将党的文件名册烧毁，并借来一些便衣，筹备隐蔽地方，倾囊资助同志们转移，掩护或营救蒋迪根、庞叔侃、李耿侯、钟志申、毛雪梅、湘姑娘等人脱离了危险。这些人是郭梓材在跟随毛泽东革命的过程中认识的，像湘姑娘，郭梓材不知其名，只知道姓邓，是党内一个领导干部。为了她的安全，郭梓材在韶山老家筑了一道夹壁墙，将她藏在墙内，派侄媳妇全一嫂按时送茶饭，为时约一个月，才将她转走。

大革命失败后，形势越来越严峻，郭梓材脱党，在湘潭电灯公司担任营业员和会计。

不久，郭梓材与刘天民结婚。刘天民，韶山人，生于 1902 年，原姓庞，5 岁时因家贫无法抚养，被送给一个已经 20 岁的萧姓残疾人当童养媳。从小受尽了苦难与折磨，稍长大后，因为反抗旧婚姻，被当地族长和地主吊打，他们把她的头发一把把扯落，倒拖她的双脚，将她的头在田垅上撞来撞去，直撞得晕死过去。

1923 年，毛泽东闻讯与刘天民的姐夫李耿侯赶过来，劝说刘天民的母亲让女儿出走，又劝说萧家解除婚约。刘天民随后跟随毛泽东到长沙，在昭潭女中半工半读。毛泽东后来在长沙《大公报》上发表了一篇文章，写一个女孩从小被遗弃，由刘家带大，怕长大后养女嫁不出去，5 岁便送给一个残疾人当童养媳，惨受非人折磨。刘天民一看文章，就知道毛泽东写的是她的经历和遭遇，十分兴奋和感动，小心翼翼地一字一句地记录下来，一直保存到国民党抄家前才忍痛烧掉。在毛泽东的耐心教育和指导下，刘天民的思想不断进步，1923 年加入了中国共产党。她先后担任了中共湖南省委青年部长、省学联干事长等职。1926 年，受毛泽东的委托，刘天民担任省党校杂志编辑。毛泽东工作很忙，终日劳累奔波，很少回家。杨开慧协助毛泽东的工作，还要带 3 个孩子。刘天民便常去帮杨开慧照料孩子，两人结下深厚友谊。杨开慧牺牲后，刘天民悲痛万分，由于敌人的追捕，她不得已脱离了党组织。她与郭梓材结婚后，在湘潭县城的一所小学里任教达 18 年。

慷慨资助

郭梓材、刘天民在湘潭艰难度日，1940 年电灯公司倒闭，在电灯公司入股、当会计的郭梓材，多年的积蓄打了水漂。电灯公司让给富绅廖镇楚经营，定名为湘潭电气股份有限公司，并接收了原公司的发电设备。1944 年 6 月，日军侵占湘潭，该公司设备拆迁疏散农村。1945 年日本投降后，设备被运回，于 1946 年 1 月复业。1948 年因设备陈旧，停止发电。

新中国成立后，郭梓材到建中合作猪鬃厂当会计，该厂是私营合作企业，因亏损发不出工资，生活无着落，1950 年，郭梓材、刘天民在闲居无业的窘迫状况下，写信给毛泽东，请求解决工作问题，并要求进京。毛泽东很快复信，信云：

梓材学兄：

来信收到，极为欣慰。北京人浮于事，吾兄工作问题，还以就当地熟悉吾兄情况的友人筹谋解决，较为适宜。愚见如此，尚祈斟酌。

此复，顺致

敬意！

毛泽东

八月二十九日

信末，毛泽东又写道："刘天民先生同此致候。（刘先生来信没有收到）"。虽然为公，毛泽东拒绝了为郭梓材介绍工作，但其实毛泽东内心十分挂念郭梓材夫妇。随信，他给郭梓材寄去 300 元钱，接济他们的生活。

不久，毛泽东又收到了刘天民来信，信中问及她姐夫李耿侯等亲友的情况。10 月 19 日，毛泽东又专门为此写信给刘天民，信云：

天民女士：

　　来信收到，甚谢。李耿侯已牺牲。李介侯现在北京人民革命大学学习，情况尚好，知注并闻。此复，顺致

敬意

毛泽东

十月十九日

此后，毛泽东对郭梓材、刘天民两位故友，仍然念念不忘，曾多次写信问候他们，给他们汇款、寄东西，关怀备至。考虑到郭梓材、刘天民曾参加革命的经历，尤其是刘天民在学生运动中表现突出，毛泽东原本建议湘潭有关部门安排刘天民到湖南文史馆工作，但未能实现。后来，刘天民被安排在湘潭市政协工作。

1954 年，郭梓材的表兄张四维、堂兄郭僖生等，先后去北京见毛泽东，毛泽东热情地与他们拉家常，并问起郭梓材一家的生活情况和身体状况，言语中满含深情。10 月 29 日，毛泽东又一次亲笔写信给郭梓材、刘天民，"寄上人民币三百万元，为补助日用之费。嗣后有困难，尚可设法帮助"。

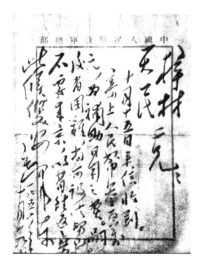

1954 年 10 月 29 日毛泽东
致郭梓材、刘天民的信

1955 年，郭梓材因患视神经萎缩，丧失了工作能力，不得不离开猪鬃厂，一家生活再度陷于窘境。1956 年，郭梓材夫妇只好再次向毛泽东反映困难，并要求进京。毛泽东工作繁忙，交代中央办公厅秘书室给郭梓材夫妇回信，2 月 9 日复信云："一月十七日写给毛主席的信收到了，主席已看过。根据主席指示，寄去人民币三百元，请收作补助家庭之用。关于你们要来京的问题，主席希望你们现在不要来，等过了一两年再说。"郭梓材也满心期待着一两年后与毛泽东见面，然而 1957 年他双目失明，于是打消了去北京见毛泽东的念头。

1961 年，中央办公厅又根据毛泽东的指示给郭梓材回信：

郭梓材先生：

上月写给毛主席的信，主席已经看过，主席送给你三百元，作为医疗费用。此款已交邮局汇去，请查收。另外，主席要我们转告你们：如果以后还有困难，仍可函告他。此致
敬意

中共中央办公厅秘书
一九六一年八月十六日

1962 年，郭梓材病重，毛泽东知道后又特地寄去 200 元，供他治病。毛泽东十分关怀，并多次资助郭梓材一家，从 1950 年起到 1962 年止，郭梓材、刘天民夫妇先后收到毛泽东的亲笔信四封，毛泽东嘱咐中共中央办公厅秘书室的回信七封，随信还有毛泽东的诗词等，共计有 13 份之多，毛泽东赠给他们的款项有六笔，计 1700 元。毛泽东的关爱让郭梓材一家十分感动，使郭梓

材、刘天民度过了幸福的晚年。郭梓材曾回忆说："在我心中，却时刻想念他，像他这样伟大的人物，心眼中时刻有平凡的群众，能平等待人而且和蔼可亲，这就越加显得他的伟大了。"1964 年 1 月，郭梓材病逝于湘潭，享年 67 岁。

刘天民先后担任过几届湘潭市政协委员，直到 1977 年去世。在这前一年，她曾在采访中表示感谢毛泽东的关照，"好像时刻在毛主席身边一样"。

郭梓材的儿子郭求知、郭先威，女儿郭量宏在党和政府的关怀培育下，均先后参加了工作，或走上了领导岗位，或成为了专家、学者。他们始终为父亲与毛泽东的友谊，为毛泽东对郭家的照顾所感动。1978 年年底，中共湘潭市委征集党史资料时，郭家将毛泽东的亲笔书信献交给党组织，并始终珍藏着毛泽东给郭梓材信的复印件。

一个失业的法科生
——毛泽东和毛岱钟

他和毛泽东是韶山冲走出的两位高官，两人是同族，是私塾同学，一个效力于国民党，一个却是共产主义的信仰者，政见截然相反，但毛泽东始终记得这位曾给予自己帮助的"法科生"。

复学乌龟颈——长沙求学

1936 年，毛泽东向美国记者埃德加·斯诺回忆自己的经历时，有过这样一段话："《盛世危言》激起我想要恢复学业的厚望。我也逐渐讨厌田间劳动了。不消说，我父亲是反对这件事的，为此我们发生了争吵，最后，我从家里跑了。我到一个失业的法科生家里，在那里读了半年书。"

从这段回忆出发，以至于一段时期人们认为这位"失业的法科生"毛岱钟是毛泽东的私塾老师之一。然而，可能是因为时间久远，毛泽东记错了毛岱钟失业的时间，这段回忆与当时的事实有出入。事实是，毛泽东十四五岁时停学在家务农，白天参加田间劳动，晚上替父亲记账后刻苦读书。他从表兄文运昌处借了一些书，其中一本是郑观应的《盛世危言》，这本书主张设议院、办商务、讲农学、兴学校，还说到中国之所以弱，是因为缺少西洋的铁路、电话、电报、汽船等，毛泽东读后，开阔了视野，萌发了爱国思想，激起恢复学业的愿望。1909 年秋，毛泽东复学，在韶山冲韶源村乌龟颈私塾就读，塾师是毛简臣。毛简臣是毛泽东的房叔祖父，系清时乡村秀才，曾在左宗棠下属部队当过钱粮师爷，随部在西北边境戍守。1900 年回到韶山后，除耕种几亩水田外，兼办私塾教书。毛简臣性情耿直，要求严格，教课认真，所教课文都要背诵。毛泽东学习刻苦，深得毛简臣的喜爱，师生情谊甚笃。与毛泽东共同受业的有毛简臣的二儿子毛岱钟，他即是毛泽东回忆中"失业的法科生"。毛岱钟生于 1890 年，派名贻禧，字岱钟，号亚超，学名毛宪，虽然比毛泽东长一辈，但仅大三岁，两人年龄相近，又都爱看书，与毛泽东过从甚密，毛岱钟后来常向妻子冯氏谈及年幼时与毛泽东读书的情况，对毛泽东的聪明过人称道不已。

课后，毛泽东也常从上屋场跑到乌龟颈去找毛岱钟一起研讨文章，探求学问。毛泽东写了文章，也常拿给他看，听取意见，请他帮助修改。毛泽东求知若渴，家里一点书很难满足他的要求，他便四处借书。毛岱钟对此十分支持，将父亲珍藏的《资治通鉴》《史记》等书籍借给他看，并常在一起探讨书中的内容。毛泽东在读了这些书后，古文基础打得更牢，也更加爱好中国历史和古典文学。毛岱钟借给毛泽东的一本书，新中国成立前他的孙子毛远定还在毛泽东家见到过，那时，毛远定常去上屋场与毛泽东的侄儿毛楚雄一块玩，在楚雄住房的阁楼上见过这书，书上有毛简臣的弟弟毛策臣、毛翰臣的印章。

在毛简臣处学习半年，毛泽东转东茅塘拜毛麓钟为师。毛岱钟不久也到清溪寺郭耿光先生门下继续攻读。郭是一位老秀才，学问较深，毛岱钟颇受教益，长进很快，也打下了较深的古文基础。

此后，虽然毛泽东和毛岱钟不在一起求学，但两人常有往来。1910 年秋，毛泽东到湘乡东山学校读书，1911 年春到长沙考入湘乡驻省中学堂。此时，毛岱钟在长沙湖南官立法政学堂读书。他们常在一起交流思想，谈论时局，探讨学问，发表各自对社会的见解。1911 年春夏间，清政府颁布了所谓的"铁路国有"的卖国政策，企图把川汉、粤汉铁路出让给帝国主义，遭到全国人民的强烈反对。为了表示与反动、卖国的清政府彻底决裂，毛泽东倡议并带头剪掉头上的辫子，一些原本相约去剪辫子的人临时反悔，毛泽东和他的朋友就出其不意强行剪掉十几个人的辫子。当时，毛泽东和毛岱钟就关于剪辫子一事进行过讨论，毛岱钟思想比较保守，二人发生了争论。毛泽东后来回忆说："在剪辫子事件上，我和一个在法政学堂的朋友发生了争论，双方就这个问题提出了相反的理论。这位法政学生引经据典来论证自己的看法，说身体发肤受之父母，不可毁伤。但是，我自己和反对蓄辫子的人，站在反清的政治立场上，提出了一种相反的理论，驳得他哑口无言。"

后来的事实证明，毛岱钟在一定程度上接受了毛泽东的先进思想。1911年10月10日辛亥革命爆发后，湖南是第一个起来响应的省份。毛泽东也决定同其他几位朋友去参加革命军。这时，一支学生军在长沙组织起来。于是，毛泽东、毛岱钟等人一起参加了学生军。湖南学生军当时印有16开平装本通信录，内有毛泽东、毛岱钟两人名字及通信地址，毛岱钟离开学生军后，曾将通信录带回韶山交给亲属保存。

不久，毛泽东发现学生军的基础太复杂，他很不喜欢，决定去参加正规军，即投入已响应武昌起义的湖南新军。毛岱钟随后也离开了学生军，继续进法政学堂读书。

清王朝被推翻后，辛亥革命的胜利果实被袁世凯篡夺后，毛泽东和当时大多数人一样以为革命已经结束，在1912年春退出新军，决定继续求学。在专业的选择上，他举棋不定，变换再三，警察学堂、肥皂制造学校他都报了名。在法政学堂读书的毛岱钟劝说毛泽东考法政学堂。毛泽东之前就看过这所法政学堂的广告，广告上许下种种诺言，娓娓动听，保证3年内教完全部法律课程，并且期满后即可当官。预备从事法律工作的毛岱钟也不断地向他称赞这所学校。毛泽东有些心动，交了一元钱的报名费，并写信给家里，把广告上的内容向父母重述一遍，请求父母寄学费。但是不久毛泽东又打消了这个念头，因为另一个朋友劝告毛泽东，说国家现在正处于经济战争之中，当前最需要的人才是能建设国家经济的经济学家，毛泽东相继又报了商业学堂、公立高级商业学校。在公立高级商业学校学习一个月，他感到不满意，最后退学，又先后在湖南全省高等中学校、湖南第四师范、湖南第一师范读书。1918年，毛泽东从湖南第一师范毕业。

毛岱钟此时早从法政学堂毕业,选择了律师这个职业。他在长沙、贵州、云南等地当律师,并曾一度失业。

友谊与选择

时代风起云涌,毛泽东投身于一个又一个革命浪潮中,筹备赴法勤工俭学、驱逐张敬尧、领导湖南学生参加五四运动、创办《湘江评论》……1920年7月,从北京回到长沙不久的毛泽东发起创办文化书社。这段时期,奔走于北京、上海、长沙等地的毛泽东一回长沙就常去拜访毛岱钟。毛岱钟曾师从湖南著名律师马续常,由于他聪明好学,得到马先生的器重和指点,进步很快,在长沙已是小有名气的律师,他在长沙新安巷挂牌办起了律师事务所。毛泽东有时在毛岱钟家留宿,并借此去附近的《大公报》社看报。据《大公报》编辑、毛泽东早年之友张平子回忆:"毛泽东此时从北京转回长沙,寄寓其族人毛宪(即毛岱钟)律师事务所内。该所在新安巷内,与《大公报》社仅一壁之隔。……毛泽东极喜浏览报纸,每坐其中辄数小时不去。遇风雪之夜难于返寓,即与我同榻而卧。他为本报写了不少文稿,同仁颇佩服他的卓见。他此次返湘,实为从事新文化运动及革命工作,曾组织文化书社,募集股款,每股十元。"

时艰事巨,毛岱钟在毛泽东连个落脚的地方都没有的时候伸出了援手,可见两人交情匪浅。而毛泽东对毛岱钟一家也是情谊深厚。1921年2月,毛泽东回韶山过春节,引导大弟毛泽民、弟媳王淑兰等家人走革命道路。春节期间,他特意去给毛岱钟的父亲、塾师毛简臣拜年,并建议他和韶山冲其他塾师联合私塾,创办一所毛氏宗祠小学。毛简臣等人按照他的意见,建立了韶山学校,成为该校的创始人。1925年2月,毛泽东回到韶山开展农民运动,还多次专程到乌龟颈看望毛简臣。毛简臣孙子毛泽敷的婚礼也是由毛泽东、杨开慧夫妇帮忙主办。此时,毛简臣已经重病在床,不久病逝。毛岱钟人在贵州,难以回家治丧。家里经济十分困难,又无人主事,乱作一团。毛泽东闻讯又前往乌龟颈帮助办理丧事，并写了祭文和挽联。

1925年10月，正处于第一次国共合作时期，国民政府主席汪精卫以政府事繁、难于兼顾宣传部长职务为由，推荐毛泽东代理宣传部部长。10月7日，毛泽东到国民党中央宣传部就职。1926年春，毛岱钟也到了广州，在国民政府审计室（即后来的监察院）当科员。两人又过从甚密。

这时，毛泽东在广州筹办第六届农民运动讲习所，邀请一批知名人士和社会贤达到讲习所担任教员。虽然毛岱钟刚到广州，声明不播，但毛泽东深知他专业过硬，特意邀请他到讲习所授课。第六届农民运动讲习所学员三百余人，来自20个省区，1926年5月15日正式上课。除军事训练、实习外，25门功课，授课时长252小时。毛岱钟被邀请讲授法律常识，授课时长9小时。当时还有陈公博讲述三民主义6小时，周恩来讲军事运动与农民运动6小时，萧楚女讲授帝国主义、社会问题与社会主义等。毛泽东为讲习所倾注了大量精力，并亲自讲授中国农民问题、农村教育、地理三门课。

1926年6月，毛岱钟担任国民政府法官考试典试委员会监试委员。11月，他随国民政府到了武汉。也是这时，毛泽东担任了中共中央农民运动委员会书记。他离开广州到上海，11月底又到了武汉，特意去见了毛岱钟。老友相聚，倾心相谈，毛泽东动员毛岱钟一同去乡下开展农民运动，毛岱钟表示信奉孙中山的三民主义，不能离开国民党，他反过来力劝毛泽东留在国民政府做官，"不要太激进了"。毛岱钟认为，毛泽东担任国民党中央候补执行委员，如果留在国民党内做官是很有前途的，要是去搞农民运动势必遭到封建地主阶级的反对，一定为国民党所不容，这样会危及毛泽东的地位与安全。毛泽东没有接受毛岱钟的意见，坚持要到农村去开展农民运动。虽然政见不同，但是毛岱钟的一番话情真意切，毛泽东也能理解毛岱钟的一片苦心。12月中旬，毛泽东由汉口到长沙。临行前，毛岱钟见毛泽东囊中羞涩，就从自己并不多的积蓄中拿出一些银元送给毛泽东做盘缠。

第一次国共合作失败后，毛泽东上井冈山创建了我国第一个农村革命根据地，开始走上了农村包围城市、武装夺取政权，与国民党抗争的道路。毛泽东和毛岱钟从此分道扬镳。

国民党的忠实拥护者和共产党的同情者

虽然身处敌对阵营，毛泽东对毛岱钟记忆深刻，在陕北与斯诺谈话中多次提到他，以后在与一些人的谈话中也多次谈到过毛岱钟。在延安他与堂侄毛远耀聊天时说："他是个读书人，学法律的，在长沙时我们两人常能见面，但大革命失败后，我上山去打游击，他跟国民党到了南京，做了大官，我们两个人，走的是不同的道路。"1949 年 10 月，他与堂弟毛泽连在北京中南海话家常，谈到毛岱钟时，又说："毛岱钟是国民党的人，我是共产党的人，我们都是韶山冲人，但是我们两人的立场不同。"话中不无惋惜之情。信仰不同，但无碍感情。敌对阵营里有曾朝夕相处的同学，有私交甚笃的朋友，有血脉相连的族人。

毛岱钟帮助过很多共产党员。1927 年，广州"四·一五"大屠杀后，国民党到处追捕共产党员和革命者，毛泽东的弟弟毛泽覃及其岳母周陈轩、妻子周文楠躲进毛岱钟家，避居一个多月才转往外地。在南京时，中共地下党员毛伟昂、毛佳生、毛远耀等常在毛岱钟家食宿。

据地下党员邹祖培回忆：1933 年 2 月，中共韶山第一任党支部书记，打入国民党内部担任江苏省金山县警察局第三分局局长的毛福轩因叛徒告密，被国民党政府南京卫戍司令部逮捕。事发后，有人即电告在上海的地下党员毛旭民，毛旭民又找到邹祖培，两人商量营救方法。因正在南京政府监察院当科长的毛岱钟与毛福轩是近亲，因此与毛岱钟是本家又是同辈的毛旭民便到南京找他。毛岱钟听知详情，即允诺去打听。十多天后，毛旭民才从毛岱钟家人口中得知事情很难办的消息。最终，毛福轩于 1933 年 5 月 18 日被国民党杀害于南京雨花台。毛泽东后来称赞毛福轩："一个农民出身的同志，学习和工作那样努力，一直到担任党的省委委员的工作，是很不容易的。"

对于这件事，毛福轩的家人对毛岱钟有意见，据毛远定回忆，他母亲生前曾说过："福轩阿婆（指毛福轩的妻子贺菊英）怨你祖父见死不救。其实，你祖父是去救了的。只因福轩阿公在监狱里毫不屈服，而且大叫大骂，闹得很厉害，使国民党很恼火。等到你祖父去营救时，国民党已把他杀害了。"

人们对毛岱钟也有不同的看法。有的认为，毛岱钟当时身居要职，又是律师，他要保毛福轩是不难的。有的人说，保还是保了，只是当时形势恶化，毛岱钟这种力量太脆弱了。

后一种说法应该有一定的可信度。1969 年，韶山老地下党员汤铜中（新中国成立后曾任湖南省政协委员）在给南京雨花台烈士陵园的函调证明材料中写道：毛福轩是 1933 年在上海从事地下工作时不幸被捕的。其时，我在南京以教书为掩护，秘密做党领导的"互济会"工作，不在上海，故对他被捕的具体情况一点也不知道。但当他由上海被押到南京国民党宪兵司令部的几天后，我到当时的国民党政府监察院任职的毛岱钟（韶山人，我姨夫毛泽敷的父亲）家里时，毛岱钟和正住在他家的毛泽全、毛伟昂（共产党员）、毛桂生（大革命时的农运积极分子）告诉了我这一不幸消息。当时，大家对此无不同声慨叹，并即商量营救办法。我由于当时所负的任务是救济在南京狱中的被难同志，便急速返回我的住处（南京鼓楼街现代中学宿舍），拿了十几块银洋，买了一些日常生活必需品和熟肉等食物，还剩下几块钱，当即以乡亲关系一并送到宪兵司令部狱所，面交毛福轩。我一眼望见他的身体和行动，已显然看得出受过了国民党反动派的残酷刑讯，他却非常泰然自若，并以非常镇定而坚强的语气对我说："要死就死吧……"由此可见，毛福轩是早已下定决心，不怕牺牲，愿为党的事业洒尽他最后一滴血的。据毛泽全、毛伟昂、毛桂生说，他们也都先后到狱所去探望过毛福轩，并送去一些东西。但由于毛福轩在狱中被囚禁时间短，很快被敌杀害，故我就只到狱中探望过他两次，后一次也是送点钱、食物和治伤药物……当我和毛桂生、毛泽全、毛伟昂得知毛福轩被杀害的惨痛消息时，不禁同声一哭。当即由毛岱钟拿出点钱来，我们就一同到街上买了一副棺材和一身白布衣服，到雨花台收殓毛福轩的遗体，将他安葬在雨花台东北面的山腰上，前面是朝着南京城垣的东南角，亦即朝着紫金山的那个方向，墓后有一棵碗大的松树。当时，我还在墓地周围拾了一些红雨花石，把它们聚积压紧在他坟上，以示他一颗红心永向党。

材料中多处提到毛岱钟，可见毛岱钟在毛福轩被捕后还是想方设法去营救过，可惜力量薄弱。毛岱钟同情共产党，韶山冲邻里乡亲到南京，常寄食于他家中，这包括中共地下党员毛伟昂、毛桂生、毛远耀等人。1932 年到1933 年之间，湖南数县发生大水灾，毛岱钟被派往湖南进行调查，以备赈济救灾。他在湘乡调查之后顺便到了韶山老家。回程时，他将东茅塘的毛泽全带去南京，到监察院当收发。毛岱钟病逝后，毛泽全到苏北海安镇谋生，以后在那里参加了新四军。

国民党有位要员知道毛岱钟与毛泽东系同乡同族，且有过交往，曾动员他去做说客。毛岱钟了解毛泽东的性格和信仰，婉辞不去。

1933 年 1 月 13 日，毛岱钟任监察院院部调查专员，又任稽勋委员会干事。在《中华民国国民政府职官人物志》一书中，曾有 4 处提到"毛宪"，即毛岱钟。之后，毛岱钟官运虽不亨通，但他在监察院的地位日益稳固。几任院长都十分倚重他。汤菊中曾对毛岱钟后人回忆说："毛岱钟文字功夫深，知识雄厚，深得院长于右任的赏识和信用，院部有关公文文字的把关，全是由他一手承担。"

虽然是政府要员，且很受赏识，毛岱钟并没有成为国民党的走狗，他经常参与大案要案的调查处理，惩治贪官污吏。他本人为官清廉，做官数十年，仅有正常薪金收入。

1936 年 6 月，毛岱钟在南京病殁，其遗物仅一些书籍和几副对联。其后，人们将其灵柩运回韶山，安葬在韶山冲分水坳山上。

1941 年，韶山毛氏四修族谱时，乡亲们将毛岱钟的事迹载入族谱，并由周颂年（毛泽东侄子毛楚雄的舅舅，当时住在韶山上屋场毛家）写了《岱钟老先生赞》，对毛岱钟一生的经历和建树作了较好的概括："裕申韩学，为名律师，盈庭辩论，剥茧抽丝，争回公益，传育于兹，古滇游幕，囊笔一枝，青萍结缘，到处见知，旋宫岭表，监察职司，发抒政见，适所措施，春花秋月，想望丰姿，故人何处，感慨系之。"

新学堂里的旧交

——毛泽东和毛钦明、毛森品

在毛泽东与同学的友谊中，有一份友谊起源于一个误会，但这个误会最终增进了他们的同学情，并成为一段佳话。毛钦明、毛森品这对同胞兄弟与毛泽东因绰号在新式学堂里结下了深厚的缘分，新中国成立后，毛泽东不忘旧情，多次致信问候。

"毛生炳"成"毛森品"

1910 年秋，经过一番曲折，毛泽东终于进入新式学堂——湘乡东山高等小学堂读书。学堂位于湘乡县城东台山下。1895 年建成，原名东山书院。1905 年，清政府颁令废除科举制度，推行学校教育，书院改名。这是湘乡新学的开端。东山学堂成为湖南最早的新式学堂，是湖南近代教育的先锋。学校订有"公诚勤俭"的校训，另谱有校歌："高高高，东山起凤起凤毛。地灵人杰良学校，斯士尽誉髦。春风兼化雨，师师济济荷甄陶。励吾同学，乐群敬业，个个品学高。"学校起始阶段，一年招男生一班，学制为三年，教员多为维新派，甚至还有留学日本受了明治维新影响的"假洋鬼子"。课程除了修身、国文、历史、地理，还教授物理、数学、化学、体育、图画、音乐和英文等。

毛泽东入学后被插入戊班。因为个子高，被安排坐在教室的后排。他的邻座也是一个大高个，毛泽东从韶山到湘乡，人生地不熟，很想结交朋友。

他很快与坐他后面的同学结识，得知该同学叫毛生炳，1889年出生，比自己大四岁，家住湘乡县兴让仓门前（今属湘乡市桂花乡沧泉村），是在1910年春考入的东山学堂。这是毛泽东在班上头一个结识的同学。其貌不扬的毛生炳个头在学校里很是突出，比一般同学都高出一

东山学校毛泽东上课教室内景

个头，被同学们戏称为"珠穆朗玛峰"。学堂里还有"湘乡三大景"的说法：即一尊毛生炳，二崇东塔顶，三推三眼井。

全新的环境，陌生的同学，不同的乡音，走出了与同学相交的第一步，也揭开了毛泽东东山学校生活的新篇章。毛泽东尊称毛生炳"学长兄"。东山学校排外严重，学生家境大多富裕。毛泽东穿着一身旧衣裤，入学时没有坐轿，是自己挑着行李步行几十里到东山学校求学。当毛泽东说明来意时，连门卫都不相信这个与校内穿着长褂、衣着光鲜的学子相距甚远的人居然也是学生。进入东山学校，有钱人家的子弟大都把他看作"乡巴佬"。毛生炳是个厚道人，他与毛泽东相识后，并没有像其他人一样歧视排挤毛泽东，相反，在日渐的学习交流中，他们相熟，并互相欣赏。这份珍贵的友谊犹如一丝清新的空气，使毛泽东在东山颇为压抑的精神有所松缓。

涟涟的便河水，宛如一朵清丽盛开的荷花，朗朗晴天，站在学堂前的便河桥上，清澈的水中倒映着东台山和文塔。毛泽东常与毛生炳来到便河桥上，靠着石栏杆交流学习心得或听他介绍学堂、介绍东山。有时，他们一同到学堂后斋的藏书楼看书。

经过一段时间的接触，毛泽东发现毛生炳也爱好文学，作文写得不错，因此，很爱读他写的作文。一次，国文教员谭咏春将批完的作文本下发，毛泽东照例拿着毛生炳的作文去看，发现老师将"毛生炳"的"炳"字误写成

了"柄"。他一时兴起，就在其旁写了"毛内生出柄来"几个字。湘乡方言中有"柄把"一词，一是普通话里的"把柄"，即证据的意思；二是和蒲扇连在一起使用，谓"柄把蒲扇"，意思是老实话、底子话。所以，在湘乡方言中"柄"就是"把"，二字同义。毛泽东写的这几个字被其他同学看到，一时间"毛生把"的绰号就在班上传开了。有一天，因为叫绰号引发毛生炳与班上一个同学大吵了一场。

毛生炳的胞兄毛钦明，号庚升。1909 年考入东山高等小学堂，在丁班学习。这件事发生后，毛钦明来到戊班，责备毛泽东不该跟同学开这种玩笑。毛泽东诚恳地向他作了解释，表明原意是说老师随意把学生的名字写错，不料竟成了逗笑同学的把柄，还使得毛生炳被取了这样一个绰号。他当即向毛钦明、毛生炳兄弟道了歉。毛泽东想了想，又提议将"生炳"改名为"森品"。"森品"这个名字不仅不易口误，而且颇有寓意。改名的建议一下得到了毛钦明兄弟的认可，连老师也赞赏"毛森品"这个新名字。从此，毛生炳成了毛森品。毛森品的名字在全校流传开来。

在新学堂学了半年左右，堂长李元甫，教员贺南纲、谭咏春等认为毛泽东成绩优秀，实际已达中学程度，且胸怀大志、严于律己，年龄又不小了，就热情推荐他去长沙湘乡驻省中学堂读书。恰逢贺南纲应聘去湘乡驻省中学任教，他愿意为毛泽东做介绍。于是，1911 年元宵节刚过，毛泽东就去省城投考。当时交通不便，毛泽东步行到湘潭县城，预备从这里坐船去长沙。恰巧，在湘潭县城内碰上了毛钦明和毛森品两人。原来，他们也是到长沙求学。于是，三人结伴而行，一同挤上了开往长沙的湘江小火轮。因为手头拮据，他们坐的是统舱，即三等舱。

第一次坐轮船，去往一个陌生、广阔的新天地，这种情形仿如毛泽东初进东山，而恰好陪伴在身边的又是毛森品兄弟。4 个多小时的湘江水路不再孤独，船到了长沙小西门码头，他们步行来到新安巷的湘乡驻省中学堂。湘乡驻省中学堂是近代民主革命者、同盟会会员禹之谟等湘乡籍有志人士于 1905 年将湘乡试馆改成的，设有师范、本科、预科等班。毛泽东三人入校后被编入预科班。

省城给他们打开了一扇通向真理的门，展现了一片宽广的天地，湘乡驻省中学成为了他们人生一个重要的转折点。在这里，毛泽东一面刻苦学习，一面关心时事，注视社会动态。他首次看到同盟会办的《民立报》，并成为它的热心读者。他从报上知道孙中山这个人和同盟会的纲领，开始拥护孙中山等革命党人。在激愤之下，毛泽东第一次发表自己的政治意见，写了一篇文章贴在学校的墙壁上，主张由孙中山、康有为、梁启超组织新的政府，反对专制独裁的清王朝。虽然毛泽东还没有分清康梁和孙中山的区别，但是他已经初步意识到干革命的人应该联合、团结起来。在毛泽东的影响下，毛钦明兄弟也满怀着爱国热忱，他们参与到湖南爱国学子反对清政府的卖国政策的活动中，倡言罢课，开会演说。1911 年 10 月，以武昌新军起义为标志的辛亥革命爆发，长沙城内形势紧张，湖南巡抚杨文鼎宣布戒严，但革命党人仍然在城内外秘密而频繁地活动。有一天，一个革命党人到湘乡驻省中学发表激烈演讲，报告起义情况，号召建立民国。毛泽东听后非常触动，认为革命不能袖手旁观，要干革命，最好的办法是去当兵。月底，毛泽东参加驻长沙的起义新军，在二十五混成协五十标第一营左队当了一名列兵。同窗共读了一个多学期的毛泽东和毛钦明兄弟由此分离，走上了不同的道路。因驻省中学一度停办，毛钦明和毛森品兄弟暂时辍学，待学校复课后又继续入学，一直读到毕业，后在乡下办学，走上"教育救国"的道路。

湘乡农运

毛泽东和毛钦明兄弟虽然步入了不同的人生轨道，很长时间没有联系，但友谊没有中断。十多年后的大革命时期，毛泽东积极发动、组织、领导农民运动，先后在武汉和广州举办了农民运动讲习所。在毛泽东的指引和影响下，毛钦明和毛森品兄弟在家乡积极地参加了农民运动。1925 年，毛泽东回韶山养病，并趁此做社会调查，开展农民运动。毛钦明专程到韶山看望毛泽东，他们促膝谈心，毛泽东从毛钦明口中了解到不少农民的情况，毛钦明则从毛泽东这里对农民被剥削的现状有了更深刻的认识，他对毛泽东更是佩服。之后，他积极加入到毛泽东领导的农民运动和建党工作中。在毛泽东的影响下，毛钦明的革命性愈来愈强，且一直坚定不移。不久，毛钦明在韶山加入了中国共产党，化名"韶春"。在毛泽东、毛钦明等人努力下，到了1926年秋，湖南的农民运动已经轰轰烈烈地开展起来了，并掀起了高潮。毛钦明回到老家后，学习韶山的经验，创办农民夜校，教农民识字、学珠算，夜校还向农民言简意赅地介绍三民主义、国内外大事。他还团结一批赤贫农民和贫苦知识分子组织秘密农民协会，并担任乡农民协会副委员长。

1927年年初，毛泽东在湖南农村考察农民运动。1月9日至14日，他到湘乡县考察，先在唐家圫外祖家同亲友和一些老农座谈。后从唐家圫到湘乡县城，住在湘乡饭店。在湘乡饭店楼上，毛泽东分别接见了县工会、商协、学联、妇联、青年社等革命群众组织的负责人，听取了十五区和十九区农民协会委员长彭仲葵、王荣生等人的汇报。他提出："要深入到工农中去，今后的青年工作，要面向广大工农青年。"他对农协调集几十条枪，700多支梭镖捉获反抗农协的土豪劣绅的行动表示赞赏。

而非常巧的是，到湘乡县城与县农民协会联系工作的毛钦明也住进了湘乡饭店。老同学重逢，欣喜莫名，但无暇多谈个人，毛钦明把自己从事农民运动的情况以及区乡农民协会的很多情况一一仔细地向毛泽东汇报。毛泽东提出了不少指导意见，毛钦明受益匪浅，更加坚定了自己革命的志向。

然而，不幸很快来临。"马日事变"发生之后，湖南到处是白色恐怖，许多从事农民运动的领袖和群众都被捕牺牲了。一天，毛福轩、庞叔侃等人从韶山逃出见到了毛泽东，他们告诉毛泽东湘潭被叛军控制，情形十分严重，土豪劣绅与军阀勾结，疯狂逮捕、关押、残杀共产党员和革命群众，农协和地下党受到重创。毛泽东的弟媳王淑兰、堂弟毛泽嵘等亲友都受到牵连，有家不能归，四处躲藏。毛泽东的妻子杨开慧在一旁听到，关切地问道："受迫害的还有谁吗？"毛福轩等人随即告知一个惨痛的消息，毛钦明被捕牺牲。毛泽东听后十分伤感，问是如何被杀的。庞叔侃回答："湘潭大开杀戒后，他要到武汉找你，不料途中被团丁逮捕，抓到长沙被杀害。毛钦明牺牲后，弟弟毛森品逃匿他乡，以教书为生。"革命不怕流血牺牲，但曾经同窗共读的好友被杀，又岂能没有伤痛，毛泽东听后久久不言。

遭到国民党当局通缉的毛森品隐蔽在外，所幸他毕业后在母校东山高等小学堂教过书，有教学经验和文化底子，可以教书为生。后来，他在湘乡中里永丰、山田冲笔花小学和黄土团国民小学等任教。抗日战争时期，他在家乡还办过夜校，参加过一些革命宣传活动。

不忘旧情

岁月流逝，一晃 20 多年过去了。毛泽东几十年惊心动魄最终做出了一番轰轰烈烈的大事业，成为了举世瞩目的中华人民共和国国家主席。但是他没有忘记曾经的同学，如今平凡的乡下教书匠。他国事繁忙，但仍抽出时间多次亲笔给毛森品回信。当从毛森品来信中，得知他生活困难时，毛泽东亲自回信："寄上人民币二百万元，以为尊恙医疗之助。"这是 1955 年 2 月 10 日，信中的二百万元是以当时流通的人民币计算的，按中国人民银行自 1955 年 3 月 1 日起发行的新的人民币折算，旧币一万元合新币一元，毛泽东一次赠送毛森品达二百元，这在当时是笔高昂的费用，几近于毛泽东半个月的工资。

不止如此，毛泽东曾先后三次从自己的稿费中拿出钱来接济毛森品，共达 550 元之多。其中，前两次各邮汇 200 元，第三次由同学萧三带交 150 元。萧三回乡省亲时，曾特意派专车去虞唐乡下接毛森品到湘乡县城见面。他在向毛森品转达毛泽东的问候时说："毛主席不会忘记你们兄弟俩是'新学堂'里的旧交呢。"

尽管关心学友，但毛泽东坚持公私分明、不徇私情的原则。毛森品曾写信给毛泽东汇报个人近况，请求推荐工作。毛泽东回复：

森品学兄如晤：

　　前后两信均收甚慰，因事迟复为歉。钦明兄为革命牺牲，不胜叹惜，亦是光荣之事。所述干部工作中之缺点，所在多有，现正加力整顿，期能有所改进。吾兄出任工作极为赞成，其步骤似宜就群众利益方面有所赞助表现，为人所重，自然而然参加进去，不宜由弟推荐，反而有累清德，不知以为然否？风便尚祈随时惠示周行。

　　敬祝

健进。不具。

毛泽东

一九五〇年四月十八日

　　毛泽东婉言拒绝了为老同学推荐工作的请求，他认为，毛森品的工作不宜由自己推荐，而应"就群众利益方面有所赞助表现，为人所重"，方能"自然而然"地参加工作，否则"有累清德"。

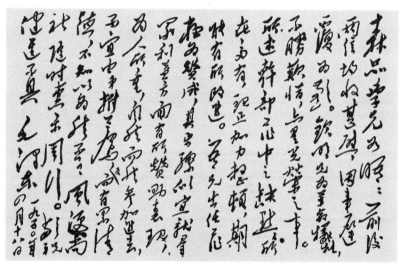

1950 年 4 月 18 日毛泽东致毛森品的信

　　老同学相交还是一如既往的诚恳。信中开篇毛泽东对收到信件没有及时回复表示歉意，没有任何高高在上的自恃。他还对毛钦明的牺牲表示惋惜，毛泽东的生死观一向超越常人，他站在一个革命者的角度劝慰毛森品：牺牲是光荣之事。对于毛森品在来信中反映当地干部工作上的缺点，毛泽东也表示肯定和重视。

　　毛森品从毛泽东的回信中，感受到毛泽东的拳拳心意，也理解他不能因私废公。此后，他勤恳敬业，决心为国家建设多做事情。他在湘乡桂花、沧泉等地学校任教，担任过沧泉小学校长。新中国成立之初，全国 5 亿多人口中有 4 亿多是文盲，文盲率高达 80%。文盲，成为中国发展道路上的拦路虎。扫盲成为摆在新政权面前的一个亟待解决的难题。全国掀起一场轰轰烈烈的扫除文盲运动。扫盲班遍布工厂、农村、部队、街道，人们以前所未有的热情投入到学习文化的热潮中。毛森品也积极参与其中，在家乡创办农民夜校，教农民识字、读书，为扫盲运动贡献力量。

友谊原则两得兼

——毛泽东和谭世瑛

谭世瑛与毛泽东是湘乡东山高等小学堂（新中国成立后，毛泽东题写校名"东山学校"）的同学，两人既同班又同寝室。谭世瑛的父亲谭咏春，是毛泽东在东山学校的国文老师。新中国成立后，毛泽东笃念旧交，怀念恩师，尽可能地帮助谭世瑛。但作为党和国家的最高领袖，他绝不把个人情感带入公事中，秉公处理谭世瑛的个人问题。正是这种纯洁的友谊感人肺腑，影响深远。

清交素友

那是 1910 年秋，17 岁的毛泽东报考了湘乡县立东山高等小学堂。15 岁的谭世瑛也在这一年报考，他父亲谭咏春是东山学堂的国文教员。出身书香门第的谭世瑛轻而易举地考入了东山学堂。然而，毛泽东遇到了困难。东山小学堂是为湘乡本县绅士们的子弟开办的一所新式学堂，学堂一扫旧式书院的禁锢，除国文、算术外，另开设了体操、音乐等新课程，还有宽敞明亮的教师和学生宿舍，入读的学生学费和膳宿费都有相当可观的津贴。这样好的学堂，一个没有特殊背景的外乡人沿例是不能录取的。但是毛泽东的入学考试作文《言志》深深地打动了学堂堂长李元甫、国文教师谭咏春、贺南纲等人，他们甚至以不录取毛泽东就请辞来说服那些反对派，毛泽东最终被录取，编在戊班。学堂里大多是富家子弟，穿着寒酸的毛泽东被他们视为"土包子"，遭到歧视和排挤。入学后，毛泽东遇到的第一个难题是睡觉。没有人愿意和毛泽东睡一个床铺，最终是戊班的级主任谭咏春为了不让这位朴实无华、文采飞扬的学生受委屈，特意安排儿子谭世瑛从家里搬到学生宿舍，和毛泽东睡一个铺。1910 年冬天，毛泽东患了感冒，又高烧引发肺炎，几天水米未进，病情十分危急，当初不同意毛泽东入学的校董们趁机提出要毛泽东的家人来领他回去。谭咏春不同意，他担心延误治疗，连夜请人绑了一架竹床，把毛泽东送到湘乡县城一家教会医院治疗，使其转危为安。随后，谭咏春和谭世瑛又把毛泽东接到家中，精心照料，使他身体很快恢复，顽固派想趁机开除毛泽东的计划也因此没有得逞。虽然因为地域不同、受到排挤而感到精神压抑，但是毛泽东还是交到了谭世瑛、萧三等几个真心朋友。谭世瑛并不像其他同学那样看不起毛泽东，相反他对这位举止稳重的同学颇有好感，带着毛泽东熟悉学堂，介绍他认识新朋友。学堂背后万木葱郁的东台山上经常有几个朝气蓬勃的身影，毛泽东、谭世瑛和萧三等几个好朋友早晨到学堂背后的东台山跑步，他们往往迎着朝霞跑，到了山腰僻静处停下，然后各人占据一块地盘，或诵诗，或唱歌，有时几人坐在一起交流读书心得。当时学堂有札记册制度，每位学生有两本札记册，将读书所得详细记录在册上，分朔望上交，两册轮换，在有益的交流中，他们逐渐形成自己的观点，读书心得和老师布置的文章总是独具一格，出类拔萃。教师如果发现写得好的文章，先在教师中传阅，然后在学生中传阅。毛泽东、谭世瑛、萧三、萧子升等的文章是在学生中广泛传阅的。毛泽东的《宋襄公论》《救国图存论》，谭世瑛的《平原君请受上党论》《王莽劝苻坚勿图晋论》等文章连后来入学的东山学生都能读到。

毛泽东、谭世瑛等人每逢星期日，带上干粮，在东台山的草地上露宿过夜。节假日，毛泽东回家不便，谭世瑛请他到家里做客，谭母为他们做些好吃的改善伙食。1911 年春，毛泽东在谭咏春、李元甫等老师的推荐下，到长沙的湘乡驻省中学读书。虽然入读东山的时间短暂，但是东山的恩师和与几位好友的真挚友谊给毛泽东留下了深刻的印象。

鸿雁寄情

1950 年，新年伊始，虽是农闲期，但三个月前新中国成立的消息依然振撼人心，湘乡县石洞乡十二村的村民和隔邻的村民们一样，卯足劲儿要多干点活，把这股翻身当家做主的喜悦挥在锄头上。气候寒冷，田里活不多，大家不时聚在一起唠嗑，不时也会提起远在北京的救星毛主席。远处奔来一个邮递员，扬着手中的信，高声喊着："北京来信！""北京来信！"人们从地里都抬起了头。有几个村民爬上田埂，怀疑地问："还有北京来的信？"邮递员与村民们相熟，指着信封上一行字念道："'中国人民革命军事委员会'，这可货真价实的从北京寄过来的呢。"村民们不太识字，听邮递员语气里满是自豪，不免更好奇起来，"给谁的？""谭世瑛。"围着的人群顿时有一瞬宁静，邮递员没有注意到，扬着信往葛家大屋跑去。村民们相互望了望，都在彼此的眼神里看见了疑惑。"谭世瑛"可不是那个刚挨了斗的谭老倌吗，北京来信管这事？有与谭老倌住得近的村民，便从田里收了工，回家探消息。

这边，葛家大屋的谭老倌收到了信，正颤抖着双手拿着信，一个字一个字地念着，生怕丢了一个字，"世瑛兄：惠书及大作诵悉，甚为感谢！尊况如何，甚念。如有意见，尚望随时示告。顺致敬意。毛泽东 一九五〇年一月十日"。原来，1949 年冬，湘乡刚解放，谭世瑛就举笔给最高领导人，自己的昔年同窗毛泽东写信，并寄去了自己的一些诗作。想不到短时间内，毛泽东就回了信。谭世瑛心情无比激动。十二村的村民们很快也知道，居然是毛主席的来信。村民们奔走相告，"毛主席给谭老倌写信来了！"附近群众、村干部、乡干部甚至县里工作组的同志都到葛家大屋询问谭世瑛。人们私底下议论："这回，谭老倌不要被管制了！""谭老倌可能要做大官！"谭世瑛在一片热闹的嘈杂声中，思绪万千："老同学没有忘记自己，自己的生活正处于困境，是不是可以寻求帮助呢？"

谭世瑛又提起笔向毛泽东写了一封信，信中诉说了自己生活的困境。没多久，毛泽东又亲自回信。

世瑛学兄：

四月二十四日来信收到，情意殷厚，极为感谢。生活困难，极表同情。弟于兄之情况不甚明了，不知如何可以为助。倘于土改时

能于兄有所裨益，或于乡里故交获得援手，则以就近解决为上策，未知以为然否？敬复。顺颂

教祺！

毛泽东

一九五〇年

信中，毛泽东殷切关怀谭世瑛，但因为对于他的具体困难鞭长未及，恳切地建议他等土改实施或就近请故交援手。谭世瑛如今只是乡下一个普通的村民，毛泽东却以教师之礼待他，信末特意写了"顺颂教祺！"

谭世瑛其人颇有文才，新中国成立前曾在湘乡有名的春元中学教高中语文。他写有《登塔子山》《先考事略》《业师李元甫先生传》等几百篇文章和诗，诗歌集成《彝园诗草》一书，又自编《文塔诗文集》《五言鉴·幼学琼林》等书。在和当地文人往来酬唱中，他成为和父亲谭咏春，老师李元甫、贺南纲一样的地方名士。谭世瑛在新中国成立后与毛泽东的鸿雁传书中，随信常附上自己的诗歌，两人也因此成为诗交。

毛泽东对于朋友的困难总能根据实际情形，提出中肯的建议和解决办法。1953年8月31日，他寄信给谭世瑛，说道，"五月来信收读，又承赠以长歌，深感厚意。生活困难，极为同情。"他十分耐心地向谭世瑛解释：到人民政府机构做事或到学校教书，薪水很少，"于对家口众多者，不易赡给。又须入相当学校学些马克思主义观点，方能齐一步调，有共同作风。以吾兄状况观之，能就近获得工作职位，为最好；否则须远出参加短期研究班的学习，须准备吃得大的苦楚，又难于赡家，未知有此决心否？"谭世瑛收到信，深刻地感受到毛泽东切身为自己考虑，自己年龄大了，身体又不好，确实不便远行参加学习，也就打消了念头。考虑到谭世瑛经济困难，毛泽东多次寄钱予以资助，1955年5月1日，他寄信说："情况困难，甚表同情，寄上人民币壹百元，聊为杯水之助。"又殷切地叮嘱老友，"如有所需，尚望续告，年老出门，颇多不便，似以劳动为宜。如体健兴高，亦可出门看看。"

查明告我为盼

5月的北京，气候是宜人的，比起已进入初夏的南方，微微的风吹在身上，温暖却不含一点窒闷的气息，风里透出的丝丝清爽让人心情舒畅。谭世瑛从湘乡、长沙、汉口一路北上，更是对这种舒适有着不同于人的体会。他那舒畅的心情里越来越多了些期盼和激动。前不久，自己收到毛泽东"可出门看看"的来信，就到汉口找国防部副部长、中共中央监察委员会副书记谭政，求治眼疾。谭政与谭世瑛早有交往，两人是近邻，又是同族，谭政曾入读东山高等小学堂第16班，也是谭咏春的学生。到了汉口，谭世瑛才知道谭政去了北京开会。卫兵问得谭世瑛的身份，给远在北京的谭政打了电话。恰巧毛泽东得知情况，他也十分想见老同学一面，便派人接谭世瑛上京。谭世瑛知道自己这位老朋友顾念旧情，对自己关怀备至，心思不免又活泛起来，很想趁着这次难得的机会提提自己家的难题。可是想起前年的那封信，谭世瑛有点忐忑。虽说老朋友考虑得有道理，自己确实不适合外出学习，但他位高权重，身为国家最高领袖，徇私特别安排一下又怎么办不到呢，那封信也是婉拒自己的请求呢。虽然多年书信往来，但谭世瑛对毛泽东的态度有点迷惑。不知道见面后毛泽东会不会答应自己的请求。

北京，毛泽东见了谭世瑛，心情分外激动，往事历历在目，他关切地问："你爹是哪年去世的？"得知恩师1928年就已病逝，毛泽东神色沉痛。他充满感情地说："你父亲是有眼光的，那时候我的个性与人家不同，只有他老先生同意我，多方面肯定我，没有他，我进不了东山学堂，也到不了长沙，只怕还出不了韶山冲呢！"毛泽东又细致地询问谭世瑛的经历和生活。谭世瑛想起自己的委屈，于是竹筒倒豆子似的一股脑抱怨起来。原来，新中国成立前谭世瑛除了教书外，还在国民党邵阳县政府当过科员。他有4儿2女，但长子谭可夫，当过国民党营长，参加过反革命组织，新中国成立初被逮捕法办；三子谭斗生，当过国民党军队排长，因隐瞒其兄的罪恶，镇反时，被人民政府一同镇压。由于这些缘故，新中国成立后，人民政府没有安排谭世瑛工作，并对其进行了一年管制，撤管之后也没有让他加入农会。

听了谭世瑛的"告状"，毛泽东没有立马帮腔，他对于老同学的情况并不清楚，又是涉及国家政策、法律方面的事情，他不能光听信老同学的一面之辞，横加干涉地方政事。但对于老同学的"委屈"，毛泽东也没有强硬推诿了事，他一面安排人带谭世瑛治疗眼疾，一面写了封信给中共湘乡县委了解情况，并要求"查明告我为盼"。信的全文如下：

湘乡县委，并转第二区区委、石洞乡支部各同志：

石洞乡的谭世瑛，四十多年前，曾在湘乡东山学校和我有过同学关系。解放后来过几次信。我亦回过几封信，因他叫困难，最近又寄了一点钱给他。最近因患眼病，到汉口找谭政同志求治，谭不在，到北京找我。现正进医院治眼，两三星期即回乡。我嘱他好好听区乡党政干部管教。据他说，他有两个儿子在三年前镇反斗争中被枪决，一个是营长，一个是排长，听说有血债被枪决的。他本人也被剥夺公民权，管制一年，现已解除管制但仍不能入农会。他的妻和他的其他两个儿子则有公民权并入了农会。他说，他的成分是贫农。他又说，他教了几十年书，只在二十七年前在国民党的邵阳县政府当过五个月的科员，并未作坏事云云。此人历史我完全不清楚，请你们查明告我为盼。

祝你们工作顺利。

毛泽东

一九五五年五月十七日

中共湘乡县委和石洞乡支部收到毛泽东的信以后，立即组织县、区、乡三级联合调查组，专门对谭世瑛反映的有关情况进行了认真调查，随后，即将调查结果写信向毛泽东作了汇报。这时，在北京受到毛泽东悉心照料的谭世瑛向毛泽东提出返乡，也对毛泽东的关照表示感谢。6月8日，毛泽东回信赞成他于日内返乡，并将自己的调查情况告诉谭世瑛。"中共湘乡县委有信（乡支部也有一信）给我，对于你家情况有所说明。据称：你的两个儿子确实有罪，这是因为他们在几次宽释之后还要犯罪，而且犯了严重罪行的原故。因

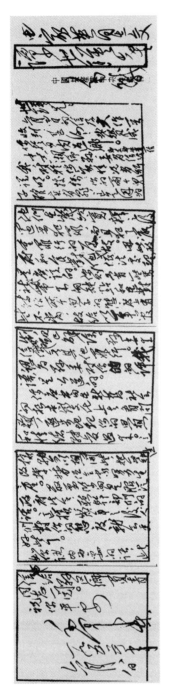

1955 年 6 月 8 日毛泽东致
谭世瑛的信

此，政府和人民对他们依法处理，是应该的。你则只有一些旧社会带来的缺点和在对待你两个儿子的态度上有些不当，故给以一年管制，现已解除，县委来信认为你无其他罪行。我认为县委对你的评语，是公道的。"

毛泽东想起老同学愤恨不平的神态和当地政府的反映，又继续谆谆劝说："你应当在旧社会的根本变化上去看问题，逐步地把你的思想和情绪转变过来。这样就可以想开些，把一些缺点改掉，督促全家努力生产。最要紧的是服从政府法令，听干部们的话。这样，几年之后，人们对你的态度就会更好些了。"毛泽东又体贴地提出，"如你认为必要的话，此信可以给县区乡负责同志一阅。"谭世瑛收到信后，回想起毛泽东的一言一行，终于明白毛泽东的态度，知道他是友谊和原则两得兼，作为朋友，毛泽东重情重义，顾念旧情，他会尽力解决困难，但同时毛泽东也是一国领袖，涉及公事，他必定坚持原则，不会以私害公，以权谋私。

了解到毛泽东的苦心，谭世瑛自己的那点"委屈"不禁烟消云散，对毛泽东也更加信服。从北京回乡后，他牢记毛泽东的规劝，带领全家努力生产，服从政府领导。

斯人已逝，风范长存，毛泽东就是这样，无论是对待亲戚，还是同学、朋友，他始终遵循着"恋亲，但不为亲循私；念旧，但不为旧谋利；济亲，但不以公济私"。也正因为如此，他与朋友们的友情是真正的道义之交，其纯洁与美好，更值得为世人所称道和学习。

贤兄大才　愿为知己

——毛泽东和萧三

一本介绍英雄豪杰的书在他们之间架起友谊的桥梁，他们互为知己，相约共进；到长沙求学后，政局风云变幻中，风华正茂的他们始终站在同辈的前列。延安艰苦岁月里，他们一个运筹帷幄，一个口诛笔伐，在不懈的战斗中推心置腹。毛泽东和萧三相交几十年，两人深情厚谊，生死不易。

以书会友，引为知己

萧三，乳名莼三，原名植番，号子璋，派名克森，兄弟中排行第三，1896 年 10 月 10 日出生于湘乡县萧家冲桃坞塘一个书香门第家庭。桃坞塘是一个三面环山、松竹掩映、花香四溢、果树成林的桃源之地，萧家在正厅门前挂对联云："心如老骥常千里，家住桃源第一村。"萧父岳英先生开办私塾学馆，萧家兄弟从小随父读书，聪明伶俐，各有所长。萧三从小勤奋好学，不满 4 岁时即入私塾读书。1907 年，萧岳英应聘到湘乡县立东山高等小学堂教授物理和数学。读了 8 年私塾的萧三，与二兄萧子升一起随父去东山学堂应考。最终，两人都以优异的成绩考取。东山学堂是一所创建于 1895 年的新式学校，在湘乡所办各书院中是最晚的一所，却以其革故鼎新、兼容并包、与时俱进的办学特点而大大有别于其他书院，并脱颖而出成为湖南最早的新式学堂。学校初建时取名"东山精舍"，立"公诚勤俭"为校训，开湖南新式教育之先河。1900 年易名为"东山书院"， 1905 年更名为"湘乡公立东山高等小学堂"。1910 年，毛泽东以其外祖父家作为籍贯，凭借"联系人民痛苦、民族危机、祖国前途和抒发自己立志救国救民抱负"的《言志》一文，考入了本不收外乡人的东山高小。他对原来读的那些宣扬旧礼教、窒息新思想的"四书""五经"早已厌倦不堪，现在冲破了封建私塾的牢笼，来到这里读书，就像穿云破雾、展翅翱翔的海燕，心情格外舒畅，并很快与打破地域、门户观念的萧三结识，成了亲密的朋友。此时，毛泽东 17 岁，萧三 14 岁。

1936 年 10 月，历经两万五千里长途跋涉到达陕北的毛泽东，在保安的窑洞里第一次对外国记者埃德加·斯诺谈起了自己的身世，并深情回忆早年在湘乡东山高等小学堂读书的往事："我以前没有见过这么多孩子聚在一起，他们大多数是地主子弟，穿着讲究，很少农民供得起上这样的学堂。我的穿着比别人都寒酸。我只有一套像样的短衫裤……我平常总是穿一身破旧的衫裤，许多阔学生因此看不起我。可是在他们当中我也有朋友，其中一个现在是作家，住在苏联。"毛泽东这里提到的"作家"，就是同窗好友萧三。

东山高小是一大栋用砖墙围成圆形的建筑，背依巍峨苍翠的东台山，面向碧波荡漾的涟水河，左右是平整宽阔的稻田，围墙内便河环绕，树木青葱，河上横跨着一座白石桥，环境优雅肃穆。在这里，毛泽东认真学习，刻苦钻研，争分夺秒阅读各种各样的新书，这些新书深深地吸引着他，开阔了他的知识领域。他和萧三尤其喜欢在晚饭后、晚自习前漫步在幽静的校园，或在便河边谈论诗文，或在树林里议论校风，或坐大树下评述时事……东山学堂规定了月终和期终考试制度，由期终考试成绩判定升级或降级，毛泽东和萧三都对这种考试制度怀有不满情绪，但毛泽东珍惜得之不易的学习机会，即便是一些不喜欢的功课，也极力保证考试通过。萧三最初效仿别的同学搞"夹带"，带了几次小纸条发现无效后，他就像毛泽东一样对于自己不喜欢的课保证及格，凡是自己喜欢的课就全力以赴。毛泽东和萧三的国文课都是名列前茅。有次乙班的国文老师周遭出作文题《春》，萧三不仅以"春"字贯穿全文，而且每一句都带有"春"字。周先生给他打了满分，评价该文"桃花流水杳然去，别有天地非人间"，并在全班宣读。对萧三《救国图存论》一文，他则评价"大厦如倾要栋梁，青眼高歌望吾子"。萧三在东山学堂写了许多诗句，并自集成册，周先生十分赞扬，对萧三说："勤学苦练，持之以恒，说不定你将来能成为一代诗圣。"果不其然，萧三后来成为国际著名诗人，杰出的无产阶级文化战士。毛泽东在东山学堂也很有长进，写得一手好文章，他写的《救国图存论》《宋襄公论》等文章全校有名。国文教员贺南纲十分喜欢毛泽东，见他对历史很有兴趣，特意买了一部《了凡纲鉴》送给他。毛泽东和萧三还有个共同的爱好，即喜欢看"闲书"。除中国的《三国演义》《水浒传》之类的名著外，还喜欢读些外国历史、地理和英雄传奇故事及康有为、梁启超等人的文章。阅读这些课外书籍几乎花费了他们所有的课余和自修时间。

得知萧三有本《世界英雄豪杰传》后，毛泽东十分高兴，立马前往萧三处借阅。看到毛泽东急切的表情，萧三故意开玩笑："书倒是有一本，但我借书给别人，向来是有点讲究的。"顿了顿后，萧三笑嘻嘻地说："我的书，有三种人不能借。无真才实学者不借，庸庸小人者不借，三嘛，嘿嘿，我出联而不能答者不借。"

毛泽东素来古文基础扎实，到了东山高小后成绩更是日益长进，对对子自然心中有底，他微微一笑说："小弟不敢自命才高博学，但读书心切，请仁兄出一联如何？"

萧三见毛泽东似乎胸有成竹，便道："我这书里讲的可都是英雄豪杰呀，你听着，上联是这样的：目旁是贵，瞆眼不会识贵人。快对，快对！"

毛泽东略一沉吟，从容答道："萧兄，我就冒昧对一联，并将此联赠你。请听：门内有才，闭门岂能纳才子？"

萧三听罢，羞得满脸通红，低下头说："请恕小弟无礼，贤兄大才，愿为知己，地久天长！"说完，立即拿出书来，双手捧到毛泽东眼前。毛泽东双手接过书，连声道谢，二人相视握手大笑。

毛泽东很喜欢这本书，很快就读完了，还书时，他抱歉地对萧三说："对不住你，我把你的书弄脏了！"萧三打开书一看，书里面密密麻麻地用墨笔加了许多圈点，而圈得最密的，是华盛顿、林肯、拿破仑、彼得大帝等人的传记。原来，毛泽东读了这本书，对这些人物的历史功绩十分钦佩，同时盼望中国也能有类似的人物出现来挽救民族危亡，因此读着读着就情不自禁地在书上圈点起来。他对萧三说：中国也要有这样的人，我们应该讲求富国强兵之道，才不致蹈安南、高丽、印度的覆辙。顾炎武说得好，天下兴亡，匹夫有责。萧三深以为然，他打开书一页页地翻着，看着书上的圈圈点点，引起了深深的共鸣，他不仅毫无责怪之意，反而称赞不已。从此，毛泽东与萧三无话不谈，诚挚相待，结下了深厚的同窗情谊。

同学少年，风华正茂

毛泽东在东山高小只读了半年书，但这半年对他的意义却非同寻常，东山高小对于毛泽东的意义，用他自己的话说："我进不了东山学校，也到不了长沙城，只怕还出不了韶山冲呢！"出了韶山冲，入了小学堂后的1911年春天，毛泽东经过东山高小的老师介绍，考取了湘乡驻省中学。而1911年夏天，萧三也结束了自己的东山时光，考入了湖南第一师范预科，两人又可以经常见面了。

到了省城，毛泽东和萧三的眼界顿时开阔许多。时值辛亥革命前夜，长沙这个地处南北要冲、有着两千多年历史的古城，新旧思想的斗争非常尖锐，资产阶级革命党人反清斗争的大风暴正在酝酿，毛泽东和萧三置身于这个环境，很快就感受到了革命的气息。他们第一次读到了同盟会主办的《民立报》，接触到了许多革命言论，使得他们对政治更加关切，也为风起云涌的革命形势所激励和鼓舞。毛泽东还在湘乡驻省中学的墙上贴上了自己第一次发表政治见解的文章，表明要推翻腐朽透顶的清王朝，组织民国新政府。文章贴出后，立刻引起了巨大的反响，很多热血青年受到鼓舞，反清情绪急剧高涨。

1911年10月10日，武昌起义一声枪响，辛亥革命全面爆发，湖南第一个响应，革命党人进攻长沙，建立革命军政府。毛泽东兴奋异常，认为对于革命不能袖手旁观,需要有更多的人站到革命斗争的第一线去,于是投笔从戎,在 1911 年底参加了湖南新军。半年后,清王朝被推翻,南北统一,辛亥革命以袁世凯篡夺了革命果实而告终,毛泽东退出军队,继续开始求学生涯。

1913 年春,毛泽东以优异成绩考取了第四师范,第二年春天,第四师范并入第一师范,毛泽东和萧三又成为了同校同学,同窗的岁月使他们有了更多的接触机会,交往也愈加密切了。

第一师范位于长沙城南妙高峰下,西临湘江,江对岸是风景秀丽的岳麓山,东面紧靠粤汉铁路。滔滔湘江百舸争流,铁路线上车来车往,使整个校园充满了蓬勃的时代气息。当时一师校长孔昭绶曾留学日本,思想先进,办学民主,是"民主教育的先驱"和教育改革者,他还聘请了一批学识渊博、道德高尚、教书育人并重的好教员,如杨昌济、徐特立、方维夏、黎锦熙、袁仲谦、王立庵等。尤其是杨昌济先生,他教授伦理学,教育学生要做一个公正的、道德的、正义的、有益于社会的人,他的改造国家、服务社会、不为个人打算的崇高思想,专心钻研、务求贯通的学习方法,有远谋、有毅力、注重实践的办事作风和严谨刻苦的生活方式,对毛泽东和萧三等有着非常有益的影响。

1916 年夏,萧三从一师毕业,先后到黄氏族校和一师附小教书,他和毛泽东仍联系密切,经常在一起学习,商讨社会和学术问题,切磋琢磨,互资裨益,他还参加了毛泽东组织的一个哲学小组,常常列出学习上的疑难和社会改造的问题,一起登门向杨昌济等老师求教。

1917 年春,同情和帮助中国革命的日本人白浪滔天(宫崎寅藏)到长沙参加黄兴的葬礼,由毛泽东执笔,毛泽东和萧三联名写了一封热情友好的信。信云:

白浪滔天先生阁下:

久钦高谊,觌面无缘,远道闻风,令人兴起。先生之于黄公,生以精神助之,死以涕泪吊之,今将葬矣,波涛万里,又复临穴送棺。高谊贯于日月,精诚动乎鬼神,此天下所希闻,古今所未有也。植蕃、泽东,湘之学生,尝读诗书,颇立志气。今者愿一望见丰采,聆取宏教。

惟先生实赐容接，幸甚，幸甚！

湖南省立第一师范学校学生　萧植蕃　毛泽东上

白浪滔天早年受日本自由民权思想熏陶，积极支持和帮助孙中山领导的中国资产阶级民主革命，参加兴中会，与同盟会黄兴等交往密切。1916 年 10 月黄兴在上海病逝后，灵柩归葬湖南。白浪滔天从日本专程到长沙参加黄兴葬礼。深受孙中山同盟会革命思想影响的毛泽东和萧三听说后十分振奋，一向走在同辈前列、敢说敢做的他们兴高采烈地写信，高度赞扬了白浪滔天对中国人民的友谊，请求瞻仰风采，当面聆听宏教。

国家内忧外患、军阀割据，人民生活困苦不堪，现实生活使毛泽东认识到改造社会的大业不是短暂时间所能完成，更不是少数几个人的力量所能办到，在完善自身的同时，他开始意识到合群奋斗的必要性。1915 年暑假过后，毛泽东以"二十八画生"的名义向长沙的学校发出了征友启示，临近毕业时，他身边聚集了十几个志同道合、意志坚定的朋友，他们经常聚会，畅谈时事，大家从讨论中得出一致的结论：一定要 "集合同志、创造新环境，为共同的活动"，认为有必要成立一种严密的组织。于是毛泽东提议组织一个学会，并起草了学会的章程，分送各发起人传阅征求意见。萧三先后多次与毛泽东碰面，商讨学会成立事宜并修改学会章程。

1918 年 4 月 14 日，是个星期天。和煦的春风吹动着清澈的江水，荡起层层碧波；江岸芊绵的绿草在阳光照耀下，舒展着娇嫩的叶片；岳麓山上青枫耸翠，杜鹃盛开。毛泽东和萧三等一同渡过湘江，来到岳麓山下刘家台子蔡和森家里，14 名青年兴致勃勃聚会一堂。一个崭新的革命团体——新民学会，在毛泽东等人的精心策划下诞生了。会议选举了萧子升为总干事，毛泽东为干事。不久，萧子升赴法，会务便由毛泽东主持。拥有毛泽东、萧三、蔡和森等青年才俊的新民学会很快便成了当时最具革命性的团体之一。

1918 年 6 月，毛泽东结束了第一师范的学习生活，6 月下旬，毛泽东、萧三等 10 余名新民学会会员，集中讨论了"会友向外发展"的问题，大家受到李大钊宣传的"劳工神圣"的思想影响，认为赴法勤工俭学很有必要。会后不久蔡和森赴京了解情况，毛泽东和萧三等留在长沙开展发动和组织工作，一个赴法勤工俭学的热潮，在湖南很快兴起了。8 月 19 日，毛泽东、萧三、罗学瓒等邀集志愿留法者 25 人抵达北京。毛泽东等妥善地把他们安排到留法预备班，又进一步为他们出国做准备。在此期间，毛泽东、萧三等一起经常到杨昌济家登门求教，又通过其介绍与新文化运动的著名人物李大钊、陈独秀等接触交流。他们还组织了新民学会会员在北大同蔡元培、胡适等座谈，会员们提出学术及人生观问题，蔡、胡等名士表达了自己的观点，毛泽东、萧三等受益良多。

1918 年冬，稍得闲暇的毛泽东和萧三相约到天津渤海大沽口看海，走到海边却只看到白茫茫一片冰的世界，两人都想在大海的冰上走一走过过瘾，于是相约相向绕一圈再回原地，等萧三回到原处时，毛泽东却许久未见，后来毛泽东还同萧三开玩笑说："我有意找蓬莱仙岛的，谁知什么也没有找到……"

1919 年，五四运动爆发，萧三积极投入到这场反帝爱国的革命洪流之中，回到长沙后，在毛泽东主编的《湘江评论》上以"子璋"为名发表文章，他的第一篇公开发表的散文诗《节孝坊》就登在《湘江评论》的创刊号上。《湘江评论》虽然因反动政府的镇压只发行了四期和一期临时增刊，但这些文章却热情讴歌了十月革命和它所引起的世界革命的大好形势，无情地揭露、声讨了帝国主义和封建主义，鼓舞了很多进步青年走上革命的道路。

生活是战斗，需要战斗的作品

1920 年 5 月，黄浦江边，相识相交十载的毛泽东和萧三，挥手依依惜别。毛泽东留在国内领导革命，萧三远赴法国勤工俭学。远隔重洋，见面的机会少了，但两人联系不断，萧三沿途不断有信和照片寄给毛泽东。毛泽东对萧三也是一如既往地真挚坦诚，11 月间，他致信萧三，恳切地建议："我意你在法宜研究一门学问，择你性之所宜者至少一门，这一门便要将它研究透彻。我近觉得仅仅常识是靠不住的，深慨自己学问无专精，两年来为事所扰，学问未能用功，实深抱恨，望你有以教我。"

以理想和进步为舵，毛泽东与萧三拉起成长的帆，乘风破浪迅速前行。在探索"改造中国与世界"这个宏大命题的过程中，他们的感情更加深厚。他们通过学习马列主义的先进理论和参加革命实践，最终都树立了共产主义的信仰。1922年萧三加入法国共产党，同年秋加入中国共产党，年底赴苏联，进入莫斯科东方劳动者大学学习。

1924年，萧三奉调回国，出任共青团湖南省委书记、中共湖南省委委员。1925年2月，他专程赶到韶山，与正在韶山开展农民运动的毛泽东畅谈农民运动问题。1927年，又在上海与参加中央会议的毛泽东相聚，久别重逢，分外高兴，他们多次彻夜长谈，仿佛又回到了一师那激情燃烧的岁月。萧三认真听取毛泽东关于农民运动、革命政权和农民同盟军等问题的论述，深深为他的独到见解所折服。在中共第五次全国代表大会上，萧三毅然站在毛泽东正确路线的一边。在这次大会上，萧三因突然患病辞去被提名的中央委员一职，随后常驻莫斯科一边疗养一边工作。1930年春，中国左翼作家联盟成立后，他担任"左联"常驻苏联代表，主编了中文版《国际文学》，并从事写作，宣传中国革命。而毛泽东回到湖南领导秋收起义，创建中央苏区，率领红军二万五千里长征，两人一别又是12年。

1939年毛泽东和萧三在延安

　　1939 年 4 月 29 日，延安中央组织部的窑洞前，秘密回国的萧三，见到了阔别已久的老战友毛泽东，两人的手又一次紧紧地握在了一起。当晚毛泽东与其共进晚餐，尽管延安物质缺乏，只有极其简单朴素的菜肴，但席间同叙友情，东山高小、第一师范、新民学会、曾经的好友以及他们共同度过的岁月，都成了美好的回忆。分手时，两人还按照学生时代的样子，彼此鞠躬话别。

　　由于萧三是秘密回国的，他的俄籍妻子叶华和未满周岁的孩子未能同行，为此，毛泽东特别批示同意叶华母子来延安。他们来到延安后，萧三也多次带他们到枣园看望毛泽东，毛泽东对他们很热情，每次都请吃饭，也没忘记给烟瘾很大的萧三点上香烟。当时的延安，香烟这种物资很是珍稀，一根烟毛泽东还要分成几截抽，他脑力活动多，抽烟可以缓解一点疲劳，每当想问题、写文章时他都要抽烟，好不容易积攒了一条烟，因为舍不得多抽，上面布满了灰尘，可一旦萧三来了，毛泽东就把香烟拿出来，抹掉上面的灰尘，把它送给萧三。

　　回到延安后，萧三担任了鲁迅艺术学院编译部主任、陕甘宁边区文化协会常委等职，还主编了《大众文艺》《新诗歌》等杂志。因为他喜欢写诗写文章，到延安后新作频出。每当萧三将自己的作品送毛泽东时，毛泽东都认真阅读，还常提出修改意见，毛泽东曾对他说："姓萧的古来文学家很少，你要争气……"毛泽东还经常给萧三写信，对他的工作和创作予以鼓励和支持。1939 年 6 月 17 日，萧三收到了他寄给毛泽东的一本手抄诗稿和毛泽东的附信："大作看了，感觉在战斗，现在需要战斗的作品，现在的生活也全部是战斗，盼望你更多作些……"

　　萧三以饱满昂扬的斗志投入到延安的文化建设中，发起创建新诗歌会和延安诗社，开展街头诗、诗朗诵运动，创办了诗歌杂志《新诗歌》，撰写了《关于高尔基》《朱总司令在延安》《贺龙将军》等文章，还翻译了剧本《列宁论文化》及普希金、马雅可夫斯基的诗歌等外国文学作品。经过几年锻炼，萧三的创作水平大大提高，他还成了中共党内第一位研究毛泽东生平的专家。早在莫斯科期间，萧三就写过毛泽东的传记，到了延安想再增补修改，为此特意征询毛泽东的意见，毛泽东并不反对他"无事翻翻古"，但要求他要研究调查一些历史事实才能写东西，毛泽东还答应萧三有空闲再和他详谈。为毛泽东写传记这个历史性的话题就这样被提出来了，加之任弼时又郑重嘱咐萧三写一本毛主席传以庆祝他的五十大寿，萧三为此采访了许多在延安的老同志，搜集了许多素材，这当中有周恩来、朱德、董必武、林伯渠、徐特立、谢觉哉、贺龙等同志，当中有的长谈，有的短叙，有的片言只语，有的事例情节丰富。然而因毛泽东坚持不肯做寿，传记未能如期完成，但萧三还是用这些素材陆续发表了一些关于毛泽东革命活动的文章。这些文章一发表便受到了读者的热烈欢迎，可是毛泽东却多次传话，要萧三停止写他个人，多写群众。萧三坚持认为写毛泽东和写党的斗争二者不可分，有重大的教育意义。

1944 年，边区召开劳模大会，萧三组织一批作家采访劳模并撰写文章。随后他又写了《第一步》总结此事，1945 年初，萧三《第一步：从参加边区参议会及劳模大会归来》一文发表在 2 月 20 日的《解放日报》上。毛泽东看后于 2 月 22 日给他写了封信，赞扬他文章写得好，信云："你的《第一步》，写得很好。你的态度，大不同于初到延安那几年了，文章诚实，恳切，生动有力。当然，从前你的文章也是好的，但是现在更好了，我读这些文章，很得益处……"

1949 年 8 月，萧三撰写的《毛泽东同志的青少年时代》，经中宣部审查批准，由人民出版社正式出版，这是中国共产党内写出的第一本毛泽东传记，很快被翻译成多国文字版本，在国际上影响很大。萧三写的宣传毛泽东的文章和传记，使中国和世界人民对毛泽东以及中国共产党有了更全面更深刻的认识和了解，可谓是意义非凡，贡献巨大。

情深谊长

新中国成立后，萧三成了著名的国际文化战士和中国人民的和平使者，主要从事保卫世界和平、促进各国的友谊和文化交流的工作。他先后担任了文化部对外文化联络事务局局长、中国作协外国文学委员会主任、中国人民对外文化协会常务理事、中苏友好协会副总干事、世界和平理事会常务理事和书记处书记等职,并在书记处(布拉格)工作了2年多的时间。他常年奔波于世界各地,出席过多届保卫世界和平大会,访问了许多国家,这期间毛泽东虽然日理万机,但仍然多次亲切接见萧三。

1975年6月14日,萧三和叶华分别就专案组给他们定的所谓"苏修特务分子"问题给毛泽东写信。萧三在信里说:1961年秋"和其他人一道,请了苏修的人来家作客。此一'有背于现在中国人为人的道德'(鲁迅)之举,引起党的警惕、怀疑、监视,同时广泛秘密流行一种舆论:'萧三不可靠''叶华是国际间谍',以致形成成见和框框,如是者达五六年。'捉将官里去'——拘留审查者七年有余"。信中还揭露了专案组牵强附会、歪曲、逼供信等恶劣行为,并告知"现在要我们迁出首都,去湖南益阳落户"。叶华在信中也说明原委。两人的信由人带进中南海。毛泽东当时身体不佳,眼睛视力急剧下降,看东西、写东西十分困难。他让人读萧三和叶华的信。信念到半途,他说:我与萧三很熟,又是老乡,又是同学,萧三的毛笔字写得是很漂亮的。当工作人员念到有关单位让萧三去湖南时,毛泽东激动地表示:这么老了,还有谁要回什么湖南的? 有事都不应该让回湖南了!听完叶华的信后,毛泽东赞扬:她很坚强!虽然写字困难,但毛泽东坚持要来纸和笔,他批示:"如无确证,只是嫌疑,则应释放,免予追究,以观后效。从实践中证明。"

当萧三在1976年听到毛泽东去世的噩耗时,他肝肠寸断却不能前往悼念。粉碎"四人帮"后,萧三才得以彻底平反恢复名誉和工作,此时他已经80岁高龄。他不顾年高体弱,疾病缠身,仍然顽强工作,修改了1954年写的《毛泽东同志的青少年时代和初期革命活动》一书,并由中国青年出版社又一次正式出版。

1983年2月,萧三逝世于北京,享年87岁。这位曾以"天光""埃弥""爱梅""埃弥·萧"等笔名震撼莫斯科的东方人留下诗集《和平之路》《友谊之歌》《萧三诗选》《伏枥集》等。

> 同梓同窗同济世，亦文亦武亦兴华。
> 诗人领袖殊途去，却见芙蓉共彩霞。

　　这是毛泽东、萧三逝去几十年后，为了纪念毛泽东诞辰 120 周年，全国举行"萧三杯"诗词比赛，一位诗人的作品。"却见芙蓉共彩霞"，毛泽东和萧三的深厚情谊传唱后世，为人所崇。

一位政治家和一位数学家的友谊
——毛泽东和汤璪真

汤璪真，是我国一位颇有建树的数学家。他早年与毛泽东在东山高等小学堂同学。两人虽然有着不同的兴趣爱好，树立了不同的人生方向，一个后来成为政治家，一个后来成为数学家，但两人真诚相交。新中国成立后不久，汤璪真英年早逝。毛泽东给予他的家属无限关怀。

两位优异生的爱好

汤璪真，号孟林，1898 年正月十三日出生，湖南韶山市杨林乡云源村谭家冲人，家距毛泽东家仅十几里路。后来迁到邻近的宁乡县麻山雪花冲。他天资聪颖，又勤奋好学，自幼就在湘乡东山高等小学堂读书。由于学业成绩十分优异，曾经学校"特许"两度跳级，他创下了该校优秀生"跳班"的历史纪录。

东山学校本来是为湘乡人设立，湘乡分上里、中里和下里。该校湘乡人居多，不仅是排外现象比较严重，就是内部也分地域派系。毛泽东这个外来户理所当然地受到排挤。但他在这所学校也交了一些朋友，作为同乡的汤璪真就是其中之一。

汤璪真在班上年龄最小，家境贫寒，依靠宗族祠堂的资助上学。他学习极认真刻苦，黎明即起，悄悄走出室外，专心致志地看书；他生活俭朴，爱好锻炼，体质也较好。

毛泽东博览群书，诗词歌赋、诸子百家、报纸时事，都兴致盎然地阅读。他习惯早起爬东台山，到山上大声朗诵。

这些共同的好习惯，架起了他们俩友谊的桥梁。毛泽东很喜爱汤璪真这位勤思好学的小同学，汤璪真也很佩服毛泽东的渊博学识与高尚品行，二人相处十分融洽。

他们还有一个共同爱好——游泳。汤璪真和毛泽东一样，从小就喜欢游泳，经常和小伙伴一起在池塘游水嬉戏，练就了一身娴熟的游泳技术。在东山学校，两人成了非常要好的游泳伙伴，经常相约一同游水。微波粼粼的涟水河，少年们欢快地展示自己的泳姿，时而自由踩水，时而仰泳漂浮，时而扎个"猛子"，他们游得酣畅淋漓，潇洒自如，往往在水里一待就是一两个钟头。

1913 年至 1914 年，汤璪真进入长沙妙高峰中学、岳云中学读书，毛泽东也来到长沙读书，两人保持往来。1915 年汤璪真考入北京高等师范学校（北京师范大学前身）数理部，1919 年从高师毕业，他被"破例"分配到北京女子师范大学任教，又破格被选派到北京大学任教。

汤璪真的学业十分优秀，尤其是数学，在这方面他很有天赋，本人又肯探索进取。在高师读三年级时，汤璪真经过深入研究就用英文撰写了长篇论文 On the Consetutive Terms of an Arithmetiral Progression，这是他的处女作，他的才华在当时高校学生中并不多见。这一年，他又著书《级积论》，并于 1919 年由高师出版。这本书是汤璪真成名之作。1923 年，汤璪真因深厚的数学功底，被公派赴德国留学，并在柏林大学和哥廷根大学研究数学，最终获得了博士学位。

说来他的同乡同学毛泽东却是另一个极端。毛泽东国文、历史成绩好，但因为对数学不感兴趣，成绩一直很差，有时甚至考倒数第一。数学课上，毛泽东经常在读史书。有时干脆让同学帮忙请假不来上课。

各树辉煌

1926 年，汤璪真回国，受聘担任武昌大学教授，后又在暨南大学和交通大学、武汉大学、中山大学、广西大学、北京师范大学等名校任教，并担任过教务长、校长等职。他在数学研究领域和教学方面做出了巨大贡献，声名远播。他在武大任教时，研究并翻译了罗马大学教授 Levi Civita 的《绝对微分学》，并和该书作者深入讨论一些数学问题，使作者对他极为钦佩。20 世纪 30 年代末，汤璪真撰写《代数公设和路易士严格蕴涵演算的一个几何解释》一文，在开创模态逻辑研究的代数语义方面具有先驱作用。他发表过许多重要论文，著述过《新几何学》《群论对于量子力学的应用》等，成为我国最早的现代数学家之一。

汤璪真广西大学的同事袁至纯在 20 世纪 40 年代为汤的祖父母、父母撰写《题汤氏纪念碑并序》时，曾对汤璪真的学识进行了肯定和赞扬："孟林兄为予挚友，亦留德前后同学，同胞六人居长。在国内各大学执教，凡廿余年，精研数理，发明扩大几何学，誉遍国中。……德配雍容孝行高，辛勤纺织为儿曹；芝兰竞秀皆奇品，裙布金钗气自豪。"

题汤氏纪念碑并序

相较于汤璪真数学路上的宁静，毛泽东则在一条火与血织就的荆棘路上，干起了一番轰轰烈烈的大事业。他参与建党，领导工农运动；他创建红色革命根据地，开辟中国革命新道路；他发展壮大红军实力，取得人民抗日战争的伟大胜利；他打败了蒋介石政府，推翻了压在人民头上的三座大山，建立了一个屹立于世界民族之林的全新国度。毛泽东名扬海内外，让敌人闻风丧胆，却让中共人士和民主人士衷心拥戴。

毛泽东和汤璪真因为兴趣各异，对于人生的规划也完全不同。但两人在不同的事业上都投入了极大的热情，并取得了各自的辉煌。

汤璪真虽然把主要精力都放到数学研究上，但并不是"两耳不闻窗外事，一心只读圣贤书"的书呆子，相反，他也很关心政治。汤璪真熟读岳飞《满江红》和文天祥《过零丁洋》等名篇，对岳飞、文天祥等人大义凛然的民族气节与英雄气概非常崇拜，经常以其诗词激励自己。在五四运动爆发后，汤璪真满腔热情地与高师同学一起参加罢课游行，成为运动中的活跃分子，在游行中遭到反动军警殴伤。因为在五四运动中的杰出表现，他受到北京大学学生领袖许德珩的赏识，后来还应邀加入许德珩领导的"九三学社"。

汤璪真出国前，毛泽东为了革命活动曾两度到北京，并到他的住所看望。两人"他乡遇故知"，格外亲切，开怀畅叙，高兴地回忆东山学校儿时趣事，又论及时事。留学回国后，汤璪真在武昌大学执教，时值毛泽东也在武汉，他们时相过从，汤璪真更是受到毛泽东革命热情的感染，同情革命，多次掩护中共党员和进步分子脱险。姨妹戴云参加革命工作，他曾出资为她开办书店，以此作为地下交通站。戴云因叛徒出卖多次被捕入狱，也是他不顾危险，极力营救出狱。中共党员胡觉民在白色恐怖下从上海到武汉，举目无亲，他热情款待，并资助她返回湖南。抗日战争期间，他还积极支持中共地下党员汤菊中在宁乡把汤姓祠产集中起来，创办宗一中学，成为中共湖南省工委地下斗争的一个据点。他还被推举为该校的董事长。

大革命失败后，汤璪真与毛泽东失去联系。1948年冬，人民解放军包围北平。国民党中央政府教育部长朱家骅特意来找汤璪真，要他乘飞机去南京，并允诺厚禄。但是，汤璪真如同上次拒绝就任教育部司长时一样断然拒绝了这个要求。

北师大相聚

1949 年 1 月 26 日，汤璪真所在的九三学社发表《拥护毛主席八项主张》。不久，人民解放军进入北平，北平宣告和平解放。九三学社与北平各界人民一起迎接人民子弟兵。解放前夕，汤璪真还担任北平师范大学代校长，他带领师生完整地保存了学校，迎接了新中国的诞生。学校的完整保存为后人留下一笔宝贵的财富，为学校后来的发展奠定了重要的基础。

3 月底毛泽东进北平，6 月他收到汤璪真的一封信，毛泽东看信后格外高兴，马上打电话给汤璪真。电话里传来老同学熟悉又陌生的声音，一口乡音使得两人都倍感亲切。毛泽东简单地询问了汤璪真的情形，表达了离情之念，又问道："现在北平我们还有哪些老相识咯？"汤璪真告诉他有北师大文学院院长黎锦熙、地理系主任黄国璋以及国画家齐白石等人。毛泽东听后愈加高兴，黎锦熙是毛泽东一师的老师，两人关系密切，毛泽东曾在写给黎锦熙的信中说，"弟自得阁下，如婴儿之得慈母"，黄国璋也是在东山就相识的老同学，齐白石是湘潭老乡，毛泽东立马表示要来看望大家。就在这天下午，毛泽东来到北师大和平门内东顺城街 48 号教员宿舍汤璪真家。这是一个前后院，前院住着数学系主任傅种孙教授一家，后院北边住着汤璪真一家，西边住着教育系董渭川教授一家。汤璪真自从得知毛泽东要来探望的消息后，激动不已，约定的时间没到，就频频往外看。黎锦熙、黄国璋、傅种孙等人闻讯从家中赶来迎接。师友相见，喜不胜喜。毛泽东握着汤璪真的手，微笑着问候："老同学，真是多年不见了，你好！"见到年过花甲的黎锦熙，便疾步迎上前去，连呼："黎老师，您好！"看到一个小女孩拿着粉笔在写"欢迎毛主席"几个字，毛泽东走到她跟前，亲切地笑着劝止。

一行人进到后院，在汤璪真家中客厅坐下。汤璪真向毛泽东介绍了自己的妻子儿女，并招呼妻子泡茶。一群人一边喝茶一边愉快地交谈起来。毛泽东幽默诙谐的谈吐，潇洒自如的风度让见惯了国民党颐指气使的高官们的教授心生亲切。毛泽东详细地询问师大的各种情况，谦和地请教授们发表意见。教授们畅所欲言，从师大的情况到教育事业如何发展，从教授的工资到新中国的规划远景，谈得十分热烈。黄国璋也是湖南老乡，一直负责九三学社的组织工作。他谈到九三学社成立、发展等情况，当说到九三学社总部迁到北平以后，汤璪真也参加进来的时候，毛泽东连声说："好，好，好哇！"

那天，傅种孙教授谈得最多，回去后遭到太太的抱怨。傅教授说："主席能够这样诚心诚意地征求我们这些普通教授的意见，我们就有责任多谈些情况，以便使主席全面掌握民情。"傅教授的说法正是当时在座教授们的心声。对于教授们提出的问题，毛泽东认真地听，且诚恳地表明看法。他告诉教授们实行配给小米制是暂时的，新中国的教育事业也会有很大的发展，教授的待遇问题国家会认真考虑……他还欣然说道："还是党外有党好哇！民主党派是中国共产党的朋友。'在家靠父母，出门靠朋友'嘛！"

天色渐渐黑了，一屋子人却毫无所觉，直到毛泽东的秘书田家英进来提醒。汤璪真要家里人备饭，尤其叮嘱要弄点湖南特产——腊肉。毛泽东连说："不要麻烦你们了，今天我请客。"他要工作人员叫来两桌酒席，又请来一些北师大与九三学社联系密切的朋友。

席间，毛泽东不断给大家斟酒、夹菜。大家喝酒，他请求抽烟，笑曰"以烟代酒"。有人说："主席，你的乡音无大改呀！"他笑道："乡音虽无改，鬓毛却已衰矣！"又有人提议为他的健康长寿干杯，毛泽东连连摆手制止，说道："在座的都是教员，我也是教员，只不过教的科目不同而已。现在，我和各位都是新中国的'长工'，我们的主人是谁呢？不是地主老财或资本家，而是人民，四万万五千万中国人民，我们要全心全意为他们服务！"

饭吃到中途热起来，毛泽东脱去了外衣。大家惊奇地看到他的白衬衫袖口和领子上打着补丁，这让他们十分感动。汤璪真、黄国璋等人则是会心一笑。在学生年代，毛泽东把大多数的生活费用来买书买报，衣着是出了名的朴素，他衣服很少，经常是一件灰布长衫一年四季都穿，不同的是冬季里面加些旧衣裤，夏天则把它们脱去。因此，当年还有一些同学笑他：毛润之"算术"

学得好，冬天用加法，夏天用减法。

晚饭后，院子里挤满了听到消息的大人、小孩。毛泽东从屋里走出来和大家见面握手，屋里屋外人声鼎沸，欢笑一片。有几个小孩从人群中钻出来，跑到毛泽东跟前，手里举着书和本子，请毛泽东签名。还有一个中学生送上一本《新民主主义论》请他签名，毛泽东当即应诺。

直到晚上快 9 点了，毛泽东才和大家一一告别。他笑呵呵地拉着汤璪真的手说："孟林，今天到你这里来，是我拜望老师、同学时间最长的一回了。"

第二天，毛泽东亲往北师大看望汤璪真等教授的消息传遍了整个北师大和九三学社，引起强烈反响，给北师大师生巨大鼓舞，许多老教授从中感受到党和政府对知识分子的尊重和爱护，决心为新中国的建设贡献力量。

关怀遗属

北师大众人相谈甚欢，此后汤璪真和毛泽东在各自领域兢兢业业。毛泽东虽然忙于国事，但几次邀请汤璪真到中南海做客，关心他的情况。

汤璪真以极大的热情和极认真的态度投入到数学研究和教学工作中，培养了大批人才。

据汤璪真的女儿汤忠皓回忆：汤璪真常与家人追悔过去对共产主义认识不足，悟道过迟。1950 年，汤璪真成为九三学社中央理事会候补理事、北京市理事会理事。他积极参加全国政协组织的学习和考察。1951 年夏，汤璪真参加以章乃器为团长的全国政协西南土改工作团，任工作团副团长，赴四川东部考察。他写信向毛泽东述说土改工作中的感受。毛泽东为他的进步感到高兴，回信鼓励他。他还在《光明日报》等媒体上撰文谈及参加土改的感想，对新中国发出了衷心的赞美。

可惜，天不假年。汤璪真因为长期高强度脑力工作过于劳累，积劳成疾。10 月初，他从四川回京不久，就患了急性胰脏炎，住进了北大医院。毛泽东听说这个消息，特意派田家英到医院慰问，劝其安心养病。10 月 8 日下午,汤璪真精神稍好一些,就把妻子和儿女叫到跟前,嘱咐妻子要将孩子带大,让他们上大学,又嘱咐儿女们要努力学习更多的科学文化知识,将来好为国家做贡献。10月9日清晨,汤璪真的病情恶化,抢救无效,与世长辞,终年54岁。

毛泽东听到噩耗,跌足长叹,深感悲痛,叹息道:"他死得太早啊!这是我们国家科学界的一大损失。"又说:"孟林先生是一个大老实人。"

10月21日,北京师范大学教务长、《中国数学杂志》总编辑傅仲孙致信毛泽东向他报告汤璪真去世善后的工作情况,请毛泽东为由北京师范大学、九三学社和中国数学会共同发起的汤璪真追悼会"赐一挽联或其他吊悼笔墨",并为即将创刊的《中国数学杂志》题写刊名。毛泽东亲笔复信,信云:

傅先生:

汤先生追悼会当表示悼唁。遵嘱为数学杂志写了题名,不知可用否?

毛泽东

一九五一年十月二十三日

题名一式三份,附于信内。在汤璪真追悼会当天,毛泽东派秘书田家英代送花圈吊唁。

汤璪真逝世后,夫人张敬之是家庭妇女,家有三子二女,最大的才15岁,最小的才几个月,生活无以为继。张敬之无奈之下只好写信向毛泽东求助,反映家庭生活困难,她没有职业,无法谋生,而有关方面又停发了她丈夫的薪水。她在信中还说:从明天起,米也没有了,煤也没有了。要求将五个孩子免费入托、入学,并给本人安置工作。

毛泽东看了信后,心情十分沉重,他用铅笔在信上画了许多横杠,然后把信批给田家英,指示田家英到北师大看望汤家孤儿寡母,并找师大的负责人谈一次。他说:"汤教授死了,马上停发薪水,对家属又无安置,似不甚妥。

办法还是要从师大方面去想，才有出路。" 田家英按照吩咐到北师大看望、慰问汤璪真遗属，调查了她们的生活状况，并与有关方面作了商量和研究，妥善解决了小孩入托、入学等方面的问题。

当时，同乡好友李介侯也致信毛泽东，请求他对汤家予以帮助。毛泽东复信告知李介侯，信云：

介侯兄：

　　十月十五日来信收到。汤璪真兄家属善后事，已与师范大学当局商妥，予以照顾。此复，顺祝

健康！

毛泽东

十一月十八日

毛泽东还嘱咐工作人员定期接济汤璪真遗属，帮助他们解决生活困难问题。汤璪真之子汤湘森曾多次撰文提到毛泽东与汤家结下的深厚情谊：毛泽东十分关心汤家生活和子女教育问题，在1951年至1965年长达15年的时间里，曾几次派人了解遗属生活情况，请有关部门解决困难。1960年至1965年，汤家有三个孩子同时上大学，毛泽东得知此事，让秘书每年送去600元，一直到这三个孩子全都毕业参加工作为止。

1964年底，在第三届全国人民代表大会第一次会议期间，毛泽东见到时任全国人大代表的黎锦熙，又问起汤家的情况。会后，黎向汤夫人和孩子转达了毛泽东的关心。黎还在自己的记事本上记下汤家子女在哪所学校上学等情况，说："以后毛主席问起来，我好向他报告。"

汤璪真虽然英年早逝，但是毛泽东并没有忘记这位为我国数学界做出重大贡献的老同学，正是在他的关怀和资助下，汤璪真想让子女上大学的遗愿最终得以实现。

五十年的交情

——毛泽东和易礼容

毛泽东和易礼容是湘乡东山学校和湘乡驻省中学的同学，在 20 世纪初期的革命年代，两人一起驱张、办文化书社，他们是莫逆之交；在湖南建立党团组织之后，两人戮力同心领导开展工人、农民运动，他们是肺腑之交；在一方遭受排挤、指责时，两人不约而同地选择支持对方，他们是患难之交；在音信难通、相隔千里时，他们相互惦念和关怀，是君子之交。风云迭变的峥嵘岁月，半个世纪的交往，毛泽东和易礼容交情匪浅。

青春激扬

1919 年 12 月，寒风料峭，却总有些人把全副身心放在更广阔的世界，风华正茂的青春岁月里，他们挥斥方遒，指点江山，没有丝毫对寒冷的惧意。

湖北武昌鲇鱼套火车站。一阵尖利的口哨声响起，一群卫兵神情恐慌、气喘吁吁地追来，几名学生模样的年轻人从一节车厢飞奔而下，他们按照预先计划，分头行动，一些人与士兵纠缠打斗，转移卫兵的视线。一个身材偏矮，似乎是学生中为首的人，提着相机和一个包裹沿着铁路局西墙跑到火车站后门。早就等在这里的铁路职员悄悄打开后门，学生钻进职工宿舍，换上一套铁路工人工服，随后大摇大摆地走了出来。这位学生叫易礼容，新民学会骨干、旅鄂湖南学生联合会会长。

北平北长街 99 号福佑寺。半夜，呼啸的寒风从破旧的窗棂吹进，昏暗的灯光更是摇摇欲坠，一张长条香案前，一个高大年轻的身影正奋笔疾书。时间一分一秒地过去，伏在案上的人依旧没有丝毫倦意，渐渐地，案上堆积了越来越多已完成的稿件。人们无法相信，这个简陋艰苦的地方居然是北平城里已大名鼎鼎的平民通信社，就是从这里，每天要发出百五十余份稿件，送登京、津、沪等各大报纸。人们也无法想象，白天这位年轻人在外面四处奔走，联络湖南在京的学生、议员、名流学者，向他们宣传张敬尧在湖南的暴行，晚上他还要亲自编写稿件。这位年轻人就是此次声势浩大的驱张运动的发起人与领导人毛泽东。

湖南省督军兼省长张敬尧正享受着吞云吐雾吸食大烟的快感，他不会想到，就是这些他毫不放在眼里的年轻人将给他有力的一击，促使他灰头土脸地被驱逐出湖南。

张敬尧 1918 年 4 月调任湖南，纵兵殃民，烧毁房屋，浩劫财物，强奸妇女，杀人如麻，造成人民流离转徙，死不能葬，生无可归。湖南人把张敬尧和他 3 个依仗权势、横行霸道的弟弟称为"虎豹豺狼"。湖南各界都呼喊"张毒不除，湖南无望"。1919 年 8 月，张敬尧又查封了《湘江评论》和湖南省学生联合会，引起人们的公愤。在毛泽东的组织和领导下，发动了一场驱逐张敬尧的斗争。按照毛泽东的部署，毛泽东亲率一个代表团赴京，彭璜率团前往上海联络省外的驱张力量共同行动，易礼容则带领湖南省立商业专门学校 30 多名学生转学汉口明德大学，在武汉组织旅鄂湖南学生联合会作为驱张的一个据点。易礼容先行到达汉口后，按照计划做了宣传、组织和发动群众的大量工作，得到了在湖北的湘籍学生及恽代英主办的利群书社等的积极支持。易礼容在明德大学借了两间房，12 月 6 日，毛泽东率团离开长沙抵达汉口，以此作为赴京代表团的暂住所。他在这里停留了 10 天左右，与易礼容等详细研究斗争办法，并亲自起草了一份"快邮代电"，向全国人民揭露张敬尧祸湘的罪行。18 日，毛泽东率团抵达北平，组织平民通信社，开始为驱除张敬尧四处奔走呼号。

恰在毛泽东率赴京驱张代表和部分北京学生向政府请愿期间，易礼容在武昌取得了一个重大突破。鲇鱼套火车站一个进步职员在易礼容等的宣传下，向他告发张敬尧的部下、湘西镇守使张宗昌从奉天私运大批烟种存放在车站，准备候车运往湘西种植。张敬尧的鸦片烟瘾很重，他强令40%的土地种鸦片，每亩要抽税20元。当时全国上下要求禁烟，要是能有张敬尧种植鸦片的证据，对驱张有很大帮助。易礼容接到情报后，很是欣喜，布置一番后，带领几名学生前往查看，发现居然有45麻袋烟种，每袋重约二百斤，他们飞速地用照相机拍照，并取了些鸦片种子作实物证据。谁知，刚拍照取证完毕，就被张宗昌的卫兵发现，前来抓捕，从而出现了文中开头那一幕。乔装打扮后的易礼容机智地躲过了层层检查。他很快将所拍照片冲洗多份，烟种分成几包，送交湖南拒土会（协助政府禁除鸦片的社会团体）及有关各方。12月30日，他携带剩下的烟种和照片前往北京见毛泽东。毛泽东异常高兴，称赞易礼容"办了件了不起的绝妙之事"。这些物证作为"驱张"的有力证据，被公布出来。31日，毛泽东就张敬尧违禁运烟种事上书国务院，随后，他和易礼容等人顶着漫天大雪，拿着请愿书与张敬尧运送鸦片种子的罪证，向国务总理靳云鹏请愿，要求撤换张敬尧与张宗昌。

通过一系列艰苦斗争，1920年6月11日，张敬尧终被驱逐出湖南，驱张运动取得胜利。

志同道合

驱张运动中的来往和交流增进了毛泽东与易礼容相互之间的了解，使他们成为了志同道合、密切来往的革命战友。之前，毛泽东和易礼容并不相熟。他们虽是湘乡东山学校和湘乡驻省中学同学，但两人不读同一级。等到易礼容考上湖南省立商业专门学校，两人才逐渐多了一些交谈和接触。当时的商专校长汤松曾留学美国，西方自由民主思想浓厚，所以商专成为长沙学生运动活跃分子集中的地方，易礼容积极投身学生爱国运动，被选为该校学生会会长，并任湖南省学生联合会评议部主任。毛泽东经常主持学生代表、省学联召开会议讨论如何开展学生运动，并主编省学联机关刊物《湘江评论》，还曾住在商专教师宿舍。在日渐频繁的接触中，毛泽东的言行对易礼容产生了很大影响，使他思想日趋进步，1919年6月，易礼容加入进步青年政治团体——新民学会。新民学会是1918年4月由毛泽东、蔡和森等人发起组织，易礼容虽然不是最早加入的一批成员，但加入后，他积极参加有关问题的讨论和各项活动，成为新民学会的骨干。1936年毛泽东接受美国记者埃德加·斯诺采访，讲到新民学会时，还点明易礼容等人是其重要成员。

毛泽东和易礼容在共同斗争和密切交流中有了共同的理想和奋斗目标。驱张胜利后的一天晚上，已回武昌继续学业的易礼容给毛泽东和彭璜写了一封长信谈对新民学会活动的看法，主张做事要有准备，建议"回到湖南去，采取一种最和平、最永久的法子，造成一个好环境，锻炼一班好同志"。毛泽东对这封信极为重视，将它收入新民学会会员通信集，并亲笔写了800多字的按语。他认为，易礼容所说的结合同志自然十分要紧，"惟我们的结合，是一种互助的结合，人格要公开，目的要共同"。当时各种思潮涌动，新民学会内部在学会的共同目的、达到目的的方法等问题上产生了激烈争论。易礼容坚决赞成毛泽东以"改造中国与世界"为新民学会的共同目的的主张。他说："社会要改造，故非革命不可。"

易礼容成为毛泽东的忠实追随者。1920年7月初，毛泽东从上海回湘途中，到汉口明德大学找到易礼容，恳切地说："润生，莫读书了，回去干我们的事业去。要改造社会，先从宣传新文化、传播马克思主义做起。"易礼容丝毫没有迟疑，跟着毛泽东离开了明德大学。晚上没有小火轮，便乘筏子渡江到鲇鱼套车站乘火车赶回了长沙。8月2日，毛泽

长沙文化书社旧址——潮宗街 56 号

东在长沙楚怡小学召开发起人会议,易礼容、何叔衡等人参加。会上推选毛泽东、彭璜、易礼容为筹备员,起草议事规则和营业细则。易礼容积极协助毛泽东在短时间内做好了一切准备工作。书社筹办之初没有资金,易礼容设法从湘雅医院赵运文处借来 20 元。毛泽东也不辞劳苦奔走于长沙各界筹措资金,拓展业务。9 月 9 日,文化书社在长沙潮宗街 56 号正式开业,易礼容任经理,毛泽东任书社特别交涉员,一个主内,一个主外。在他们的努力下,仅 1 个月时间,与文化书社业务往来签订了正式约定的就有上海泰东图书局、亚东图书馆、中华书局等 11 家,并经由陈独秀、李大钊等人做信用介绍,各店免去押金。文化书社销售的书达 200 余种,刊物 40 多种,其中不少是马克思主义类著作。文化书社成为湖南影响最大、传播最迅速、持续时间最长的马克思主义传播机构,先后在平江、宝庆、衡阳等地设立了分社,在不少学校建立了贩卖部。毛泽东和易礼容两人合作默契,相互支持。有段时间,彭璜对易礼容有意见,在争论问题时对易表现偏激情绪,毛泽东多次规劝彭璜,写信指出,"兄一月来对礼容态度,我颇不满意,大违兄平日恢恢之度","兄于礼容,我觉未免过当,立意不十分诚"。文化书社在毛泽东、易礼容等的努力下,办得兴旺发达,后来成了湖南共产主义小组对内对外的秘密联络机关。

随后,易礼容加入了毛泽东筹建并任书记的湖南社会主义青年团,成为湖南最早的团员之一。毛泽东还多次与易礼容商量在湖南成立共产党支部的问题,并邀请他参加。1921 年 10 月的一天,毛泽东等筹建多时的湖南党支部成立,毛泽东任支部书记,何叔衡、易礼容为支部委员。建党之后,为了党的秘密工作,易礼容找他的岳父设法在长沙小吴门清水塘租了一所房子,作为省委机关和毛泽东、易礼容两家人的住所。毛泽东与易礼容不仅在工作上相互扶持,发动领导工人、农民运动,同声反驳国民党右派和党内右倾机会主义者对湖南农民运动的责难等,而且他们两家毗邻而居,在生活上也是互相关心、照顾。不止是毛泽东和易礼容,他们的妻子杨开慧和许文煊也成了志同道合的亲密战友。

患难与共

党成立后，把发展工人运动作为工作重点。为了领导湖南工人运动，毛泽东和易礼容做了许多争取工作，并派党内干部在各行业组织工会，毛泽东亲自兼任长沙铅印活版工会的秘书，易礼容被派去组织长沙泥木工会。当时，长沙城里泥木工人有6000多人，劳动强度大，受雇主剥削严重，生活十分困苦。易礼容深入泥木工人中调查，经过宣传发动，泥木工人觉悟起来，纷纷要求增加工资。1922年10月6日，长沙数千泥木工人在毛泽东、易礼容等的组织发动下举行了全体罢工，要求把每日工价提高到3角4分，并要营业自由权。经过15天激烈斗争，长沙县公署还是态度蛮横，拒不同意罢工要求。易礼容被工会推举为首席谈判代表。10月23日，2000多泥木工人在易礼容等带领下举行游行示威请愿大会。毛泽东参加并指挥请愿游行。毛泽东穿着一件对襟衣，手上带着一个口哨，走在工人队伍中间领着工人喊口号，他吹一声口哨，工人喊一句口号，连吹连喊，工人的情绪越发高涨。到了县署，卫兵不准工人进入，只允许谈判代表易礼容等人分两批入内见知事周瀛干，周态度很强硬，直到中午都没有消息。毛泽东在署门外带领工人高呼口号，呼喊声震动了整个长沙县署。罢工持续十几个小时，相持不下，周瀛干打电话给省长赵恒惕，想将首席谈判代表易礼容抓起来枪毙，说这样才能吓散工人。因为年初赵恒惕杀害工人有过教训，便犹豫着暂时没有同意。毛泽东知道敌人有了杀心后，要易礼容隐蔽一下，随后与政府的谈判由他亲自出面。经过几天激烈交锋，周瀛干等被迫同意泥木工人提出的全部条件，并正式发文执行。长沙泥木工人大罢工取得胜利。

湖南工农群众运动在毛泽东、易礼容等的领导下蓬勃发展，然而党内出现右倾错误，批评毛泽东领导开展的农民运动"糟得很"，党内形势风雨飘摇，毛泽东和易礼容坚持在艰难的环境下协力战斗。1927年4月，中共五大，毛泽东在大会发言中批评右倾错误，并提出开展土地革命、大力武装农民等提案，可惜提案没有通过。会上，易礼容被选为正式中央委员，毛泽东只提名为候补中央委员。当易礼容看到名单时，断然将选票退还给大会主席团成员之一的李维汉，并声明："润之（毛泽东）无论如何比我强，这个候选名单不公道，我不投票。"随即退出了选举会场。5 月 21 日，长沙发生"马日事变"，国民党许克祥军在长沙到处屠杀共产党员和革命群众。6 月，毛泽东回到湖南，任中共湖南省委书记，易礼容协助工作。8 月，毛泽东去武汉参加"八七会议"，易礼容任省委代理书记。毛泽东刚走，共产国际代表派了两人召集湖南省委负责人开会，中心议题是要湖南省委签字打倒陈独秀。这时，"八七会议"还没有开，易礼容等人拒绝了这个非分要求，会议不欢而散。两人回了武汉在"八七会议"上就指责湖南省委是"代表地主阶级"的。毛泽东针对他们的无理指责，为易礼容等辩护说：湖南省委做了许多工作，他们是在前线，血滴滴地与敌人斗争，你们却坐在租界上说风凉话。

秋收起义爆发后不久，毛泽东带领部队上了井冈山，着手建立农村革命根据地。易礼容找到新省委书记王一飞提出要去井冈山和毛泽东一起打游击。他作了去井冈山的安排，但因为敌人四处通缉，搜查严密，直到 1928 年春节，易礼容才找到机会带着妻儿逃出长沙到达安源。他写信与正在茅坪整军的毛泽东取得联系，表示愿上山打游击。毛泽东收到信后，非常高兴，回信告诉易礼容，要他来担任行动委员会书记。但就在此时，易礼容又接到了中共中央的电报，调他任中共江苏省委委员兼农民部部长。易礼容十分为难，写信征询毛泽东的意见，毛泽东复信要他听从中央的意见。于是，易礼容将妻儿安排隐居下来后，只身前去江苏省委机关赴任。

遥远的牵念

易礼容一路历经艰辛，多次遭遇险情，与特务擦肩而过，到 1929 年初辗转潜入上海时，他已经失去了与党组织的联系。不久，又遭叛徒告密，被迫脱离共产党，东渡日本，流亡他乡。这边，毛泽东在建立井冈山革命根据地后，转战赣南闽西，一直设法与易礼容联系。在江西砻市，他派准备到长沙治伤的工农革命军参谋处长陈树华去找易礼容。他反复叮嘱陈树华："你到望麓园去，找到许老太婆，赖在那里不走，一天两天，十天半月，以至一月两月，一定要找到易礼容，向他汇报部队战斗经过和现在情况。"可惜，这次联系无果而终。

1931年，易礼容从日本回国，艰难地维持全家生计。1934年，他才开始在国民党统治区寻找职业，但明确表示：只做抗日性质的工作，不做特务情报工作。他先后做过上海市总工会人员训练班教务长，中国劳动协会理事等工作。他利用自己在国统区的合法身份，掩护和保释了林育英、刘克庄等共产党员和工农运动领袖，做着有益于人民的工作。毛泽东始终没有忘记这位当年并肩奋战的老朋友，多方打听易礼容的下落。当从有关方面获悉易礼容的情况时，他十分高兴，随即于1936年8月14日挥笔写了一封信：

韵珊兄：

还是在五年之前，从文亮口中得知吾兄尚未忘记故人，那时我就写了一封信给你，不知寄到你手否？近有人来，知兄从事群众工作并露合作之意，我听了非常欢喜。现在局势，非抗日无以图存，非合作无以抗日，统一战线之能得全国拥护，可知趋势之所在了。兄之苦衷，弟所尽知。然今非昔比，救国自救只有真诚地转向抗日革命工作，这个意见不知能得兄之完全赞成否？上海工人运动，国共两党宜建立统一战线，共同对付帝国主义与汉奸，深望吾兄努力促成之。如有进一步办法，希望能建立秘密联系，可以时常通信。李鹤鸣王会悟夫妇与兄尚有联系否？我读了李之译著，甚表同情，有便乞为致意，能建立友谊通信联系更好。闻兄之周围有许多从前老同事，甚为怀念他们，希并致意。希望你们能发展一个有益于国有益于民的集体力量。

文煊还在你身边否？她好否？一同致意。弟躯体如故，精神较前更好，十年磨炼，尚堪告慰。临书仓卒，不尽欲言。敬祝

健康

杨子任

收到毛泽东的信，易礼容也是非常兴奋，他对妻子许文煊说："韵珊（又称闰三）是我的乳名。这种叫法只有儿时在家乡才能听到，外面很少有人知晓。稍大一点后改成现名，再没有人这样叫了。"而毛泽东的落款"杨子任"的"杨"是从妻子杨开慧而来，"子任"是他在东山学校为自己取的笔名，意为以天下为己任。这个化名，也只有曾经密切战斗过的老朋友才能深刻地理解其中的含义。

1949 年 5 月，易礼容应中共电邀，从香港来到北平，参与新政协的筹备工作。毛泽东日理万机，却惦记、关怀着老友，易礼容刚到北京，他就发出请柬，邀请易礼容夫妇到中南海怀仁堂看程砚秋出演的京剧《锁麟囊》。7 月，全国总工会召开会议，毛泽东接见会议代表并同大家一起吃饭。入座时，毛泽东环顾四周，问道："礼容同志来了没有？"当时，易礼容已是非党派人士，但毛泽东仍记得易礼容曾参加党的工作，为党做的贡献，在这种正式场合以"同志"的称呼婉转地表明自己对易礼容脱党的看法。很多大革命时期的老朋友建议易礼容申请重新入党，但易礼容认为，现在再申请入党，不符合自己的做人原则，他心存淡泊自守之意，没有去找过毛泽东提要求。他也知道毛泽东繁忙，很少去打扰他，但两人友谊从未中断，毛泽东得知易礼容参加湖南省桃源县土地改革很有收获，便致信鼓励他。20 世纪五六十年代，全国先后开展各项运动，毛泽东多次致信易礼容，嘱咐他多学习，不要受他人影响。

易礼容对毛泽东一直充满钦佩之情。他常对家人说：毛主席年轻时就颇有见地，我们大家都愿意听他的。

1988 年，新民学会成立七十周年在即，易礼容回顾历史，感慨万千，挥笔写下两首诗：

岳麓今何样，湘江日夜流。
此山与此水，曾伴两英豪。
革命传火种，学会是良媒。
要改造世界，要改造中国。

曾记广州市，颈血溅刑场。

换来天安门，颁诏集城楼。

万人齐振臂，结盟愿小偿。

一生与一死，倡导抗艰危。

他为"两英豪"作自注：是指毛泽东、蔡和森。湖南预备举行纪念大会，派人到易礼容家向他汇报情况。易礼容听了汇报后，抬头望着客厅墙上毛泽东诗词手迹《沁园春·长沙》，轻轻地念着："携来百侣曾游，忆往昔峥嵘岁月稠，恰同学少年，风华正茂……"他无限惆怅地对来访客人说："当年风华正茂的众多会友，现在只剩下白发苍苍的蔡畅、张国基、罗章龙、贺果和我了。"

1997 年 3 月，易礼容在北京病逝，终年 99 岁。

忘年密友
——毛泽东和何叔衡

相隔 17 岁，但他们相知相交，成为风雨同舟，携手共进的密友。毛泽东说："何胡子是一条牛，是一堆感情。"何叔衡说："毛润之是个了不起的人物。"他们的同学、朋友形容两人的友谊说："毛润之所谋，何胡子所趋；何胡子所断，毛润之所赞。"毛泽东和何叔衡这对湖南第一师范的忘年密友成为中共湖南党组织的最早创始人，他们风雨同舟，携手共进，为中共历史谱就了一曲美丽的壮歌。

叔翁办事，可当大局

何叔衡 (1876—1935)，字玉衡，号琥璜，谱名启璿，学名瞻岵。湖南宁乡县黄涓乡杓子冲（今宁乡县沙田乡长冲村）人。虽然出生在一个普通的农民家庭，但因为何叔衡出生时恰好是端午节这天，在家又排行老五，按宁乡农村的迷信说法："男子要午又得五，逢五就是福。"何父对他十分看重，节衣缩食供他读书。何叔衡十分刻苦勤奋，1902 年考中了秀才，县衙请他去管理钱粮，他深感"世局之汹汹，人情之愤愤"，拒绝了这份肥差，回到乡间做穷教书先生，他一边种地一边教书，这一干就是 10 年。其间，1909 年，何叔衡受聘于云山高等小学堂，开始接触到孙中山倡导的新民主义，他如饥似渴地阅读外界新书，思想发生了巨大的变化，由过去信奉康有为、梁启超的资产阶级改良思想到被孙中山的资产阶级民主革命思想感染。1912 年，云山高等小学堂的新任校长极力主张复古，何叔衡坚决抗争无果后愤而辞职。

1913 年春，已 37 岁的何叔衡考取了湖南省立第四师范学校，成为简义科一班的学生。有人问他为什么这么大年纪还来求学，何叔衡解释：世居穷乡僻壤，风气不开，外事不知，耽误了青春，旧学根底浅，新学才启蒙，急盼求新学，为国为民出力。这些话体现了何叔衡求学的真实目的，热情真诚，勤奋好学的他很快赢得了很多同学的尊重。此时，毛泽东是湖南省立第四师范预科一班的学生。1914 年 2 月，四师被并入湖南省立第一师范，何叔衡于这年 7 月毕业。毛泽东和何叔衡同校读书的时间不长，但两人在学校结识后，很快成为挚友。何叔衡为人热忱、真挚，办事认真、能吃苦，他在教书时与学生谈话，常常说着说着就哭了起来。毛泽东称赞他："何胡子是一条牛，是一堆感情。"何叔衡也钦佩毛泽东的聪明机智、见识超群。与何叔衡并列为"宁乡四髦"的谢觉哉回忆说："在我还未认识毛泽东同志以前，叔衡告诉我，毛润之是个怎么了不起的人物。"

何叔衡毕业后受聘于长沙楚怡学校，担任主任教员，他们之间的深厚友谊并没有随着距离而相远，反而在一件件活动中日益志趣相投，走上了同一条革命道路。何叔衡仍参加毛泽东等一师同学的讨论和活动，毛泽东也常到楚怡学校与何叔衡交谈，两人保持着密切的联系。1918 年 4 月，毛泽东、蔡和森等经过长期酝酿，成立新民学会。一开始，何叔衡认为自己年纪大了，不配与 20 岁左右的年轻人为伍，提出不入会。几经毛泽东的劝说，他在 1918 年 8 月加入新民学会，并成为了骨干会员之一。何叔衡入会时已 42 岁，是年纪最大的会员，但他热心于会务工作。之后大半年时间，毛泽东、蔡和森等人为赴法勤工俭学在北京、上海等地奔波，何叔衡成为在长沙的会务和通讯联络的实际负责人。1919 年五四运动爆发后，毛泽东回到湖南组织湖南青年学生声援北京五四运动，何叔衡全力协助毛泽东，积极组织开展湖南的反帝反封建斗争，体现出强烈的爱国情怀和极强的办事能力，这年学会改选时，何叔衡就被选为执行委员长。

1919 年 11 月 16 日毛泽东（五排左四）、何叔衡（三排左八）等
新民学会会员在长沙合影

　　1919年冬，毛泽东发起组织驱除湖南军阀张敬尧的斗争，何叔衡积极参与。12 月 4 日，何叔衡在楚怡学校主持召开长沙市各校师生代表会议，按照会前与毛泽东讨论的意见，向大家说明了驱张斗争的意义和策略，提出"张毒一日不出湘，学生一日不返校，教师一日不受聘"的斗争口号，得到代表们的赞同。会后，毛泽东、何叔衡又召集新民学会会员、省学联骨干举行紧急会议，决定组织驱张代表团，分赴北京、上海、广州、衡阳、郴州、常德等地，争取社会的广泛同情与支持。毛泽东率领代表团上北京，彭璜率领代表团到上海广泛地开展驱张斗争。同时，何叔衡负责率领衡阳代表团，他于 1920 年 3 月带队到达衡阳，有条不紊地开展起驱张工作，他根据衡阳的局势，制定了相应的措施。一方面他以衡阳三师为基地，联合当地爱国学生夏明翰等，发动学生和各界民众参加驱张斗争；另一方面通过召开群众大会，举行游行示威、发表通电等方式，揭露张敬尧祸湘罪行，取得舆论支持。何叔衡不惧危险亲自带领学生，跋涉于耒阳、资兴等各县，进行驱张宣传。何叔衡还亲自登门拜访或联络衡阳一些社会上层人士，请他们对驱张斗争予以支持或保持中立。夏明翰的祖父夏时济曾做过清朝户部主事、江西等地营务处总办，与当地驻军首脑吴佩孚颇有交情，在衡阳很有地位。何叔衡不仅亲自登门拜访夏时济，

争取他同意联系湖南各界知名人士发表驱张请愿电文，还充分利用夏时济和吴佩孚的交情以及吴佩孚和张敬尧的矛盾，促使吴向张施压。1920年夏，驱张斗争取得胜利，何叔衡在其中发挥了巨大作用，毛泽东十分赞赏，他说："叔翁办事，能当大局。"

风雨同舟

1920年7月，毛泽东发起筹办文化书社，以传播新文化和新思想。何叔衡慷慨地拿出自己勤俭节约储存起来的钱支持书社，还四处奔走，积极为书社筹集资金。当时长沙县知事姜济寰是他一个学生的父亲，思想比较开明，何叔衡便邀毛泽东一同拜访姜济寰，取得姜对书社的支持。在姜的影响下，商会会长左学谦，教育界知名人士朱剑凡等人都资助文化书社。9月初，文化书社正式营业，何叔衡不仅在楚怡学校设立贩卖部，而且在老家宁乡办了分社，为传播马列主义作出了贡献。在毛泽东的影响下，何叔衡也开始走上马克思主义信仰的道路。8月22日，毛泽东、何叔衡等发起组织湖南俄罗斯研究会，会议在长沙县知事公署开会，姜济寰也参加了会议。会议指定毛泽东、何叔衡等为研究会的筹备委员。何叔衡利用一切社会关系，积极推动研究会的工作，介绍任弼时、萧劲光等第一批留俄学员于9月赴上海外国语学社学习俄语。后来，又介绍了彭述之、刘少奇等人去该学社。上海外国语学社学员最多的时候约50人，其中湖南就占了22人。

也就在这年秋天，何叔衡被任命为湖南通俗书报编辑所所长。他聘请谢觉哉任《通俗教育报》主编，周世钊、熊瑾玎、罗宗翰为编辑，又特意邀请毛泽东参加第一次编辑会议。毛泽东在会上发言，提出了很多建设性意见，他首先向大家分析湖南政治、社会各方面的情况，提出将《通俗教育报》改名为《湖南通俗报》。接着，他提出办这份报纸的基本方针："通俗报是对一般群众进行教育的武器，文字必须浅显生动、短小精悍，尤其是要根据事实说话，不要专谈空洞的大道理。"毛泽东的主张被何叔衡等人接纳，成为何叔衡主持通俗报期间的工作纲领。9月11日，《湖南通俗报》以崭新的面目出版，何叔衡、毛泽东等人利用《通俗报》公开合法的身份为"我"服务，刊登宣传民众联合、妇女解放、劳工神圣、文学革命、反对军阀等新文化新思想的文章。文字以白话文为主，生动通俗、短小精炼、尖锐泼辣。毛泽东隔几天就要到通俗报馆来一次，随时对编辑工作提出意见，使编辑质量得以不断提高，通俗报的发行量也从此大大增加，不仅一般市民和工人爱读，有些中小学将它定为课外读物。毛泽东称赞："这一年的《通俗报》办得很不错。"毛泽东还将通俗报馆作为基地，常约集新民学会会员在此开会谈论建立共产党的问题。

何叔衡、毛泽东在通俗报馆的活动很快引起了赵恒惕政府的警惕，他们大骂："政府自己办的报纸，专门骂政府，真是岂有此理！""何叔衡专听毛泽东的主张，尽用些新民学会的人，这些人都是过激派。"1921 年 6 月，何叔衡被赵恒惕政府免职。毛泽东、何叔衡等人在船山学社商议重新办报问题。

1921 年元旦，毛泽东、何叔衡等组织新民学会召开新年大会。三天的会议都由何叔衡主持，毛泽东报告开会的理由和经过后，何叔衡将要讨论的各问题提出。会上在讨论改造中国与世界的道路问题时，何叔衡说："主张过激主义，一次的扰乱，抵得二十年的教育，我深信这些话。"毛泽东表示："我的意见与何君大体相同。社会政策，是补苴罅漏的政策，不成办法。社会民主主义，借议会为改造工具，但事实上议会的立法总是保护有产阶级的。无政府主义否认权力，这种主义恐怕永世都做不到。温和方法的共产主义，如罗素所主张极端的自由，放任资本家，亦是永世做不到的。急烈方法的共产主义，即所谓劳农主义，用阶级专政的方法，是可以预计效果的。故最宜采用。"经过新年大会，新民学会的宗旨转向了马克思主义。毛泽东、何叔衡成为坚定的马克思主义者。

6 月底，毛泽东接到中国共产党上海早期组织的来信，要湖南推举两名代表到上海出席中共一大。6 月 29 日，毛泽东和何叔衡作为湖南共产主义组织的代表，离长沙赴上海。为了保密，他们形色匆匆，没有告知他人。仅有的几个知情人中有谢觉哉，他在日记中记载："午后六时，叔衡往上海，偕行者润之，赴全国○○○○○(注：'○○○○○'意为'共产主义者')之召。"何叔衡往日蓄着胡须，所以大家又称他"何胡子"。这次为了隐秘，他特意把胡须剃了，头戴遮阳帽，和毛泽东趁着暮色，登上了小火轮。

中共一大后，回到湖南的何叔衡继续协助毛泽东开展各项工作。10 月 10 日，毛泽东在长沙建立中国共产党湖南支部，任支部书记，何叔衡、易礼容等是成员，在他们的努力下，湖南党组织迅速发展，谢觉哉、姜梦周等人由何叔衡介绍入党，这时的何叔衡被称为湖南建党的"老母鸡"。衡阳、岳州、常德等地都建立了党的支部和小组，党员人数也极大增加。1922 年 5 月底，中共湘区执行委员会成立，毛泽东任书记，何叔衡担任组织委员。

这期间，在 1921 年 8 月，毛泽东、何叔衡创办湖南自修大学。自修大学在国内外各重要大学和学术昌明地方以及湖南省内中等以上学校、学术团体，设通信员以进行联络和交流学术。该校是一种平民主义的大学，采取"自己看书，自己思索"，"共同讨论，共同研究"的方法学习。9 月，自修大学设补习学校，何叔衡任主事，主持招收学生 120 余人。自修大学在 1923 年被当权政府封闭后，何叔衡又和毛泽东一起组织筹办湘江学校，他在罗宗翰、易礼容后还曾担任该校校长。自修大学和湘江大学是湖南革命干部的培养摇篮，被誉为"湖南革命的总汇处"。1921 年夏秋间，毛泽东还推荐何叔衡接任湖南第一师范学校附小主事职务。

从四师开始，在多年的学习生涯和革命活动中，毛泽东和何叔衡高度信任、感情亲密，两人间的深厚友谊当时在新民学会中众所周知，大家说："毛润之所谋，何胡子所趋；何胡子所断，毛润之所赞。"毛泽东对何叔衡的信任从 1921 年 9 月 28 日他给萧子升的信中也可见一斑，他在信中谈到为新民学会旅法会友陈赞周筹款治病问题时说，"此款在国内同人中似只能以你我和叔衡三人担任为度。"

我要为苏维埃流尽最后一滴血

1928 年 6 月，何叔衡被派往莫斯科中山大学学习。早在湖南组织赴法勤工俭学时，何叔衡就有赴法的想法，毛泽东劝他"不必留法，不如留俄"。

何叔衡深以为然，放弃了留法的机会，后来湖南又组织留俄时，远在法国留学的新民学会会员蔡和森为学会发展计，给毛泽东写信说"叔衡似永不可离湘，去俄不如留湘之重要"。何叔衡又一次放弃了留俄的想法，而是组织其他青年赴俄国留学。直到这一次因为组织需要，何叔衡义无反顾地踏上了离家路。在赴苏途中，他吟诗："身上征衣杂酒痕，远游无处不消魂。此生合是忘家客，风雨登轮出国门。""忘家客"三字表达了何叔衡舍家为国的崇高品质，这和毛泽东教育弟妹们干革命时说的"舍小家为大家"所表现的革命精神又是完全的一致。

何叔衡在莫斯科中山大学十分刻苦认真，当时共产国际在中国革命问题上存在着复杂激烈的斗争，何叔衡始终保持着清醒的头脑，对重大政治问题的判断十分准确，而且行动果断，同在莫斯科学习的徐特立、吴玉章、林伯渠等几位老同志在政治上都是跟着何叔衡走。何叔衡常向他们表示自己对毛泽东的心悦诚服，"润之是个了不起的人物"，"润之说我不能谋而能断，这话是道着了"。

1930 年 7 月，何叔衡从莫斯科回国，在上海担任共产国际救济总会和全国互济会主要负责人。1931 年秋，他到达中央苏区。此时，毛泽东任中华苏维埃中央临时政府主席，他对何叔衡的到来十分高兴，力荐何叔衡担任工农检察部部长。何叔衡每天随身带着"三件宝"——布袋子、手电筒、记事簿，起早贪黑，走村串户，亲自调查核实苏维埃机关、企业和合作社的工作作风和态度等情况。

1932 年 2 月 10 日，毛泽东到中央工农检察部检查工作，表扬何叔衡等人的出色工作，并一再强调检察部工作的重要性："我们苏维埃政府机关里仍有一些不顾党和根据地事业而唯利是图的不纯洁分子，有的手中有了点权就大手大脚，浪费公款公物毫不心痛，败坏了党的优良传统和声誉，破坏了党和人民群众的联系，损耗了根据地大量的资财，给革命带来严重的危害。"毛泽东要求，要下决心刹住苏区内出现的这股贪污浪费歪风。2 月 19 日，毛泽东主持召开人民委员会第七次常务会议，决定组织临时最高法庭，由何叔衡兼任临时最高法庭主席。

何叔衡身兼数职，检察、民政、司法等工作都由他主持，任务繁重，但他严肃认真，不辞劳苦，不惧危险，坚决进行反腐肃贪。在他的带领下，工农检察部查获并严肃处理了很多腐败贪污案件，使苏维埃政府成为"空前的真正的廉洁政府"。

叶坪村苏维埃政府主席谢步升强占公田，利用手中权力，贩卖水牛获利，强占民妇，恶迹斑斑，调查人员全面掌握了谢步升贪色贪财的罪证后，何叔衡决定逮捕谢步升。没想到，案件审理遇到巨大阻力，谢步升刚被关押，苏区中央局一些领导攻击检查部推行右倾机会主义，通知释放谢步升。何叔衡亲自到苏区中央局讲清谢步升的犯罪事实。同时，他派人向毛泽东汇报情况。毛泽东说："腐败不清除，苏维埃的旗帜就打不下去，共产党就会失去威望和民心！与贪污腐化作斗争，是我们共产党人的天职，谁也阻挡不了！"毛泽东的指示为检察部处理谢步升案件增添了勇气和决心。1932 年 5 月，苏维埃临时最高法庭对谢步升案进行了公审判决，谢步升被执行枪决。一时间，苏区上下反响强烈，人们看到了共产党铲除贪污腐败的决心。

在何叔衡的斗争下，苏区还严肃惩处了蓝景勋、徐景魁、左祥云等一批贪污腐败分子，在这些案件的处理中，何叔衡得到了毛泽东的大力支持。

毛泽东、何叔衡当时是在一种极端严峻的环境中工作，从 1931 年 11 月的赣南会议开始，毛泽东在中央苏区对红军的领导遭到博古、李德等人的排挤。何叔衡也被作为"罗明路线"的代表遭到错误的批判，1933 年年底职务被撤销，对此毛泽东感到十分无奈。红军长征时，当时在中央掌握领导权的博古、李德等人惮于毛泽东的威望将他临时加进随军名单，而何叔衡则被留在了中央苏区。

1935 年 1 月，党组织决定派人护送何叔衡、瞿秋白等人去上海工作，2 月 24 日在途经福建上杭县时，他们被敌军包围，何叔衡不幸壮烈牺牲，时年 59 岁。他实践了生前所说"我要为苏维埃流尽最后一滴血"的誓言。

直到 1937 年，党中央才得到何叔衡牺牲的真实消息，在纪念党成立十六周年大会上，毛泽东悲伤沉痛地宣布了这个噩耗。

坦诚相待的义友

——毛泽东和邹蕴真

毛泽东和邹蕴真在湖南第一师范结下了真诚的友谊，两人颇为投契，毛泽东在给邹蕴真的信中曾流露出对母亲文氏的深厚感情，邹蕴真也始终以真实、真诚相待，从不虚言相欺，由此可见两人私交甚笃。毕业后，毛泽东走上了革命救国的道路，而邹蕴真成了个本分的教书匠。虽然相去甚远，但两人始终没有忘记这段友谊。

相投

邹蕴真，又名半耕、泮清、泮芹。1893年出生于湖南汉寿县株木山乡邹家坪村一个不太富裕的家庭，当时一家八口靠耕种20余亩祖遗田产为生。邹蕴真六岁入私塾读书，不久辍学，随父种田，十二岁再入私塾读书，才开始读《论语》。他的幼时经历与毛泽东有很多相似之处，虽然中间有辍学，启蒙也不算早，但两人读书都是十分刻苦，注重自学，也最终学有所成。邹蕴真凭借着自身的努力，于1911年考入汉寿县立教员养成所读书。1913年考入湖南省立第四师范学校预科，与毛泽东同班，到次年3月，四师与一师合并，他和毛泽东一同被编入一师预科第三班，重读半年预科后，这年秋，他们被编入本科第八班。

邹蕴真平素不会社交，和别人主动交流得少。但他和毛泽东因为爱好读书、求知欲强、刻苦耐劳等相同的品质走到了一起。不同于当时大部分学生的是，当时毛泽东就有十分明确的读书目的，这就是为救国救民而做准备。而且，他很早就深刻地认识到要真正的救国救民就必须有坚强的意志和强健的体魄。毛泽东有这样的认识，并做出了具体的规划，他以强大的意志力严格地要求自己，实践着人生目标。他奋发踔厉，刻苦用功，每天特别早起床，做运动搞学习，上课端坐静听，课余不是进图书馆、阅览室阅读，就是和老师、同学在一起交谈读书心得。他们谈论哲学、社会、人生，话题广泛，但约定：不谈金钱，不谈男女之间的问题，不谈家庭琐事。晚上学校熄灯铃响后，毛泽东还常到茶炉室、走廊里借用那微弱的灯光看书。逐渐，以毛泽东为中心，聚集了邹蕴真、罗学瓒、张昆弟等一批爱好读书、寻求真理的青年志士。毛泽东告诉邹蕴真等人"来日之中国，艰难百倍于昔，非有奇杰，不足以言救济"。鼓励大家做确有真才实学的救国"奇杰"，不要做"金玉其外"、不学无术、专为自己而生活的小人。为了锻炼在任何环境中都能专心致志地学习和思考的本领，毛泽东与邹蕴真有时故意到嘈杂的东城门下读书。为了锻炼体格、磨砺意志，毛泽东十分注重体育锻炼，邹蕴真也是同道中人，他们经常相约去野游、爬山、露宿、风浴、雨浴、冷水浴、游泳，甚至为了增强抗寒力，他们在寒冬大雪时到湘江去游泳。

他们还进行节食减餐的长期锻炼，从而提高忍饥挨饿的肠胃机能，时常持续几个月而毫无窘态。

邹蕴真和毛泽东的感情在接触中日渐深厚，彼此间的相互信任也日益加强。有一年寒假，邹蕴真和毛泽东留在一师护校，没有回家。过春节时，长沙街头的大商家鞭炮齐飞，震耳欲聋，一片喜气洋洋的热闹场面。邹蕴真和毛泽东正坐在一起聊天，邹蕴真也被这份喜庆感染，显得有些兴奋，却见毛泽东面色凝重，连声叹气，邹蕴真连忙安慰毛泽东："润之兄何须长吁短叹，我们把书读好，将来成名立业，有什么办不到？"毛泽东告诉他："我想的不是这些，我想的是在眼前鞭炮声中全国还有多少受苦受难的同胞呀！"邹蕴真虽然在入校后不久就和毛泽东有所接近，就很欣赏毛泽东，但一开始并不了解他，也不知道他有这么远大的志向。这次交心，让邹蕴真更深入地了解到毛泽东的革命壮志，对毛泽东更为钦佩，并跟随他参加一些进步活动。

1918 年 4 月，毛泽东和蔡和森在长沙岳麓山刘家台子蔡和森家里组织成立新民学会，邹蕴真参加，成为新民学会最早的 14 位成员之一。在此后相当长的一段时期内，邹蕴真参与毛泽东领导的新民学会的革命活动，为新民学会的发展和革命事业的发展做出了一定的贡献。

护校斗争

1917 年湖南省立第一师范
学校同学录

辛亥革命以后，南北军阀混战，湖南当军事要冲，各系军阀都竞相争夺湖南。谭延闿、汤芗铭、刘人熙、傅良佐、谭浩明、张敬尧等更替督湘，湖南兵祸不断。第一师范就建在铁路边，是交通要冲，校舍又宽大，曾三次成为驻兵之所。1916 年，一师创办了学生课外志愿军。志愿军由各班学生中体格强壮、志愿入军者组成，编制为一营两连，一连三排，一排三班，每班 14 人，全营计 269 人。校长和教员任总指挥，体操教员兼任营长、副营长，连长以下由学生担任。毛泽东当时担任一连连部上士，具体职责除参加军训外，还负责传递上级命令，担任本连一切文牍事务。

1917 年 11 月中旬，毛泽东组织这支不起眼的学生志愿军取得了一场战斗的胜利，邹蕴真成为了这场战斗的亲历者。

1917 年 7 月，北洋军阀段祺瑞上台，8 月任傅良佐为湖南督军，镇压护法运动，与树起护法运动旗帜的湘粤桂联军混战。11月，段祺瑞下台，傅良佐逃出长沙，北军第八师师长王汝贤、二十师师长范国章与湘粤桂联军在湘潭接战，败走后，向长沙溃退，因不知长沙城内虚实，在一师南面的猴子石一带徘徊，不敢进城。败军历来杀伤抢掠无恶不作，长沙城面临一场严重的兵祸，人心惶惶不安。这时的一师校内也是一片混乱，一师学监主任方维夏按照校方的命令，召集全校师生到大礼堂开会，说明南郊的形势，传达校方意见要大家准备撤离学校，到城东阿弥岭暂避兵祸。毛泽东找到校方力言如果学校空虚，溃兵必定进校打劫，离校危险，留校可保安全。毛泽东也担心溃兵一旦闯进城内，商店和居民、学校都会遭受灾难，他认为不能坐视不理。午餐过后，又传来消息，溃兵到附近农家抢饭吃。毛泽东探听到消息，认为溃兵又饥饿又疲惫，处于惊慌状态，可以设法把他们赶走。他以学友会的名义，与附近警察所联系，使用他们的十几支真枪，又组织了一师志愿军中 200 多名同学，持着平日操练用的木枪和煤油桶。他把警察与学生志愿军合编成三队，每队分配几支真枪，三队绕道分布在猴子石附近的几个山头上，对溃兵形成了包围之势。这天将近黄昏时，溃兵乘着暮色向北移动，企图进城。毛泽东见他们距离志愿军潜伏地不远，便要警察在山头上鸣枪，学生鸣放装在煤油桶里的爆竹，并齐声呼喊："傅良佐逃走了，桂军已经进城，缴枪没事！"溃军本来已是惊弓之鸟，不敢抵抗，派人交涉后，为数约三千余人的部队溃不成军，都战战兢兢地缴械投降。毛泽东组织全校同学将缴获的枪支和其他武器抬回了学校。当晚溃兵露宿在学校前坪，第二天由商会发款遣散了。长沙城由此免除了一场兵祸。事后，一师沸腾了，大家纷纷议论这件事，师生们都称赞"毛泽东浑身都是胆"。邹蕴真也为长沙城的命运捏了一把汗，更为毛泽东心惊胆战。他问毛泽东："万一当时败军开枪还击，岂不甚危？"毛泽东耐心地与他分析形势说："败军若有意劫城，当天必定发动，否则，必是疲惫胆虚，不敢通过长沙城关北归，只得闭守如此，故知一呼必从，情势然也。"至于为什么会如此敢为？毛泽东说：遇事要做调查，了解情况，掌握和分析情况，"要有'明知'的'识'，才有'敢为'的'胆'；胆从识来，识从行（即实践）来。"

随后，毛泽东还以学友会的名义，设立了妇孺救济会，援救因战事遭受困难的市民。1918 年 4 月底，南北军在湖南进行拉锯战，毛泽东又组织以学生志愿军为基础的警备队，并任队长，带领同学们保卫学校，使得学校安然无恙。

世界上有三种人

1918 年 6 月，毛泽东和邹蕴真从湖南第一师范毕业，百侣曾游意气风发的同学时代一去不复返了。同学们依依惜别，各奔前程。邹蕴真有些伤感，说："润芝，你是湘潭人，我是汉寿人，江海辽阔，我们终于走到一起了，相逢何必曾相识，五载同窗，令我们心心相系，肝胆相照，今朝一别，未知何日再相逢？且相逢时又会是何等模样呢？"毛泽东性情豪迈，眼光远大，他安慰邹蕴真："革命路上，总有相逢的一天。"又说："愿临别赠汝二句诗，'同君负剑理山河，他日功成看谁多。'请务必记着，推翻帝、官、封三座大山，去开拓新的历史篇章，建设新的中国，应是我们这一代青年人的职责。"邹蕴真点点头，伤感一扫而空："是呀，我们读过诸葛亮传，他告诉我们，交友应该慎重，有酒友、贼友、义友，但愿我们成为一对坦诚相待的义友吧！"邹蕴真回到老家汉寿在县立高等小学当一名教员。而毛泽东为筹备湖南青年留法勤工俭学等事宜奔波于北京、长沙等地。1919 年，邹蕴真到长沙，参与毛泽东组织的革命活动，参与五四运动和驱张运动。1919 年 7 月，毛泽东创办《湘江评论》，揭露和抨击旧社会一切不合理的事物，邹蕴真四处奔波暗中推销该刊，《湘江评论》令整个湖南耳目一新，大受社会赞扬，读者热爱。毛泽东为推广湖南新文化又筹办文化书社，邹蕴真捐款并参与筹备工作，成为文化书社的骨干，大力推销出版各种有关新文化新思想的书报。邹蕴真曾回忆："那天早饭后，一人徒步来到潮宗街文化书社。书社是租用旧公馆的一部分，坐北朝南，前面一道高墙，中间开个黑漆大门，进门是个方砖铺成的空坪，空坪北面有一长排房屋，靠东的两间木房，就是书社作为营业处承租的铺面。空坪东边靠近营业处前面，有个长方形厅堂，里面放着一张长方桌和一些小方凳，就是我们开会的会场。开会期间，天气阴冷，时飞小雪，但到会的仍踊跃，无中间缺席者。"其中提到的"开会"是指 1921 年学会的新年大会，在会上，邹蕴真发言极长，认为"新民学会不宜取改造的态度，宜取研究的态度"。这与毛泽东"改造中国与世界"的想法不一致，体现了邹蕴真和毛泽东的人生规划目标有了不同。虽然如此，邹蕴真对毛泽东的工作还是一如既往地支持，他协助和资助毛泽东创办俄罗斯研究会。1921 年 8 月，已任《湖南通俗教育报》编辑的邹蕴真又协助毛泽东利用长沙船山学社社址创办湖南自修大学，这是共产党第一所带党校性质的学校，是中国共产党湘区组织宣传文化和进行秘密活动的阵地。邹蕴真在其中担负了不少重要工作，自修大学的创刊号《新时代》发表的文章不到 10 篇，发刊词后的第一篇是毛泽东的文章《外力、军阀与革命》，第四篇就是邹蕴真的文章《现代西洋哲学之概观》，介绍西方资产阶级哲学。

毛泽东和邹蕴真的友谊在追求进步中进一步加深。他们打开心扉，坦诚己见。他们相互信任，相互支持。1919 年底，毛泽东的母亲文氏病逝，与母亲感情深厚的毛泽东悲痛万分，写就两副泣母灵联和一篇《祭母文》，又含泪写信给邹蕴真，信中说："世界上有三种人：损人利己的人；利己而不损人的人；可以损己而利人的人。我的母亲属于第三种人。"

1922 年，毛泽东等人认为新民学会会员应该向各个方面发展，根据这个要求，邹蕴真考入了南京东南大学，攻读教育专业。1924 年他毕业，回到湖南从事教育行业，一边从事教学，一边进行学术研究，曾开设《国学概论》这门课，创造性地将"国学"作为研究对象，进行系统研究，丰富了国文教学内容，使之形成一门独立学科。

1925 年夏，毛泽东在韶山开展农民运动，被湖南省长赵恒惕电令逮捕。毛泽东离开韶山，曾到长沙城西邹蕴真的寓所避难，为了确保毛泽东的安全，邹蕴真随后又送他至汉寿邹家坪老家。邹蕴真将毛泽东藏在一间厢房内，每日亲自送饭，不告诉其他任何人。隐居了几天后，毛泽东决定与参加广州农民运动讲习所第五期学习的庞叔侃、周振岳同去广东。邹蕴真趁着黑夜，让毛泽东乔装打扮了一番，为了掩饰还特意让他挑上了木匠的工具篮子，将他送至码头搭乘开往长沙的客船离开，再转坐火车南下广东。临别时，邹蕴真坦率地对毛泽东说："润芝，你革命我赞成，但我胆子小，怕死，不能跟你一起干了。"毛泽东对老同学的性格和志向十分了解，他在文学和教育方面有浓厚的兴趣，也花费了大量的精力，身上有较重的文人愁绪和感慨，并不热衷也不适合干革命，也一直没有加入共产党。毛泽东对此并没有感到失望，他郑重地说："你往后就以办学为掩护，多多向学生传授进步思想……泮清呀，珍重！"

邹蕴真没有跟随毛泽东走上革命道路，虽是件憾事，但这无损于他们的友谊，他从来没有投身国民党怀抱卖友求荣。他胆小怕死，每逢长沙兵祸，便避走他乡，但一直坚持教书育人，并力所能及地支持革命。马日事变时他从长沙避难回老家，曾利用身份说服本乡豪绅地主停止对乡农会干部的反攻。从他的诗词集《惆怅集》中我们对邹蕴真的文人性格也可窥见一斑，他曾经半年内写过三百多首诗歌，一首名为《世界是个灯笼》的诗云："世界原是个灯笼，欢欣是薄薄的纸，里面深深幕着悲哀的灯，自从顽皮的诗人，撕破那层薄纸，悲哀便照透了人生。"虽然如此，耿直磊落的邹蕴真仍不愧是毛泽东的义友。

重逢

邹蕴真全身心投入教育事业，历任湖南省立第一高级中学、第一师范、第一女子师范、长沙明德中学、周南女子中学、楚怡中学、岳云中学等校教员。1947 年他任教于私立枫林中学时，筹办了私立人化中学和人化农场，同时并任鼎丰垸堤务主任。1949 年春，邹蕴真由长沙回汉寿，因宣传新民主主义和解放军的约法八章，被当时国民党的县政府划为共产党要犯并被逮捕，因邹家在当地颇有名望，他经审讯无罪才被释放。

1950 年初他到北京，3 月由中共中央统战部介绍至华北人民革命大学政治研究院第二期学习 9 个月。邹蕴真将自己的全部历史写成自传呈寄毛泽东，5 月，毛泽东派车请邹蕴真到中南海相见。老同学久别重逢，要说的话很多，邹蕴真想起毛泽东革命路上的艰辛，由衷地佩服他的雄才大略，毛泽东却依旧如少年时代一样谦逊，他说："没有什么，还是第一师范学习的那一点点。当年我们想把国家搞好，苦于没有办法么，东找西找，才找到马克思主义。"毛泽东对邹蕴真这些年的履历印象深刻，他诚挚地希望老同学跟上时代形势，争做开明人士："如今解放了么，你也要告诉老家的人，把多余的田土、财产交出来，分给贫苦农民，让他们也过点好日子。"邹蕴真把这句话深深地记在了心里。新中国成立前，他的家业像事业一样滚雪球似的增长起来。他由教小学到教大学，家产由一个中农家底到拥有 700 多亩水田、20 多间瓦房的大地主。他从北京回到汉寿后，除交出田地和粮食外，还动员家里人交出黄金 20 两、光洋 400 多元。

毛泽东见到老同学十分高兴，一面叙旧还一面亲自酌酒削果，这让邹蕴真感动不已，事后他记叙道："润芝兄用小包车将我接入私人客厅，畅谈达 3 个小时之久，感情依旧，毫无半点官僚习气……"1953 年 5 月毛泽东又想与邹蕴真见面，但邹蕴真因风湿病重没有前往相见。

邹蕴真后来在人民出版社担任编辑，又在中央文史研究馆工作，虽然年纪大了，仍然乐育英才，钻研学术。他经常为青年作者改稿，青年学生到他家求教，他循循善诱，给他们讲述毛泽东青少年时学习和革命的故事，启发和鼓励他们积极向上，追求进步。他的一生出版专著《国学概论》《哲学概论》《惆怅集》《文学概论》《诗歌原理及其他》《汉字改革概论》《中国现代汉语语法》等。

1985 年，邹蕴真因病于北京逝世，享年 92 岁。

皆可大造
——毛泽东和陈昌

　　他是湖南省立第一师范学友会的雄辩部长，曾舌战军阀，面对敌人的枪口也不忘做革命演讲；他是英勇的共产党人，传播共产主义思想，发动工农运动；他是毛泽东的挚友和早期革命助手——陈昌。他们一起学习、游乐，组建进步组织，壮大无产阶级力量。毛泽东在很多年后回忆说："陈昌是个好同志。"

同学陈子，有志之士

　　陈昌，字章甫，1894 年生，湖南浏阳人。1910 年秋考入湖南第一师范（时称中路师范学堂），编入本科第 1 部第 2 班。1915 年毕业。毛泽东 1913 年春考入湖南省立第四师范。1914 年初四师与一师合并。3 月，毛泽东被编入一师预科第三班，半年后，又被编入本科第八班。在这期间，毛泽东和陈昌结识，志趣相投的两人从普通同学迅速发展成为挚友。

　　毛泽东救国救民的远大抱负，刻苦好学的发愤精神，坚强独立的行为方式和无所畏惧的斗争精神，让陈昌深为钦佩。毛泽东发起组织的活动，陈昌总是积极支持并参加。他们去大江大河的激流中搏斗；他们爬山、野营，迎风雨而上；他们讨论如何做学问，读书读报，自强不息。1914 年，曾留学日本、英国，学识渊博、品行高洁的杨昌济先生到一师任教。他追求新思想和躬行实践，强调学生要做公正的、道德的、正义的而有益于社会的人。当时受其教育的青年毛泽东、陈昌、蔡和森、萧子升深受影响。陈昌常对朋友说："赴义恐后，见利莫先"，"义者，世之谊也"，"为人要以事为目的，不要以钱为目的"。他还在日记中写道："人不能天生聪明也，发奋就是聪明。人一知之，吾十可知也；人十知之，吾百可知也……"他们冲破学校藩篱，到"板仓杨寓"聆听杨先生的讲学。杨昌济专门在家里腾出一间房子给学生们聚会。他们或讨论治学、做人的方法，或谈论天下大事。1915年5月，毛泽东、陈昌等组织了一个哲学小组，请杨昌济指导，对哲学和伦理问题进行定期讨论。不只是向杨师请教，他们也常在星期六或星期日到芋园向历史老师黎锦熙等求教。毛泽东、陈昌等人颇受老师看重。

当时一师倡导记笔记和日记，还规定老师要经常阅读学生的笔记和日记。一次，杨昌济阅陈昌几人的笔记后，在自己的《达化斋日记》中写道："阅熊、肖、陈三生笔记，均有长进。煜甫多记读书讲论所得，子升多记思虑所得，章甫多记行事所得，一重博学，一重深思，一重力行。"可以说，杨昌济十分了解他的学生，评价很中肯。陈昌重力行，毛泽东也是如此，注重社会调查，把理想付诸实际行动。黎锦熙也曾评价："在润之处观其日记，文理优于章甫，笃行两人略同，皆可大造，宜示之以方也。"黎师的评价也很中肯，毛泽东的文采比陈昌要好，两人皆注重实际行动，都是可造之材。

1915年5月9日，窃取了辛亥革命胜利果实的北洋军阀头子袁世凯宣布接受日本侵略中国的"二十一条"。为揭

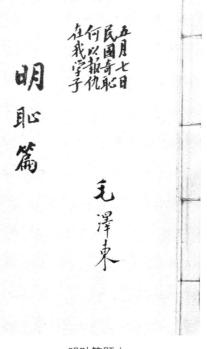

明耻篇题志

露袁世凯卖国的行径,毛泽东等一师学生集资编印了有关日本帝国主义侵略中国的几篇文章和资料,题为《明耻篇》。毛泽东在该书封面上写道:"五月七日,民国奇耻。何以报仇,在我学子!"

毛泽东向革命青年发出了反袁的战斗号召,陈昌积极响应。在毛泽东的直接带领下,陈昌等一些青年学生不仅把声讨袁贼的文章编印成册在长沙城里散发,还到街头讲演,向群众宣讲袁政府的罪行,引起了巨大的反响。

不久,陈昌又参加了毛泽东领导的驱逐校长张干的斗争。张干宣布了军阀汤芗铭及省议会的新规定,从下学期开始,每人要交10元学杂费。汤芗铭是袁世凯一派,学生们出于对袁世凯和汤芗铭的义愤,又认为张干是为"讨好当局而主动建议的",对张干也怨恨起来。于是,反对张干的学潮一哄而起。一天,陈昌得到毛泽东的通知,到学校后山君子亭去商议重要事务。一些同学也陆续赶到。他们讨论如何抓住有利时机,开展驱张运动。最后一致推举毛泽东起草《驱张宣言》,根据大家讨论意见,毛泽东指出张干对上阿谀讨好,对下专横跋扈,办学无方,贻误青年。陈昌与众多同学在这宣言上签了自己的名字,并把这份《宣言》连夜印刷,广为散发。这一下,罢课者更多。因有人告密,张干扬言要开除毛泽东等人,但在全校师生的坚决斗争下,张干无法,改为给毛泽东记大过处分,而他自己于7月被免职。

陈昌于这一年夏从一师毕业。他与毛泽东同学时短,但他的大胆敢作和志向给毛泽东留下了深刻印象。1915年6月25日,毛泽东在致湘生信中说:"来日之中国,艰难百倍于昔,非有奇杰不足言救济……同学陈子,有志之士,馀不多见。""陈子"指的就是陈昌。信中可以看出毛泽东对陈昌十分看重,"馀不多见"更是说明在毛泽东眼中,陈昌非同一般。

毛泽东和陈昌相互倚耐、看重,虽然不再同校学习,但仍保持着紧密的联系。《陈昌日记》记事起于1915年12月,止于1916年5月。其中就有七次提到与毛泽东通信。1915年底,陈昌在家乡浏阳得知袁世凯企图复辟帝制,他对袁政府的倒行逆施无限愤恨,写下诗篇:"呜呼一去几时归,烈士空劳举世悲;沧海桑田成幻影,万民齐上帝王徽。"诗中流露出对时局的悲观情绪。1916年元旦,他接到毛泽东一封信,心情立即开朗起来。他在日记中写道:"读罢甚感，少去其萎靡气，故人贵有师友也。"1916 年 4 月 28 日，陈昌又在日记中写道："上午八时接润之兄书，并承赠《汤、康、梁三先生时局痛言》一本。夫康氏素排议共和，今又出而讥帝制，其所谓时中之圣。"原来，陈昌毕业后，1915 年夏至冬，一师校内外的反袁斗争仍一直未停。即便学校放假，毛泽东大部分时间仍住在长沙，不停地演说，写文章。秋冬之际，全国反袁斗争达到高潮。毛泽东将汤化龙、康有为、梁启超三人对当时形势表示不满的文章编印成册，并请萧子升题写书名《汤、康、梁三先生之时局痛言》。毛泽东组织一些同学在校内外散发、宣传该册，他也没有忘记已毕业的"同学陈子"，特地向他寄赠。

两人关系很好

1915 年下半年，陈昌到湖南省立一师附小任教。毛泽东对此十分欣喜，1915 年 8 月他在致萧子升信中说："章甫归家，约二周即来，讲席定在附属初小。弟已遣人赍书往趣急来。"

这年秋，为征求志同道合的朋友，毛泽东以"二十八画生"之名向长沙各校发出征友启事。启事大意是：二十八画生希望结交能刻苦耐劳、意志坚定，随时准备为国捐躯的青年。启事寄到长沙各个学校，也在长沙城门口和通衢要道上张贴出来。湖南第一女子师范的一位校长见启事上有"愿嘤鸣以求友，敢步将伯之呼"句，怀疑征友者是想借此找女学生谈恋爱的。因启事上写着："来信由第一师范附属小学陈章甫转交。"于是，那位校长就亲自找到陈昌。陈昌急忙为毛泽东向该校长解释，"二十八画生"是一位品学兼优、胸怀大志的青年，终于竭力使校长打消了疑虑。毛泽东这次征友结识了长沙第一联合中学学生罗章龙，两人通信约定见面后，谈了三小时，分手时毛泽东还对罗章龙说："我们谈得很好，'愿结管鲍之谊'，以后要常见面。"

1916 年上学期，陈昌受邀在徐特立举办的长沙县五美小学教授地理和修身课。他发出"一入新地，似觉寂寞异常"的感叹。不过，通过书信与老朋友相互交流鼓励，他逐渐走出寂寞，重振斗志。曾写下"处乱世，贵独善其身"

誓言的他，几个月后便高唱"兴邦洒耻属吾曹，爱国头颅等弁毛"。他在给毛泽东的信中说："此时读书颇乐，为教亦有方针。德人某氏曰：战争为一大教育场。吾亦利用之而施其教也。读书之要，在体察人心，留意军国，所谓居水边林下，志不忘世道民生。""非强有力之精神手腕者。不足以当今日之书生，故读书之序，体育先焉。弟日夜裔张空拳，摩挲武器，良以百重强敌有待武力之驱除。虽属九牛一毛，敢荒匹夫之责？"他身在五美，却时刻怀念着省会的好友们，作《怀友》诗云："久别难为语，阳春复水流。思亲徒洒泪，顾国怕登楼。家国两危绝，我生逢此忧。何时一樽酒，重与话离愁。"可见陈昌与毛泽东友情之深。

1917 年 10 月，一师学友会改选，毛泽东被选为总务兼教育研究部部长。在此之前，总务和各部部长均由学监和教员充任，他开创了学生任职的先例。学友会下设教育研究、演讲、文学（内分国学、英语、图文 3 组）、书法、图画、手工、音乐、武术等 14 部。学友会有普通、赞助、名誉三种会员，凡本校毕业生、肄业生都是普通会员。在一师读书时，陈昌的演讲才能就闻名全校。每日清晨，他跑到猴子石旁，面对湘江大声练习演讲。他将滔滔江水视为听众，声音洪亮，说理辟透，顾盼神飞，常引得路人驻足欣赏。他又是学校辩论会的积极组织者和领导者，人称"雄辩部长"。毛泽东也深知陈昌这一长处，力荐陈昌任演讲部部长。演讲部"以交换知识，练习语言为主职"，演讲事项以关于教育与各种科学及平正之时事为限。1950 年，毛泽东与宋任穷谈起陈昌时，说："陈昌是我在湖南第一师范的同学，两人关系很好，在一起时朝夕相处，分别后常有书信往来。陈昌是一位出色的宣传鼓动家。"后来，陈昌还充分发挥他的这项本领，说服贺龙出兵北伐。

在陈昌等人的支持下，毛泽东身边逐渐聚集了一批有志青年。从 1917 年冬开始酝酿成立新民学会，至 1918 年正式成立，陈昌一直参与其中。他是新民学会的发起人之一，是最早的新民学会会员之一。1918 年 4 月 14 日，新民学会成立。萧子升后来回忆说："学会中只有一个喜欢为讲话而讲话者，那便是陈昌，此人以发表冗长演说闻名"，但这天受学会庄重氛围影响，"即使是他，也没有在新民学会成立大会上发表演说"。

当新民学会组织赴法勤工俭学时，陈昌也曾想留学日本。毛泽东认为国内教育需要人，建议他留在国内，以学校为阵地，为学会也为革命事业培养人才。毛泽东还将这一想法与蔡和森商量，蔡亦认为培养更多的人才是当务之急，长久之计，因此也不同意陈昌外出，建议他留在长沙办学，当教师。陈昌听从了他们的意见，放弃了出国留学的机会。一直到1925年底，他都坚持在教育阵地，在长沙县五美小学、一师附小、浏阳金江学校等校教书，协助毛泽东等在国内开展革命活动。

1919年底陈昌参加毛泽东率领的驱张代表团，赴北京请愿，他在北京还学习了国语注音。1920年7月毛泽东和陈昌等人回到长沙，毛泽东筹办建立文化书社，陈昌积极参与其中。8月，又随毛泽东发起组织俄罗斯研究会，他们读了许多马克思主义及介绍十月革命情况的书籍。

9月，毛泽东应聘任一师附属小学主事。陈昌也受聘于一师附小教书兼一师国语注音教员。当时，毛泽东、陈昌还有一师的两位教师同住天鹅塘青山祠一所房子里。陈昌的爱人毛秉琴与毛泽东同姓，比毛泽东大半岁，毛泽东便认了她做姐姐。陈昌已经4岁的大女儿一元称毛泽东为"舅舅"。毛泽东提议组建一个大家庭，四家在一处吃饭，并委托毛秉琴管理伙食，照料大家日常生活。毛泽东风趣地说："革命使我们走到一起来了，我们都成了一家人。"

1920年冬，毛泽东同杨开慧结婚。他们主张打破旧习俗，一没有办嫁妆，二没有坐花轿，三没有办酒席，只请至亲好友吃了一顿饭。为了不过于冷清，陈昌夫妇帮着张罗，毛秉琴大方地把自己结婚时的纪念品用来帮他们布置新房。请客吃饭时是他们帮着炒菜。陈昌还作诗称赞他们："杨师爱徒，师之爱女。切磋琢磨，亲密相处。北海定情，星沙共许。志同道全，共造寰宇。"

1921年1月1日至3日，在长沙的新民学会会员召开新年大会，1月2日在讨论"学会应以什么作共同目的"时，用循环发言法，从主席起，列席诸人从左至右依次发言。毛泽东发言提出"改造中国与世界"，他随后的任培道、陶斯咏等人都表示"同上"。陈昌说："言改造世界，范围较大，可以世界为家，心意愉快的多；故我赞成'改造中国及世界'。"

在讨论为达到目的须采用什么方法时，陈昌赞同毛泽东的观点，主张走俄国道路。陈昌紧紧跟随毛泽东的步伐，成为学会中最早向马克思主义者方向转变的会员。

为了使新文化和马克思学说迅速普及全省各地，毛泽东、何叔衡、陈昌等经过商议，决定在各地建立文化书社的分社。毛泽东派陈昌到浏阳，负责浏西文化书社的组建工作。陈昌回到浏阳选定母校西乡金江高小为社址。这里既是当时浏阳进步知识分子最集中的地方，校舍宽敞，又离长沙较近，便于联络。在校长黄甫笙的支持下，陈昌向浏阳各界开明人士募集了部分资金作开办费，并调出学校里的两间房子作营业间和书库。准备工作做好后，陈昌即和师生们一起亲自动手粉刷墙壁，清扫房间，搬运书刊橱架。在他的积极努力下，不出10天，书社正式开业。按照乡俗，开业那天张灯结彩，当场就售出了书刊234册，其中《向导》和《中国青年》两刊倾销一空。陈昌对此十分高兴，也感到了书籍供应不足，为不给长沙总社增添负担，他想方设法，发动大家刻抄，解决了部分书刊供不应求的问题。年底，陈昌带校工去长沙提书，正值毛泽东在家看稿，他向毛泽东汇报了浏西文化书社的工作情况，毛泽东听后极为高兴，说："你又立了一功啊！"在陈昌动身返回浏阳时，毛泽东送他一套梨木刻字印板作纪念。

浏西文化书社加速了新思想和新文化在浏阳的传播，对唤醒民众起了很大的作用。1921年，根据毛泽东的建议，陈昌接受邀请担任金江高小训育主任，辅助该校校长、进步人士黄谱笙治校。他们以学校为阵地继续宣扬新文化、新思想，开展了一系列革命活动：组建了浏西文化促进会，创办浏阳第一个革命刊物《浏阳旬刊》，后来还建立以陈昌为支部书记的浏阳第一个党支部中共金江学校支部等。浏阳的工作开展得如火如荼，颇得毛泽东的好评和鼓励。

为增强学校进步力量，并使新文化运动深入其他各乡，陈昌请求毛泽东从自修大学派一些人来充实教师队伍。于是，夏明翰、傅昌钰等先后来到浏阳各乡担任高小教师。陈昌、夏明翰等还共同创办了金江女子高等职业学校，由夏明翰的姐姐担任校长。陈昌因在浏阳从事革命活动，招致浏阳反动政府的迫害，被迫于1923年春离开浏阳来到长沙。此时，毛泽东被安排到中共中央工作，已离开长沙。毛泽东创办的湖南自修大学及其附设补习学校不久也被解散。部分教职员重新组织湘江中学，陈昌积极参加筹办工作，众人公推毛泽东为名誉校董，陈昌等11人为校董。陈昌把自己积累的两柜书送给了湘江学校。1924年后，陈昌根据党的安排先后到蓝田、醴陵、宁乡等地发展党的组织，从事教育工作，曾一度负责长沙统战工作，被选为国民党第一届省党部执行委员。1926年8月，陈昌还以省委特派员的身份到湖南常宁水口山开展工人运动。早在1922年4月，毛泽东亲自到水口山了解铅锌矿工人情况，之后一直十分关注水口山，派毛泽覃、贺恕等到水口山工作，亲自指挥水口山党支部开展工作。陈昌到了水口山后，根据毛泽东指示的精神，恢复成立水口山矿工会；使水口山市党部成为附近工农运动的中枢；联合农民，广泛开展农民运动。1927年初夏，陈昌任北伐军三十五军二师政治部主任。7月，陈昌在南昌贺龙部第二十军任团长。参加南昌起义后，陈昌率部向广州撤退，途中与敌遭遇，千方百计保护周恩来等脱险。随后，为了保存革命力量，他回到家乡浏阳当一名私塾先生。直到1929年冬，陈昌接到党组织的通知，以特派员身份去湘西贺龙部工作，却在途经湖南澧县时被捕。1930年2月23日，陈昌在长沙浏阳门外英勇就义。

几十年过后，毛泽东并没有忘记曾经亲密的同学和战友，曾汇款300元资助陈昌家属的生活，1951年他亲笔回信给陈昌的女儿陈文新，信云：

文新同志：

你的信和你母亲的信都收到了，很高兴。希望你们姊妹们努力学习或工作，继承你父亲的遗志，为人民国家的建设服务。问候你的母亲。

祝进步！

毛泽东

四月二十九日

陈文新到北京求学期间，毛泽东多次派人接她到中南海做客。有一次，陈文新说起母亲毛秉琴想知道毛泽东的现状，毛泽东特地叫来摄影师给他与陈文新拍照，让她将照片带给毛秉琴。陈文新学的是土壤专业，毛泽东得知大学即将毕业的她将去苏联留学，教导她理论必须跟中国的实际结合。毛泽东同她谈土壤的结构、土壤里面的植物营养、植物怎么吸收营养及土壤怎么改良等问题，并具体问到在中南地区怎么改良土壤、怎么提高农业生产。毛泽东的关爱和鼓励，成为陈文新一生从事农业科研的动力，她后来成为土壤微生物及细菌分类学家，发现了世界上第四个根瘤菌属，2001 年当选为中国科学院院士。

最亲密朋友的合与分
——毛泽东和萧子升

萧子升和毛泽东初识于东山高等小学堂，湖南一师的求学，使他们成为了最亲密、信赖的朋友。然而，由于思想观念的分歧，他们逐渐疏远，最终分道扬镳⋯⋯

相合

萧子升，名瑜，字旭东，1894 年 8 月 22 日出生于湖南省湘乡县萧家冲一个名门世家。曾祖父当过曾国藩的家庭教师，祖父投笔从戎随左宗棠出征西域，父亲萧岳英学富五车，精通经史、国文、数理等，开始自办私塾，后来成为湘乡名校东山高等小学堂的董事及教师，是湘乡著名的教育家。萧子升兄妹 10 人，4 人早夭，在这样一个书香门第长大，萧子升、萧子暲（即萧三）、萧子风都成绩优异，后来成为著名人士。

虽然比毛泽东小几个月，但是 1910 年毛泽东进入东山学校被编入戊班时，萧子升这个甲班同学快要毕业了。因为毛泽东与他弟弟萧三成了好朋友，两人得以相识。1911 年，萧子升考入湖南省立第一师范，被编入第三班。1915 年秋毕业。而在这之前，毛泽东也进入一师求学，被编入第八班。萧子升比毛泽东高三届，两人再次成为同校同学。最初他们虽然认出了对方，却很少交谈，只在走廊或操场相遇时，才相视一笑或简短地寒暄两句。为他们之间的友谊架起桥梁的是两人的文采。当时一师有项校规，每人每周必须写一篇作文，每班选出最好的交到教师委员会，再从中选出几篇放到专门的展览室，让全校师生观摩。毛泽东和萧子升的文章常常榜上有名，他们通过阅读彼此的文章，了解了对方的思想，也为对方所钦佩，起了结交之心。在又一次走廊上相遇后，两人相约见面，这一次，两人相谈甚欢。从此，风光秀美的湘江沿岸，郁郁葱葱的岳麓山上，多了两个亲密相谈的身影。缓缓流淌的湘江，各类船只穿梭江上，江中心狭长的岛屿上有着成片的橘林，金黄的橘子、不远处蜿蜒的岳麓山倒映在水面。繁忙与宁静绘成的画卷让两位年轻诗人诗兴大发。萧子升吟曰："晚霭峰间起，归人江上行；云流千里远，"毛泽东接道："人对一帆轻；落日荒林暗，"萧子升兴奋地联道："寒钟古寺声。深林归倦鸟，""高阁倚佳人……"萧子升和毛泽东同窗两年半，养成了黄昏散步的习惯，吟诗是兴之所至，他们更大的兴趣在于讨论，在于聆听彼此的见解。

1915 年秋，萧子升从一师毕业后任教于长沙修业小学，不久又到楚怡学校教书。距离并没有使他们的关系疏远，相反，他们来往更加密切，感情愈加深厚。《毛泽东早期文稿》收录毛泽东书信 39 篇，其中就有 13 篇是写给萧子升的，且均留有手稿。时间是从 1915 年 7 月至 1916 年 7 月。这些信大多讨论有关读书求学自省的事，有的论述古今中外学术思想，有的畅谈时局和国家大事，更有在信中述说别后情形。信中，毛泽东表达的信任、亲密之情更是感人肺腑。1916 年 1 月 28 日，毛泽东致信萧子升，信中开篇就说："日来思念殊甚"，2 月 19 日的信中又云："星期日上午可否出城一游？如借得，即请携来；如无，则须借之杨先生。若是日天晴，可同往否？相违咫尺数日，情若千里三秋。"

毛泽东和萧子升互相倚重，互相砥砺。两人坦诚相见，不分彼此。

1915 年 9 月 6 日，毛泽东给萧子升写了一封长信，信中，他把老师黎锦熙指导读书方法的意见，详细地告诉了萧子升。

1915 年冬，毛泽东在反袁斗争中编辑《汤、康、梁三先生之时局痛言》

一书,写信给萧子升请其题写书名。萧子升擅长书法,字潇洒漂亮,有"湘乡第一才子"的美誉,据其弟弟萧子风所说:"他左右手均能,笔衔在口里写字,竟与手写无二致。"萧子升接信后即用行书体写下了书名送交毛泽东。

毛泽东求知欲极强,广泛阅看有影响的书刊,其中许多便是通过萧子升借来的,如 1916 年 1 月 28 日他在信中说"无《甲寅》杂志可阅,特请吾兄以自己名义给暇向徐借《甲寅》第十一期第十二期两本"。1916 年,萧子升打算将经史子集共 77 种书赠给毛泽东。对这份"读之非十年莫完,购之非二百金莫办"的厚礼,毛泽东十分感激,但他对好友的境况有切身感受,不愿意贸然收下。2 月 29 日下午,他致信萧子升:"昨承告以赠书,大不敢当。一则赠而不读,读而无得,有负盛心;一则吾兄经济未裕,不可徒耗。前言即赠以二三串为限,今思之,即此亦请无赠。"

1917 年夏,萧子升将自己多年的读书笔记汇编成册,名为《一切入一》,敦请毛泽东为之作序。毛泽东欣然允诺,在序言中写道:"今夫百丈之台,其始则一石耳,由是而二石焉,由是而三石四石,以至于万石焉。学问亦然。今日记一事,明日悟一理,积久而成学。……"显然,毛泽东是以自己的治学经验和体会与萧子升共勉。

游学

毛泽东喜欢读书,但他认为不但要会读有字之书,也要会读无字之书,进行社会调查,到群众中去学习。1915 年 9 月 6 日,他致萧子升信中就提到"周知社会"。毛泽东在一师读书期间常利用节假日进行社会调查。1917 年 7 月中旬至 8 月 16 日,毛泽东和萧子升步行漫游长沙、宁乡、安化、益阳、沅江五县,历时一个月,行程九百余里。

毛泽东和萧子升穿着短装和布鞋,剃着大兵式的光头,各带着一把雨伞和一个小布包,包里一套换洗衣服、洗脸巾、笔记本和大小毛笔及墨盒。两人有意地不带一文钱,采用"游学"的方式走完行程。所谓"游学",是旧社会一些有志的读书人,用以寻师求学的一种方式。也有一些落魄文人,利用给人家写字作对联为生，是一种变相的行乞。

第一天，他们一口气走出将近20公里。路边有一小吃店，他们满头是汗，十分疲劳饥饿，却身上无钱，女店主好心地送他们两杯茶喝。他们见女店主本小利微，也不好意思提吃饭的事儿。经询问，女店主告知附近住着一位告老在家的刘老先生，是一位翰林，很有学问。两人决定写首诗拜访刘老先生。

毛泽东说："诗的第一句可以这样写：翻山渡水之名郡。"

"竹仗草履谒学尊。"萧子升联上，并照联句的规矩说出了第三句："途见白云如晶海。"

"沾衣晨露浸饿身。"毛泽东结束了全诗，并说："我们马上去看他，看他究竟是怎样一位翰林。"

他们打开包袱，取出文房四宝，用最好的书法把那首拜谒诗写好，分别签上自己的真名，然后把诗装入信封，上书"刘翰林亲启"。

刘翰林果然接见了他们，他年约70岁，身着长衫，手持绢扇，略带警疑地打量二位不速之客。毛泽东和萧子升向老者深深鞠了一躬。老者惊奇地问："你们怎么是这样的装束？遭什么意外了吗？……路上遇到强盗了？"

"没有，我们没遇什么麻烦。"毛泽东回答。

随后，刘翰林又问他们在哪里读书，读过哪些古书，是哪里人，预备到哪里去。毛泽东和萧子升一一作答。后来，刘翰林起身离开房间，毛泽东和萧子升以为是去安排饭菜。谁知，刘翰林面带笑容走出来，原来是送给他们一个红纸包。他们向刘翰林道谢告辞，出门打开一数，居然有40枚铜元。他们以最快的速度赶回开始休息的小店，请女店主预备饭菜。两人狼吞虎咽地吃了三大碗饭，这顿饭花去8枚铜元。

两人想起一百四十里外是老朋友何叔衡家，就决定去看望"何胡子"。直到深夜，两人才走到宁乡杓子冲何家。何家是"耕读之家"，他们看了猪栏、牛栏、菜园和稻田，了解何家的经济收支与生活及家庭历史情况。毛泽东、萧子升在何家受到热情款待，刚从塘里捞出来的鲜鱼、新杀的鸡和熏肉，摆了十几个菜，这让他们十分过意不去，也觉得违背了这次游学的初衷。于是，住了两晚后，他们极力辞行。虽然，袋里还剩下钱，但他们为了了解更多的世情，还是继续靠着"游学"前行,虽然要走几家人才能吃饱肚子,但是他们甘之如饴。他们到了宁乡县城,上了沩山,拜访了密印寺的方丈,与他讨论佛家的经义和理论,翻阅了寺藏的各种佛经。在这一带,他们还了解到当地农民为争生产起而造反的历史故事。一个姓王的老人曾在衙门当过门房,老人说"衙门八字开,有理无钱莫进来"。老人的话使毛泽东深感世道的不平。

去安化途中,他们露宿河岸,毛泽东风趣地说:"沙地当床,石头当枕,蓝天为帐,月光为灯。"他们把包袱和雨伞挂到树上,找了两块平整的石头当枕头,就睡到了沙滩上。在安化县城,他们给一些店铺写对联和招牌。毛泽东查阅了安化县志,到东华山看了农民起义烈士墓,调查了清代黄国旭领导的农民起义,到劝学所拜会了所长夏默庵。夏时年64岁,性格高傲,一向不理游学先生。毛泽东求见,两次被拒。他并不灰心,又第三次登门。夏虽然开门相见,却挥笔写下"绿杨枝上鸟声声,春到也,春去也"。毛泽东即对道:"清水池中蛙句句,为公乎,为私乎。"夏先生看完,大吃一惊,连声赞好,并自感有愧,他留两人餐宿,昼夜长谈,还赠给8元洋银。

他们离开安化后,经仙溪、山口、长塘、马迹塘、桃花江,到达益阳县城。游览了市容,走访了一些学校和人士,其中包括当时的县长张康峰,他原是一师的教员。3天后,去沅江。到达沅江县城,正值涨水,街道被淹,行走不便,于是他们乘船返回长沙。

回到学校,两人居然剩有"两块大洋和四十个铜板"。为了纪念这次游学,两人还穿着旅行时的衣服和草鞋,照相留念。毛泽东游学沿途记下许多笔记,师生们传阅了后,纷纷赞誉他是"身无半文,心忧天下"!

分歧

毛泽东和萧子升对当时军阀混战、民不聊生的社会现实痛心疾首,亟谋找寻一条使中国摆脱黑暗处境的道路。毛泽东更是意识到"合群奋斗"的重要性,在他的周围逐渐积聚了一批有志青年。为了发动一场哲学、伦理学的思想革命,从根本上变换全国之思想,毛泽东、萧子升和蔡和森经过短时间的筹备,于 1918 年 4 月在长沙岳麓山刘家台子蔡和森家成立了新民学会。该会的宗旨为"革新学术，砥砺品性，改良人心风俗"。会员守则为："一、不虚伪；二、不懒惰；三、不浪费；四、不赌博；五、不狎妓。"会议推举萧子升任总干事，毛泽东、陈书农任干事。最初，有 20 多个基本会员，后来达到 80 多人。

学会会员的出路在哪里？这是时刻萦绕在毛泽东、萧子升、蔡和森等骨干脑际的大问题。恰在此苦闷仿徨之际，被调到北京大学任伦理学教授的杨昌济先生来信告知他们蔡元培、李石曾等发起赴法勤工俭学活动，各地青年均可参加。这使他们极为欣喜，萧子升、蔡和森上京联系。8 月 15 日，毛泽东在萧、蔡两人的一再催促下带着张昆弟、罗学瓒、李维汉、罗章龙等 20 多名首批准备赴法勤工俭学的青年赴京。毛泽东、萧子升、蔡和森等 8 人住在北京三眼井吉安东夹道七号狭小的房子里，"隆然高炕，大被同眠"，生活清苦。在北京，毛泽东一边筹备赴法，一边在以李大钊为主任的北京大学图书馆当助理员。他在那里阅读了李大钊《庶民的胜利》《布尔什维克的胜利》和介绍俄国十月革命及马克思主义的文章，开始"朝着马克思主义的方向发展"。萧子升在北京期间异常活跃，其才能颇受李石曾等人的赏识。1918 年11 月，他当上了华法教育会的秘书，专门处理各省联系赴法勤工俭学的事宜。次年 2 月，他和湖南第一批赴法青年从上海乘船去法国。在法国，萧子升发生了重大变化，思想上转向无政府主义。据徐特立回忆："至于当时华法教育会中的某些人物，自己既不需勤工，却有勤工俭学生捐款可得，过着阔绰的生活，拿到博士、硕士学位。……子升和华法教育会那一些人在一起，生活很高。"萧子升在法国的行为甚至一度引起新民学会在法会员的质疑，误以为他私吞了部分章士钊的捐款用作个人花费。此时，毛泽东却留在了国内，他在上海欢送留法青年后回到湖南，投身五四运动，成为改造社会的健将，也成为了新民学会实际的领导人。他将会员之间的通信编成《新民学会会员通信集》。

在法国，萧子升深受伯恩斯坦、考茨基修正主义思想的影响，力主中国走改良主义的道路。1920 年 7 月，在法会员在蒙达尔尼城召开会议，讨论学会宗旨和改造中国的途径。参加会议的共 13 人，在讨论学会宗旨时，与会者一致同意以"改造中国与世界"为宗旨，但在讨论改造中国的途径时，却产生了明显的分歧。以蔡和森为首的大多数人主张组织共产党，经过阶级斗争和无产阶级专政，以达到改造中国的目的；而以萧子升为首的少数人却主张走改良主义的道路。会后，萧子升、蔡和森分别致信毛泽东详尽阐述了各自的主张。

1920 年 12 月 1 日和 1921 年 1 月 21 日，毛泽东复长信给蔡和森、萧子升和其他在法会友，表明"深切的赞同"蔡和森提出的用俄国式的方法，组织共产党，实行无产阶级专政的主张。而针对萧子升的教育救国理论，毛泽东"都只认为于理论上说得通，事实上是做不到"。两人在政治理念上出现明显分歧。

1920 年冬，萧子升回到北京，1921 年 3 月到长沙看望毛泽东。从 3 月到 7 月，两人多次讨论社会主义革命问题，他们谈得越多，却似乎离得越远。据新民学会会员陈启民回忆，毛泽东在辩论中动了肝火，指着萧子升说："你去穿你的长袍马褂去吧。"这表明，毛泽东和萧子升从此发生了根本分歧。

决裂

虽然产生了不可磨合的分歧，但是此时的毛泽东和萧子升仍然是坦诚相见的好友。1921 年 7 月，毛泽东作为湖南共产主义组织代表出席中国共产党第一次全国代表大会。凭着对萧子升的信任，毛泽东将会上的一些讨论告诉萧子升。不久，萧子升再次赴法，1924 年再度回国后，在北京担任国民党执行部机关报《民报》中文版主编。而毛泽东也因为国共合作的关系，担任上海执行部秘书、国民党中央代理宣传部部长。虽然两人不曾见面，但是他们仍保持着通信，尽管毛泽东没有与萧子升公开讨论党内活动，但他们仍像以往一样坦诚地作理论上的争辩，直至国共合作破裂，从此，两人再也没有联系。

萧子升后来历任国民党北平市党务指导委员、《民报》总编辑、中法大学教授、国立北京大学委员兼农学院院长、华北大学校长及国民政府农矿部次长、国立历史博物馆馆长等职。1932 年一场国民党内部的争斗使萧子升蒙冤避居法国。

这就是煊赫一时的故宫盗宝案。当时，各大报纸纷纷报道，如《大公报》上写萧子升盗运古物百箱。连萧子升家乡都在谣传"萧子升偷故宫'金鸭婆'逃往法国"。毛泽东从报纸上得知这个消息，痛心疾首，在陕北与美国记者埃德加·斯诺谈话时说："萧瑜盗卖了博物院里一些最珍贵的文物，于一九三四年卷款潜逃。"同样身处共产党的萧三也因此案与哥哥决裂。

盗宝案历时 10 多年，直至新中国成立才真相大白。此案当事人之一吴瀛将"故宫盗宝案"的申诉寄给毛泽东，董必武受毛泽东的委托接见他，并表明要昭雪的态度。不久，盗宝案终于沉冤得雪。20 世纪 80 年代，《光明日报》还披露了真相。

第二次世界大战后，萧子升随国民党代表团出席联合国教科文组织会议，任该组织在伦敦和巴黎总办公处亚洲新闻组组长。1952 年迁居乌拉圭，任联合国同志会全球联合协会副会长。全国解放后，萧子升在海外发表过许多攻击毛泽东的言论和文章。但毛泽东气度宽宏，仍未能忘记早年和萧子升的友谊，曾嘱咐新民学会老会员写信给萧子升要他回国工作。1955 年，我国派出一个文艺代表团到乌拉圭访问演出，毛泽东特意让该团团长向萧子升致意，并请他回来看看，被萧子升拒绝。1959 年，萧子升《毛泽东和我曾是乞丐》一书由美国锡拉丘兹大学出版社出版，由于他当时坚持反共立场，该书虽然提供了一些有用的史料，但有许多不实之词。1972 年中美关系开始正常化，萧子升四处奔走游说，致函乌拉圭总统和联合国，要求支持台湾当局，反对中美建交。1973 年，萧子升还在乌拉圭组织青年反共团，死心塌地效忠蒋介石。1976 年，萧子升客死乌拉圭。按照他的遗嘱，骨灰后来归葬故里。

一段友情从相互倾慕而始，因理想各异而终，让人不禁唏嘘。但是，毛泽东和萧子升在青年时代相交时的无私、互勉、坦诚、信赖还是给后人描绘了一个美好画面。

指点江山　激扬文字
——毛泽东和张昆弟

　　张昆弟是毛泽东第一师范的同级同学，两人因爱好学习相识，因追求进步相交，因共同的人生理想相知，他成为了毛泽东最早的战友之一。毛泽东、张昆弟的友谊正如毛泽东所写，"恰同学少年，风华正茂；书生意气，挥斥方遒。指点江山，激扬文字，粪土当年万户侯"。生命虽短，然而张昆弟的风采绘在了历史上最美丽的那一页。

刻苦求学

　　张昆弟，字芝圃，1894 年 3 月 18 日出生于湖南省益阳市桃江县板溪乡一个农民家庭，5 岁丧母，13 岁丧父，全赖叔父抚养资助。7 岁，张昆弟入私塾读书，聪颖好学，成绩优异。12 岁读完《四书》《诗经》和《春秋》，13 岁考入益阳龙洲书院就读，1910 年因家贫辍学在家耕田务农。1913 年，求学愿望强烈的张昆弟考入湖南省立第一师范，分在本科一部六班，和本科一部八班的毛泽东同级。

　　张昆弟知道叔父供养他读书不易，十分珍惜重得的读书机会，刻苦发奋，成绩总是名列前茅。他深得老师的喜爱和同学们的称赞。1917 年 6 月，湖南一师开展"人物互选"活动。张昆弟在"德育"部分得票 34 张，其中敦品 9，自治 9，好学 16。总票数继毛泽东、周世钊、邹彝鼎之后，排名第四。张昆弟"好学"的得票数最多，"好学"的内容是"如不缺课、勤温习、好参考之类"。毛泽东也好学，但又不墨守成规，他喜欢读书，并喜欢思考。他经常拜访黎锦熙、杨昌济等老师，与他们谈论如何做学问、读书方法等问题。毛泽东由此与张昆弟熟识。

1915 年 5 月，毛泽东、张昆弟、陈昌等在杨昌济先生的指导下，成立了课外哲学小组，对哲学和伦理学问题进行定期讨论。当时杨昌济、黎锦熙等在长沙浏阳门正街芋园创办了《公言》杂志社，且都住在这里。毛泽东、张昆弟等经常去芋园拜访、请教。若学校放假，他们则步行到长沙县东乡板仓杨昌济家求教。这在杨昌济、黎锦熙等老师的日记中均有记录。如黎锦熙 1915 年 4 月至 8 月的日记中，就有 20 余处记载与毛泽东等人的交谈。"润之来，阅其日记，告以读书方法"；"与润之谈学与政，以易导为佳"；"与润之久谈读书法，谓须与校课联贯"，等等。毛泽东在书信中常提到与老师交谈所获，如 1915 年 9 月 6 日，他在给萧子升的信中写道："闻黎君邵西好学，乃往询之，其言若合，而条理加详密焉，入手之法，又甚备而完。""黎君邵西"即黎锦熙。张昆弟在日记中也常记录与老师、同学的交谈心得，如："8 月 22 日。晚餐后至'板仓杨寓'，先生谓读书之要，在反复细读，抄其大要；不在求速求多，反毫无信得也。又谓问吾之理想生活进行，文章誉望，听之后人。又曰，不计较于现在之社会。又曰，势力不灭。又曰，渐蓄其力而乍用之。""9 月 8 日，去年杨师谓余曰：克己之功夫多，存养之功夫太少；须从存养多下功夫，则可免克己之苦矣。""9 月 13 日。晚饭后至'板仓杨寓'，杨师为余辈讲'达化斋读书录'。后又谈及美人之做事务实。"

在良师的指导下，毛泽东和张昆弟等不仅刻苦攻读，还养成了科学的学习方法。其中重要的一个方法就是"不动笔墨不读书"。毛泽东读报写摘记，读书写笔记，作眉批，如在《伦理学原理》一书上写了 12000 余字的批语。对某些爱不释手的佳文和不易找到的好书，有时整篇或整本地抄下，如屈原的《离骚经》、《庄子》、王船山的史论、《新青年》上陈独秀等人的文章。杨昌济翻译的日本书籍《西洋伦理学》，他一字不漏地把整文抄了下来。罗学瓒曾借阅过这个抄本，他记载云："余借毛君泽东手录西洋伦理学七本，自旧历六月底阅起，于今日阅毕。"毛泽东学习之刻苦可见一斑。毛泽东还坚持每天写日记，记录所学所思所得，在杨昌济家里听讲的"达化斋读书录"，日常读书心得都一一记录下来。如他写下心得："拿得定，见得透，事无不成。惟明而后可断，既明而断矣，事未有不成者"；"人情多耽安佚而惮劳苦，懒惰为万恶之渊薮"。

同样，张昆弟在读书感怀方面也有大量笔记。如 1917 年 8 月 6 日记："凡事之来，须明乎自己之地位，与对面人之地位。孟子曰：'是非之心，智之端也。'养成辨别是非之真识力，非吾人今日所更宜注意乎。"8 月 8 日记："勤勉者，天才之代用品也。天才不可靠，勤勉可靠。世人之有所成就者，无不自刻苦中来。"8 月 12 日记："凡一切沽名钓誉，取世俗之好之学，皆可置之；凡一切有益于己、利于国、利于人类全体之学，尽力求之。"9 月 12 日记："每读友人日记，令人愧惭交集。何人之日异而月不同，道德学问，蒸蒸有生气向上之势；而吾则不见其进，若或有退焉。振汝筋骨，奋汝雄心，冲决汝一切魔障，向前追进，大呼无畏，大呼猛进，为汝作先锋队焉。"从这些日记中，亦可以发现张昆弟的读书方法和人生观、价值观与毛泽东有很多的相似之处。

追求真理

毛泽东、张昆弟等求学读书树立了明确的目的：追求真理，探索救国救民之路，并为之储才蓄能。毛泽东认为，"立一理想，此后一言一动皆期合此理想。""今人所谓立志，如有志为军事家，有志为教育家，乃见前辈之行事及近人之施为，羡其成功，盲从以为己志，乃出于一种模仿性。真欲立志，不能如是容易，必先研究哲学、伦理学，以其所得真理，奉以为己身言动之准，立之为前途之鹄，再择其合于此鹄之事，尽力为之，以为达到之方，始谓之有志也。如此之志，方为真志，而非盲从之志。其始所谓立志，只可谓之有求善之倾向，或求真、求美之倾向，不过一种之冲动耳，非真正立志也。虽然此志也，容易立哉？十年未得真理，即十年无志；终身未得，即终身无志。"毛泽东把学习和立志、掌握真理联系在一起，并为此严格要求自己，做了许多努力。

他把求学与了解社会现状结合在一起，要求古为今用，西为中用。他在谈到读中外历史书籍的方法和出发点时说："观中国史，当注意四裔，后观亚洲史乃有根；观西洋史，当注意中西之比较，取于外乃足以资于内也。"

张昆弟对于古今中外的文化态度跟毛泽东如出一辙。他在 1917 年 11 月 23 日写道："余与蔡君主张多读新书，而旧书亦必研究。中国文化及一切制度，不必尽然，而西洋文化用之于我，不必尽是。斟酌国情，古之善者存之，其不善者改之；而西制之可采者取之，其不可采者去之。折中至当，两无所偏。此吾辈读新书、读旧书所应知之事也。"

毛泽东又一向认为"闭门求学，其学无用，欲从天下国家万事万物而学之，则汗漫九垓，遍游四宇尚已"。同时，他为了有革命的"本钱"，有意地进行身体锻炼和意志磨砺。他通过野游、爬山、露宿、风浴、雨浴、游泳等方式，走入乡村街头，登上名山庙宇，不仅广泛地接触了大自然和普通群众，做了社会调查，也由此锻炼了身体和意志力。

张昆弟成为毛泽东游学的同行者。他经常跟随毛泽东到郊外去走访，到岳麓山夜宿，到湘江击水。他在日记中曾有详细记载。1917 年 9 月 16 日云：

今日星期，约与蔡和森、毛润之、彭则厚作一二时之旅行。早饭后，彭君过河邀蔡君同至渔湾市会伴，余与毛君先到渔湾市。稍久，彭君一人来，蔡君以值今日移居不果行。此议发自蔡君，余诺之，并商之彭毛二君也。事之难合，诚莫能料。三人遂沿铁道行。天气炎热，幸风大温稍解。走十余里休息于铁路旁茶店，饮茶解渴，稍坐又行。过十余里，经大托铺，前行六里息饭店，并在此午饭。饭每大碗五十文，菜每碗二十文，三人共吃饭五大碗，小菜五碗。饭后稍息，拟就该店后大塘浴，以水浅不及股止，遂至店拿行具前行。未及三里，寻一清且深之港坝，三人同浴，余以不善水甚不自由。浴后，行十四里至目的地，时日将西下矣。遂由山之背缘石砌而上，湘水清临其下，高峰秀抱其上，昭山其名也。山上有寺，名昭山寺，寺有和尚三四人。余辈告以来意，时晚，欲在该寺借宿。和尚初有不肯意，余辈遂有作露宿于丛树中之意。和尚后允借宿，露宿遂止。晚饭后，三人同由山之正面下，就湘江浴。浴后，盘沙对语，凉风暖解，水波助语，不知乐从何来也。久之，由原路上，时行时语，不见山之倒立矣。和尚待于前门，星光照下，树色苍浓，隐隐生气勃发焉。不久进寺，和尚带余辈至一客房，指旷床为宿处，并借余辈小被一块。房外有小楼一间，余辈至小楼纳凉，南风乱吹，三人语笑称善者久之。谈语颇久，甚相得也。

张昆弟对这次游行目的、人员、事件、物价、昭山景色等介绍得十分详尽。他们还在昭山进行了一场深入、长久的交谈。毛泽东的发言给张昆弟留下了深刻的印象，他写道：

毛君云，西人物质文明极盛，遂为衣食住三者所拘，徒供肉欲之发达已耳。若人生仅此衣食住三者而已足，是人生太无价值。又云，吾辈必想一最容易之方法，以解经济问题，而后求遂吾人理想之世界主义。又云，人之心力与体力合行一事，事未有难成者。余甚然其言。且人心能力说，余久信仰，故余有以谭嗣同《仁学》可炼心力之说，友鼎丞亦然之。彭君以清夜之感，久有为僧之志，且云数年后邀余辈同至该邑名山读书，余与毛君亦有此志，毛君之志较余尤坚。余当时亦有感云，风吹树扰声天籁，欲报无从悟弃形。但未出以相示。夜深始睡。

仅仅一个星期后的 9 月 23 日，张昆弟在日记中又详细记载了与毛泽东、蔡和森的游泳、登山和交谈等活动。

昨日下午与毛君润之游泳。游泳后至麓山蔡和森君居。时将黄昏，遂宿于此。夜谈颇久。毛君润之云，现在国民性惰，虚伪相崇，奴隶性成，思想狭隘，安得国人有大哲学革命家，大伦理革命家，如俄之托尔斯泰其人，以洗涤国民之旧思想，开发其新思想。余甚然其言。中国人沉郁固塞，陋不自知，入主出奴，普成习性。安得有俄之托尔斯泰其人者，冲决一切现象之网罗，发展其理想之世界。行之以身，著之以书，以真理为归，真理所在，毫不旁顾。前之谭嗣同，今之陈独秀，其人者，魄力雄大，诚非今日俗学所可比拟。又毛君主张将唐宋以后之文集诗集，焚诸一炉。又主张家族革命，师生革命。革命非兵戎相见之谓，乃除旧布新之谓。今日早起，同蔡毛二君由蔡君居侧上岳麓，沿山脊而行，至书院后下山。凉风大发，空气清爽。空气浴，大风浴，胸襟洞澈，旷然有远俗之慨。归时十一句钟矣。

从上述记载可以看出，张昆弟在追求真理的路上深受毛泽东言行的影响，他心悦诚服地感叹道："余甚然其言。"

毛泽东、张昆弟等人正确地认识到追求真理、救国救民必须要密切关注时事。毛泽东认为"现在时局危急，求知的需要迫切"，"怪哉湘事，真莫名其妙矣！由此观之，湘省之祸，比之辛亥为烈也"。"思之思之，日人诚我国劲敌！……二十年内，非一战不足以图存，而国人犹沉醉未觉，注意东事少。愚意吾侪无他事可做，欲完自身以保子孙，止有磨砺以待日本"。历史后来的发展恰好印证了毛泽东的说法，日寇侵略中国，给中国带来深重的灾难。正是因为关心国家命运，与同学们时常纵论天下大事，在意气风发、指点江山的成长年代，毛泽东养成了远大的眼光。当时的中国社会政局动荡，军阀混战，形势复杂多变。面对纷乱的局势，人们常常困惑不解，毛泽东却能说清事情的来龙去脉，分析得鞭辟入里，被同学们誉为"时事通"。萧三曾回忆："那时我是天天看报的……他（指毛泽东）的话有时间、有地点，有充分的根据，使我听了又钦佩，又惭愧。同样天天看报，他分析得那样透彻清楚，我却一点也说不出。"毛泽东对政局的情况有着细致深入的思考，对人民的生活状况十分关心。

张昆弟在日记中也多有对政局和人民生活方面的记述，他有6天的日记评述了北洋政府对德宣战、张勋复辟等国内外大事。还在日记写道："近日水势日涨，各县堤垸溃决者甚多。……农民终岁勤劳，所望者在此，今以天灾无情，空劳终岁，母号子哭，情终难堪，吾不知政府诸公亦念及否？无徒今日责民纳税，明日劝民输捐。""遇农人无不面目憔悴，有忧色焉。余对之亦不觉心为之伤。"

因着共同的理想和目标，毛泽东、张昆弟成为了挚友，他们一起锻炼身体，研究学问，探讨国家大事，与蔡和森一起被称为"岳麓三杰"。为了合群奋斗，1918 年 4 月 14 日，他们积极倡导创立了新民学会，张昆弟成为学会的重要骨干。每到星期六下午，会员们就不约而同聚会畅谈，有时一谈就是一个通宵。

"新村"生活和勤工俭学

透过 1917 年 9 月 16 日张昆弟的记载，还可以看出当时毛泽东梦想过一种新社会的生活，"必想一最容易之方法，以解经济问题，而后求遂吾人理想之世界主义"。在求学期间这个梦想没办法实行。1918 年夏，毛泽东从一师毕业后，便立即开始"实验自己的新生活"。他和张昆弟等搬进了湖南大学筹备处——岳麓书院半学斋自修。在这里，他们设工读同志会，半耕半读，一面自学，一面从事社会改造问题的讨论与探索。他们过着比在学校更艰苦的生活，每天同到岳麓山拾柴、挑水，到附近市上买贱价的蚕豆，把蚕豆合着少量的大米煮着吃。他们每天坚持读书，讨论时事问题和锻炼身体。早上短跑、爬山，午后在山前山后散步，到水陆洲游泳，晚餐后到河边看晚霞、江景，有时爬上云麓宫去乘凉赏月。

因为勤工俭学一事，半学斋的新村生活仅维持两个多月。为了寻找救国图强、改造社会的知识和真理，同时受工读思潮的影响，中国大批青年投入了赴法勤工俭学运动。当时新民学会积极支持，在 1918 年 6 月下旬，新民学会讨论会友"向外发展"问题，就认为留法勤工俭学有必要，应尽力进行，毛泽东、蔡和森积极组织会员和湖南青年参加，为此奔走联络，出力甚多。1918 年 8 月中旬，毛泽东组织 20 多名准备赴法勤工俭学的青年离开长沙去北京。在北京，毛泽东、张昆弟度过了最后的亲密时光，他们先住在北京大学教授杨昌济家，后搬到了离北大不远的三眼井狭小的房间里，他们"隆然高炕，大被同眠"。

勤工俭学这种既做工又求学的办法让大家极为向往，张昆弟、蔡和森等人都毅然踏上了异国的土地。但毛泽东因为种种原因没有赴法留学，而是留在国内，立足国内研究和国内新民学会等工作，投身于国内社会活动。1919

年 4 月，送别部分赴法勤工俭学湖南青年的毛泽东回到长沙，又兴起"新社会生活"的想法，计议在岳麓山建设以新家庭、新学校、新社会结合一体为根本理想的新村，对于学校的办法，他还拟定了计划书。但随着五四运动的爆发，湖南政局的紧张，毛泽东的"新村"计划付诸流水。他组织湖南青年参加五四运动，创办《湘江评论》，发起驱逐张敬尧的运动，奔波于长沙、北京、上海等地。即便如此忙碌，毛泽东对"新村"生活仍怀有梦想，他在 1919 年 12 月《学生之工作》一文中专就新村设想中关于学校问题详说。其中他提到了"在美则有'工读会'，在法则有'勤工俭学会'"，这两种都带有"新村"的性质。毛泽东兴致勃勃地在文中提出："我觉得在岳麓山建设新村，似可成为一问题，倘有同志，对于此问题有详细规划，或有何种实际的进行，实在欢迎希望的很。"

此时怀揣着"新村"梦想的张昆弟已抵达法国马赛，但让他和众多留学生没有预料到的是，在这片异国的土地上，已来法的学生很难找到工作，又无钱进学校，处境凄苦。为使全体勤工俭学学生都能工读，张昆弟、李维汉、罗学瓒等在留法学生中发起组织"工学励进会"，张昆弟被选为干事会的负责人之一。1920 年 7 月，新民学会在法会员及工学励进会会员共 20 余人在蒙达尔尼召开会议，确定新民学会的方针为"改造中国与世界"，但对于"改造中国与世界"的方法出现了分歧。一种意见是蔡和森提出的，主张激烈的革命，组织共产党，实行无产阶级专政，即仿效俄国十月革命的方法；另一种意见是萧子升提出的，主张温和的革命。张昆弟旗帜鲜明地赞同蔡和森的主张，认为"中国社会的改造，完全适应社会主义的原理和方法"。会议没有结论，张昆弟等决定写信给留在国内的毛泽东。毛泽东收到信后，于 1921 年元旦组织国内的新民学会会员开会，毛泽东极力主张无产阶级专政，并对此进行了清晰正确分析。经过激烈的讨论，毛泽东、蔡和森、张昆弟等的主张得到确定，新民学会的宗旨发生根本转变，从此，他们的奋斗与国家命运真切地联系在一起。

1920 年 10 月 18 日，张昆弟、蔡和森、罗学瓒等因为组织、参与争取生存权、工作权、求学权等斗争被法国政府强行遣送回国，留法勤工俭学之路被迫中断。

错杀

张昆弟回到国内后，在给叔父的信中说："吾决断从事改造社会之大业"，革命意志坚定。此后，他长期在北方从事工人工作，1922 年春，他在北京加入中国共产党。8 月，受李大钊派遣，以劳动组合书记部北京分部特派员身份到正太铁路从事工人运动。

1922 年 10 月 8 日石家庄正太工人俱乐部成立大会

代表合影，前排左六为张昆弟

随后，张昆弟参与开展劳动立法运动。1925 年被选为河南省总工会委员长。1927 年八七会议后，中共中央决定在天津成立北方局，张昆弟是该局成员。1928 年 5 月，张昆弟被任命为中共顺直省委工委书记。6 月，他出席在莫斯科召开的中共第六次代表大会，被选为中央审查委员会候补委员，并列席了共产国际"六大"。回国后，他到湘鄂西苏区从事工人工作。1932 年，湘鄂西苏区开展内部"肃反"，张昆弟受王明"左"倾机会主义路线的迫害，被诬陷有"反革命派别的阴谋活动"，7 月被秘密杀害于湖北瞿家湾，时年 38 岁。

　　张昆弟回国时，毛泽东正在湖南长沙主持中共湖南党组织工作，领导开展工人运动。八七会议后他组织发动秋收起义，率领部队上井冈山，与张昆弟的联系就此中断。志同道合的革命学友张昆弟在湘鄂西根据地被错杀他也没有得到消息。值得一提的是，后来在多种场合和会议上，毛泽东都指出"肃反"错杀了很多革命战友。

　　让人欣慰的是，张昆弟最终得到平反。1984 年洪湖县城为其重修了烈士纪念碑和纪念馆。

将肩挑日月

——毛泽东和罗学瓒

　　湖南省立第一师范是个卧虎藏龙的地方，从这里走出了斩荆披棘的开国将帅，从这里走出了赤胆忠心的革命烈士。有一个人，他的革命生涯虽然短暂，但是他满腔的爱国热情与他们一样沸腾，血的颜色一样鲜艳。他，叫罗学瓒，开国领袖毛泽东的同班同学。他与毛泽东相交相携的真挚友谊也成为了他短暂一生的亮丽色彩。

立志在匡时

　　罗学瓒，号云熙、荣熙，1894 年生，湖南湘潭县马家河人。1913 年罗学瓒考入湖南省立第四师范，与毛泽东同校，四师并入一师后，与毛泽东同分在第八班，成为了聚集在毛泽东周围志同道合中的一员。与大多数同学不同，罗学瓒家境富裕，他读完小学后，父母要他帮忙打理家业。但是罗学瓒眼见老百姓过着苦日子，祖国内忧外患，进高小时就毅然立志，要为救国而读书。他常对人说："受教育的人就应当是救我们国家的人，这是责无旁贷的。"他冲破家庭重重阻碍，请老师、校长、族人说情，才让祖父勉强同意他念书。

　　在一师求学的过程中，罗学瓒对社会现状，国情民情有更多的了解和感触，从他的诗词中可以发现此时他的志向也有了更明确的目标。罗学瓒遗诗 20 余首，多为在校时书写。其中：

自　勉

（书此以为异日遇艰难时之反省也）

不患不能柔，惟患不能刚；

惟刚斯不惧，惟刚斯有为。

将肩挑日月，天地等尘埃；

何言乎富贵，赤胆为将来。

随　感

我心如不乐，移足晤故人。

故人留我饮，待我如嘉宾。

开怀天下事，不言家与身。

登高翘首望，万物杂然陈。

光芒垂万丈，何畏鬼妖精？

奋我匣中剑，斩此冤孽根！

立志在匡时，欲为国之英。

"将肩挑日月""赤胆为将来""立志在匡时""欲为国之英"，从罗学瓒的诗句中，可以真切地感受到他的伟大志向。而后来的事实也证明罗学瓒是一个言出必行，敢作敢当的英雄人物。

罗学瓒十分珍惜来之不易的学习机会，勤学不倦。一师求学，他写了一首偶感诗："读书行乐处，作事养心时。世事浮云过，艰难我不知。"以读书为乐，什么艰难也不知道，他诚恳踏实的作风，认真学习的态度，为全班同学所爱重。很快，罗学瓒发现这样"一心只读圣贤书"的求学方法并不可取，由于缺少运动，他身体日渐衰弱，常生病感冒，眼睛又高度近视，于是他决心改变，开始注重锻炼身体和意志力。他在日记中记载："近数周来，于下午与同学远游三四里，或临山，或眺水，觉心志愉快异常，真大有益处。"

不久,他的身体素质大大提高,但仍不会游泳,罗学瓒很想学会这项技能。恰好,毛泽东从幼时起就十分爱好游泳,且游泳技术高超,他可以长时间游泳,并可以在水中直立身体做立正、稍息等动作,还可以在水上"睡觉""坐凳子"等。毛泽东悉心教罗学瓒游泳,使他很快爱上了这项运动。有时天冷,风大水凉,大多数人都不再去游泳了,但是毛泽东和罗学瓒全然不顾这些。罗学瓒1917年9月20日在日记中记载:"今日往水陆洲头泅游,人多言西北风过大,天气太冷。余等全然不顾,下水亦不觉冷,上岸也不见病。坚固皮肤,增进血液,扩充肺腑,增加力气,不得不谓运动中最有益者。"10月8日又写道:"余前数日,因浴冷水,致身痛头昏。休养数日,少饮食,多运动,今日已痊愈,复与毛君泽东等往河干洗擦身体一番,大好快畅。"为了锻炼体格和意志力,春风时节,他们高声叫嚷,迎风快跑,说这是风浴。烈日当空时,就露出皮肤,说这是日光浴。下雨时,就脱掉衣服让雨淋,说这叫雨浴。已经下霜的日子,他们仍露天睡觉,甚至到了十一月份,还在寒冷的河水里游泳。这些锻炼活动确实对于毛泽东和罗学瓒增强体格有很大帮助,毛泽东延安时期回忆:"我后来在华南多次往返行军中,从江西到西北的长征中,特别需要这样的体格。"罗学瓒也因为身体得到了锻炼,强壮了许多,得以在艰苦的勤工俭学和革命活动中坚持下来。

共同的爱好增进了他们的友谊。他们指点江山,激扬文字,到中流击水,意气风发。1917年9月30日,毛泽东、罗学瓒等16人租两条小船,环游水陆洲一周,过后罗学瓒作诗:

咏　怀

(与诸友人雇舟畅游水陆洲一周后)

龙蛇争大地,豹虎满环瀛。

蹂躏无余隙,巢空草木惊。

安得异人起,拔剑斩妖氛。

倾洋涤宇宙,重建此乾坤。

一同登乐园,万世庆升平。

　　毛泽东和罗学瓒除了有共同的志向外，也有相近的处世方法。毛泽东求学的目的是为救国救民而增进自己的知识和才干，他深知合群奋斗的重要性，曾以"二十八画生"的名字在长沙各学校贴出"征友启事"。在他的周围，逐渐聚拢了一批有志青年。毛泽东和朋友们认为时局危急，求知需要迫切，他们的一言一行，都一定要有一个目的，没有时间谈情说爱，也不屑于议论身边琐事，他们相约"三不谈"：不谈金钱，不谈男女之事，不谈家务琐事。毛泽东后来回忆说："在这个年龄的青年的生活中，议论女性的魅力通常占有重要的位置，可是我的同伴非但没有这样做，而且连日常生活中的普通事情也拒绝谈论。记得有一次我在一个青年的家里，他对我说起要买些肉，当着我的面把他的佣人叫来，谈买肉的事，最后吩咐他去买一块。我生气了，以后再也不同那个家伙见面了。我的朋友和我只愿意谈论大事——人的天性，人类社会，中国，世界，宇宙！"罗学瓒也非常重视结朋交友，认为"人将欲有为于社会，安能特立独行……不交于人，非所以处世也"。为不滥交，他也立下"三不交"原则：第一是有势利的人不交；第二是品行卑污、无远大志向的人不交；第三是好诒谀之人不交。"三不谈"和"三不交"代表了当代有志青年的朋友观、人生观。毛泽东和罗学瓒等人的友谊是高尚深厚的。

1919 年 5 月毛泽东（二排左三）、罗学瓒（二排左四）等湘潭一师校友合影

1917 年 9 月 25 日，毛泽东发起成立第一师范湘潭校友会。对此，罗学瓒积极支持。他在当天的日记中记载了发起校友会的情况："毛君泽东发起第一师范湘潭校友会，余甚赞成，盖有数利：一、谋发展湘潭教育，宜有团体；二、吾人能联络感情，可以质疑问难，以文会友；三、有团体，不至特立独行，为世所遗；四、异日为小学教师，应兴应革，互策进行，不致孤陋寡闻。此事于人于己都有利益。"湘潭校友会于 1917 年 12 月 14 日正式成立，毛泽东主持召开成立大会，报告筹备过程，随后通过了校友会规约，罗学瓒被推任湘潭校友会文牍，负责事务工作。罗学瓒积极参与筹备活动，做了大量工作，后来在 12 月 14 日湘潭校友会正式成立时，被选为担任文牍，负责校友会的具体事务。

一师几年生活，罗学瓒与毛泽东的感情愈加深厚。罗学瓒对毛泽东十分钦佩，在家信中曾说毛泽东是"敦品力学之人"，和他"朝夕相处，时有受益"。

赴法留学

毛泽东发起成立新民学会后，罗学瓒成为会员之一。罗学瓒在给祖父的信中曾表述新民学会的动机："孙推测将来不久，中国难免不为外国所分割，百姓难免不为外国所杀害，故近日青年多为此惧，思组合同志，结成团体，为中国做一些有益的事，以谋中国之富强，为中国百姓开一条谋生之路，以图异日起死回生。"不久，毛泽东等决定组织新民学会会员到法国留学。为此，毛泽东四处奔走，为留法同学争取权益。考虑到罗学瓒长于教育等实情，毛泽东并不赞同好友赴法。他给已毕业回家的罗学瓒寄了一张明信片，上面写道："……弟又有一言奉商者，兄于从事工艺似乎不甚相宜，而兄所宜乃在教育。弟与蔡君等往返商议，深以同仁多数他往，无有几个从事小学教育之人，后路空虚，非计之得。近周君世钊就修业主任之聘，弟十分赞同欣慰。前闻兄有担任黄氏讲席之说，不知将成事实否？往保固是一面，然不如从事教育之大有益，性质长此，一也；可使研究与性质相近之学，如文科等，二也；育才作会务后盾，三也。有此诸层，似宜斟酌于远近去住之间，而不宜冒然从事。（南洋亦系教育，暂息以候南信亦是一法）"毛泽东十分恳切，考虑周全，甚至连可以去南洋留学都为罗学瓒想到了。但罗学瓒已下定决心要"考察强国的情况，学习强国之经验，要见见中国以外的大世面"，他不顾家里阻挠坚持要赴法。毛泽东见他决心已下，就不再勉强，转而支持他。罗学瓒得偿心愿，与毛泽东一起赴京，先在北京大学留法预备班学习。他在给家人的信中赞扬说："毛润之此次在长沙招致学生来此，组织预备班，出力甚多。"

在北京学习期间，罗学瓒亲眼目睹了军阀的所作所为，对军阀政府产生了严重的不满。他曾亲笔写了一副对联来讽刺政府议员和军阀：

名誉我所欲也，金钱亦我所欲也，两者不可得兼，舍名誉而取金钱也；
国家我所欲也，富贵亦我所欲也，两者不可得兼，舍国家而取富贵也。

1919 年，罗学瓒启程前往法国，他在赴法途中写了几篇游记，后来寄给毛泽东并在《湖南日报》上刊登。到法国后，他进入公立学校读书，随后又被分配到法国南部钢铁厂工作。罗学瓒在钢铁厂当电工，每天做工外，还坚持学习法语，阅读书报、杂志，积极参加社会活动。经过刻苦学习，罗学瓒学会了法文，还翻译法文著作《共产主义与经济进化》等。

罗学瓒与毛泽东靠信件保持联系，两人互通国内外情况与思想变化。1919 年 11 月 14 日罗学瓒写信给毛泽东、蔡和森、萧三，讲述法国留学之乐和勤工俭学可图大发展。同日，又单独致信毛泽东，信中真切地写道："不知你的母亲大人已完全好了没有？不知你的行止，现已决定了没有？"又道："惟弟甚愿兄求大成就，即此刻宜出洋求学……润之兄啊！你是一个有志的人，是我们同伴中所钦佩的人。"1920 年 5 月 25 日，又致信毛泽东、周世钊等人，讲述在法国工厂的生活："我在此地做工，每日十四弗郎二十生丁。学装修电机电灯等事技能可学得，生活也是很好的，觉得近数年来的生活，以在此地为最好。托尔斯泰说，人由劳动所得的生活，为最快乐。"7 月 14 日，罗学瓒又单独给毛泽东写了一封信，信中论及身体的问题，中国人四种错误，婚姻问题。他还说，要组织工学励进会和留法工学励进通信社，"现在法信稿，由我征集，我拟一概寄至长沙，由你处置，或投长沙报，或投上海报，或附登会务报告，都可以，不过要寄一份或两份报来。又会员欲另寄一份回家或朋友者，(登他自己的稿子的报)，亦请照办。(大概不多)"。勤工俭学励进会，后改名"工学世界社"，发展社员30多人，后来，大多数社员赞成以信仰马克思和实行俄国式的社会革命为宗旨。"工学世界社"的活动受到毛泽东的高度赞扬和重视，他要罗学瓒把该组织的详细情况告诉他，还把罗学瓒组织会友寄回国内的稿子交上海《民国日报》、北京《晨报》等报刊选用并积极联系这些报刊的主编，向他们大力介绍罗学瓒等人的文章。

在这封信里，还可以看出毛泽东曾经写过信给罗学瓒解释暂不出国的原因，"你前回写给子升和我的信，都收到了，你说要在长沙预备两年，要把古今中外学术弄个大纲出来，做出洋求学的准备，我很赞成。我现在觉得太无科学基础的人出洋，没有好多益处，求不到学术，常自觉抱愧，你可努力做去"。正漂身海外，求学无门的罗学瓒对于毛泽东要先弄清国内情况再出国的主张表示十分赞同。

毛泽东接到罗学瓒这封信后，于1920年11月26日即给他写了回信，说"兄七月十四日的信，所论各节，透彻之至"。对于身体问题，他说自己"生活实在太劳了"，"要养成读书和游戏并行的习惯"。对于罗学瓒曾在信中所述的中国人的四种错误，毛泽东认为"说得最透彻，安得将你的话印刷四万万张遍中国每人给一张就好"。对于婚姻问题，他回复："以资本主义做基础的婚姻制度，是一件绝对要不得的事。"最后，毛泽东诚挚地写道："你如不赞成我的意见，便请你将反对的意见写出。"

罗学瓒听从毛泽东信中的建议，在法国"从事周密的观察，和深湛的思考"。他广泛接触法国社会，对钢铁厂进行详细调查，撰写了一篇《法兰西工人》的调查报告，报告指出工人靠通常的罢工并不能解放自己，而必须从经济制度方面去改造，变财产私有制为均有制。

在密切地与工人的接触中，在深入的学习和调查研究中，罗学瓒的思想进步很快。1920年7月，旅法的新民学会会员在蒙达尔尼开会，当蔡和森提出中国要组织共产党，实行无产阶级专政的主张时，罗学瓒旗帜鲜明地支持蔡和森的正确意见。

鞭辟入里罗学瓒

1921 年 11 月，罗学瓒因为组织留法学生示威游行，争取"吃饭权、求学权、工作权"，被法国政府强行遣送回国，他结束了两年多的留法生活，回到了上海，并被介绍加入中国共产党。在北京中法大学学习半年多后，1922 年罗学瓒回到长沙。当时，毛泽东是中共湖南支部的书记，正在组织领导工人运动。罗学瓒立马投入到工人运动工作中，肩负领导、教育和组织人力车工人的任务。他和毛泽东讨论如何领导工人运动，对毛泽东要深入工人中，以交朋友的方式了解工人的痛苦和受的压迫的意见表示认可。为能够取得工人的信任，深入了解工人的情况，罗学瓒亲力亲为从人力车工人做起。他与工人们谈心，他和蔼、耐心、有见地，很快得到了工人们的支持。人力车工会成立后，他被推为工会秘书。他又在毛泽东的安排指示下，通过举办工人夜校的方法，把分散在城区各处的人力车工人组织起来，进行文化、政治教育，从中培养和发展了一批工人党员，成立了产业工人党支部。

12 月 11 日，毛泽东以湖南全省工团联合会总干事身份，率领罗学瓒、郭亮 20 余名粤汉铁路、泥木、理发、铅印活版等 11 个工会的代表见长沙县知事周瀛干、省警察厅厅长石成金。当时，由于劳资纠纷加多，政府压迫、破坏罢工的事件不断发生，工人的愤慨和恐慌情绪日甚一日，毛泽东认为"实有与各级行政官厅直接交涉之必要"。毛泽东和罗学瓒等人商量，向政府提出了十个问题，与之交涉：第一，请政府说明对工界的态度。第二，集会结社问题。毛泽东、罗学瓒等代表提出，政府不许集会结社是不符合省宪的。第三，表明工人的态度问题。第四，工人与政府接头问题。第五，设劳资裁判所问题。第六，人力车工会会牌被警方取下问题。第七，理发工会提出的营业自由问题。第八，笔业罢工拖延不决问题。第九，机械工会改选、更名问题。第十，缝纫工会旧总管不交财产文卷问题。为了有效解决问题，12 日毛泽东又率领罗学瓒等人继续会见省政务厅厅长吴景鸿，13 日会见了省长赵恒惕。经过毛泽东、罗学瓒等人坚持不懈的据理力争，最终上述十个问题基本得到了解决。

1923 年，人力车车主进行租费改革，通过改变币种变相涨价。起初，工人们没有意识到中间的猫腻。罗学瓒揭穿了这种行径，并向工人许诺，愿意带领他们向车主请愿。他组织了浩浩荡荡的人力车工人游行队伍，迫使车主答应减租的要求。他又带领游行队伍来到县政府门前，经过一天的说理斗争，使政府答应出面管理人力车市场等条件。以后他又领导工人多次开展斗争，到 1923 年底，长沙人力车工人的生活待遇和社会地位都有了改善和提高，人力车工会组织也随之得到发展，长沙 3000 余人力车工人，入会多达 2700 余人。在毛泽东、罗学瓒等人的共同努力下，湖南在 1922 年至 1923 年出现了第一个工人运动高潮。

毛泽东和罗学瓒也非常重视干部的培养和教育。毛泽东在 1921 年 8 月创办了湖南自修大学。罗学瓒回长沙后，成为自修大学的学员。后来，毛泽东又先后创办了自修大学附设补习学校和湘江中学，培养进步青年。毛泽东和罗学瓒都在学校任教，他们俩经常聚在一起讨论问题至深夜。罗学瓒还写有《实业与教育》《为什么要办平民教育》《环境与教育》等文，明确地提出"要改造社会，才能搞好教育"。

可以说，湖南党组织和工农运动是毛泽东一手领导组建和发展起来的，也同样离不开罗学瓒的努力和奋斗。1923 年以后，罗学瓒任过中共湘区委员、湖南省委委员兼组织部长、宣传部长等职。1924 年，他又被派到湘潭开展建党工作。而毛泽东这时根据中共中央命令离开湖南去中央工作。

1925 年，罗学瓒来到醴陵，任中共醴陵县委书记，投身于农民运动的洪流。他首先开办农民训练班并兼主任，分期分批为全县各区培训了大批农运骨干，短短时间内，在醴陵建立了 15 个区农民协会，313 个乡农民协会，农会会员发展到 58476 人。在北伐前，农民运动的组织已日臻完备。1926 年，根据毛泽东北伐战争要和工农运动相结合的指示，罗学瓒组织工农武装配合北伐军袭击醴陵的反动势力，为醴陵随后开展土地改革运动创造了良好环境。

工农运动的蓬勃发展引起军阀劣绅们的恐慌，中共党内很多人也不能理解，甚至连共产党负责人陈独秀都批评湖南工农运动"过火"了，"幼稚"了。

为了回答党内外对农民运动的指责和怀疑，毛泽东以国民党中央候补执行委员身份视察湖南农民运动。醴陵是毛泽东选中的一个站点。

1927 年 1 月 27 日，毛泽东到醴陵县。那天，醴陵县工人训练班正好举行结业典礼，罗学瓒要在会上作报告。得知毛泽东要来，他十分高兴，但又无法前去，便派人去接，结果派去接站的人因为不认识毛泽东错过了。毛泽东一个人背着包袱找到了地方，罗学瓒觉得很歉意，毛泽东却毫不在意地笑说："工作为重嘛，用不着来接。"罗学瓒组织邀集县农会委员长孙筱山和县工、青、妇等部门负责人与毛泽东进行座谈。他还向毛泽东详细汇报了醴陵农民运动情况。毛泽东得知全县农民都已发动后，兴奋不已："农民已经起来了，那很好，大家要继续努力做好工作。"又有人汇报东富寺打菩萨的情况，东富寺香火旺盛，属易、张、李等醴陵六大姓管辖，附近几个县的百姓都来此烧香拜佛，这里成为族权、绅权、神权三权集中的地方。通过醴陵县委的工作，农民觉悟提高了，破除迷信，烧毁神像，当地豪族也没有闹出大乱子。毛泽东听了，翘起大拇指表扬，认为是罗学瓒等同志平日训练有素、指导有方的一个奇迹。随后几天，毛泽东在罗学瓒的住地接连召开座谈会，广泛听取全县各地农民的汇报，收集有关农运发展的情况。毛泽东又在罗学瓒的陪同下，到醴陵各个乡调查研究。在醴陵期间，毛泽东还对建立和发展党组织、培训农运骨干、改进农会干部作风等问题发表了重要意见，有力地推动了醴陵农运的发展，也使罗学瓒增强了信心。2 月 4 日，毛泽东结束醴陵考察，回到长沙。不久，他就湖南农民运动情况写报告给中共中央，《湖南农民运动考察报告》全文发表。在这篇伟大的著作中，醴陵农运的盛况有生动记载。罗学瓒按照毛泽东的意见举办了农运讲习所，并以《湖南农民运动考察报告》作教材，为农运培养了大批优秀干部。

醴陵相别，成为了毛泽东和罗学瓒的最后一面。马日事变后，党的各级组织损毁严重。1927 年 9 月，罗学瓒以湖南省行动委员会委员兼中共湘潭县委书记的身份再次来到湘潭，重建党的组织。1928 年，被派往山东做党的工作并在齐鲁大学任教。1929 年，任中共浙江省委书记。由于叛徒告密，1930 年 4 月 30 日罗学瓒被捕，8 月被国民党杀害，时年 36 岁。

1961 年，谢觉哉挥毫作诗，称赞罗学瓒和另一位烈士陈佑魁：

浑身是胆陈佑魁，鞭辟入里罗学瓒；

远瞩高瞻天下小，出生入死一边站。

忠义之血不白流，阶级之仇彻底算；

三十年前恶战场，巍然两个英雄汉。

好学有远志
——毛泽东和邹彝鼎

邹彝鼎与毛泽东为湖南省立第一师范的同级同学，两人都好学有远志，意志坚毅，为人公正，品德高尚，在积累知识、探索真理的路上，两人密切同行。令人遗憾的是，邹彝鼎英年早逝，毛泽东为此扼腕叹息。

新青年

1915年的中国，列强环伺，积贫积弱，哀鸿遍野，饿殍满地，在这憋闷沉重的空气中，人们彷徨着、迷茫着、恐惧着，青年学子们向往着新的生活，却苦于在黑暗中找不到道路。9月，《青年杂志》的问世犹如清夜闻钟当头一棒，给层层黑幕中的青年带来曙光和希望。这本杂志由陈独秀在上海创刊，群益书社发行。陈独秀在发刊词《敬告青年》中勉励青年崇尚自由、进步、科学，要有世界眼光，要讲求实行和进取。由此，率先在中国高举起科学与民主两面大旗。该刊是新文化运动兴起的标志，《敬告青年》一文则成为新文化运动的宣言书。

1916年9月，《青年杂志》自第2卷改名为《新青年》，并以这个名字闻名于世。《新青年》在哲学、文学、教育、法律、伦理等广阔领域向封建意识形态发起了猛烈的进攻。

《新青年》一经出版，迅速在全国引起知识分子的关注，湖南第一师范教师杨昌济热烈欢迎《新青年》的出版。他立即自己出钱购买了一批该刊，除了自己阅读之外，还分赠给学生，这其中就包括毛泽东和邹彝鼎。杨昌济是一位具有强烈爱国主义和民主主义思想的教育家，他不遗余力地向朋友和学生们宣传介绍《新青年》里的文章，并为它撰稿。毛泽东后来回忆说："在我的青年时代杨昌济对我有很深的影响"，其实当时邹彝鼎等其他一师进步青年学子都如毛泽东一样，在言行等多

毛泽东读过的《青年杂志》

方面深受杨昌济的影响。毛泽东阅读了《新青年》之后，思想受到了新思潮的猛烈冲击，观念发生了剧烈的变化。一向爱好古典文学的毛泽东一时读韩文杜诗的兴趣降低了，有很长一段时间，每天除上课、阅报以外，看书就看《新青年》；谈话就谈《新青年》；思考也是思考《新青年》上所提出的问题。

邹彝鼎是一师第1部第6班学生，与毛泽东同级，他又名鼎丞，湖南湘阴人，1894年生。他平常就喜欢与毛泽东一道讨论问题，交换意见，两人常常互相期许，互相劝勉：要在天昏地暗的世界里寻找光明，要从层层网罗和包围中展开长翅，要使自己成为当世的栋梁之材，要使中国的政治、文化面貌根本改变。每当兴奋地谈论时，身材略显消瘦的邹彝鼎焕发出坚硬的力量，双目炯炯有神，声音铿锵有力。毛泽东对这位性格淳朴、热情真挚的同学十分喜爱。在毛泽东的影响下，邹彝鼎很快也迷上了《新青年》，他们常在一

起讨论《新青年》上发表的文章，并发表各自的看法。他们通过读《新青年》知道了陈独秀、李大钊等人，并十分佩服。毛泽东说："冲决一切现象之罗网，发展其理想之世界，行之以身，著之以书，以真理为归，真理所在，毫不旁顾。前之谭嗣同，今之陈独秀，其人者魄力雄大，诚非今日俗学可比拟。"邹彝鼎对此深以为然。在一场场思想火花的碰撞中，他们飞速地成长，并增进了相互的了解。

后来，毛泽东还以"二十八画生"为名在《新青年》上公开发表第一篇文章《体育之研究》。即便几十年后，在艰苦卓绝的斗争环境中，他也没有忘记《新青年》。他向美国记者埃德加·斯诺回忆自己的过去时说："《新青年》是有名的新文化运动的杂志，由陈独秀主编。我在师范学校学习的时候，就开始读这个杂志了。我非常钦佩胡适和陈独秀的文章。他们代替了已经被我抛弃的梁启超和康有为，一时成了我的楷模。"

陈独秀曾在《新青年》上针对封建思想文化的束缚，提出六方面要求，希望青年自觉奋斗：①自主的而非奴隶的；②进步的而非保守的；③进取的而非退隐的；④世界的而非锁国的；⑤实利的而非虚文的；⑥科学的而非想象的。毛泽东、邹彝鼎等青年学子正是如此，他们青春飞扬，奋发前行。在1917年6月湖南一师的"人物互选"活动中，毛泽东一举夺冠，而邹彝鼎以35票列为第三名，他的票数集中在"德育"一项，其中"敦品"8票，"自治"6票，"好学"16票，"克己"5票。"敦品"的具体内容是"如敦廉耻、尚气节、慎交游、屏外诱之类"；"自治"的内容是"如守秩序、重礼节、慎言笑之类"；"好学"的内容是"如不缺课、勤温习、好参考之类"；"克己"的内容是"如绝嗜欲、耐劳苦之类"。前五名唯独邹彝鼎在"克己"上得票。

工人夜学

1917年的秋天，湖南省立第一师范的老师们皱眉苦思，屡屡开会难以决议，他们面临着难以选择的境地：1916年12月一师创办了工人夜学，专收校内外失学之职工徒弟，教以文化知识。教职员是一师及其附小的教职员，因为他们肩负两部学生的教学工作，日中事繁，夜间上课精力不足，1917年上学期并未能很好坚持。下半年还要不要办工人夜校？不办，开办夜校的目的就是为了使一师附近的工人、人力车夫、小商小贩和其他过着最底层生活的穷人们有受教育、学文化的机会，半途而废如何面对这些朝不保夕、饥寒交迫却仍想学点知识的贫民。办，怎么办？谁来办？老师们意见不一。

毛泽东此时任一师学友会总务兼教育研究部部长。他总结了以往办夜学的经验教训，认为工人夜学需要并且能够继续办下去，"我国现状，社会之中坚实为大多数失学之国民"，"此时固应以学校教育为急，造成新国民及有开拓能力之人材"。毛泽东平常爱好读书读报，对西方文化多有涉猎，他认为中国应该要学习西方的教育精神，"欧美号称教育普及，而夜学与露天学校、半日学校、林间学校等不废，保姆有院，聋盲有院，残废有院，精神病者有院，于无可教育之中求其一线之可教者，而不忍恝置。"一师办工人夜学，也当是"无可自倭"。毛泽东向老师们阐明自己的观点，得到了学校的支持。对于何人来办夜校，毛泽东提议由三、四年级学生主办。他说："吾等所学名曰教育，而在三四年级者，大都理论完毕，进于实习，设此夜学，可为吾等实习之场，与工业之设工场，商校之设商市，农校之设农场相等。"同时，毛泽东指出现在学校有一大弊端，与社会相隔相疑，应该"社会与学校团结一气"，"学生视社会之人如手足"。毛泽东将办夜学的主张"商之校中教职员先生"，"无不赞成"。学校最终决定夜校交归学友会教育研究部负责。同学们对毛泽东这些看法也颇为赞同，邹彝鼎、张超、周世钊等人纷纷站出来表示支持毛泽东，参与夜校工作。于是，他们连日着手，筹办工人夜校。

夜学办在一师右侧的国民学校内。毛泽东亲自写《夜学招学广告》，广告用白话文写成，简洁易懂，全然站在为工人着想的角度，担心工人有疑虑，他先给警察分局长去函请予支持，在广告中，他写道："有说时势不好，恐怕犯了戒严的命令，此事我们可以担保，上学以后，每人发听讲牌一块，遇有军警查问，说是师范夜学学生就无妨了。若有为难之处，我替你做保，此层只管放心的。"然后和邹彝鼎等人挨户传告，"大受彼等之欢迎，争相诘问，咸曰'读夜学去'！铜元局一带，铁道两旁至洪恩寺一带，左自大椿桥，右至社坛岭、天鹅塘，共发出 600 张，并张贴通衢极密。"因为毛泽东、邹彝鼎等夜学教职员的筹备工作做得好，不到三天，"报名达百零二人"。

1917 年 11 月 5 日、11 月 7 日、11 月 8 日三个晚上，毛泽东召集邹彝鼎等人开会，就夜学问题商议进行办法。夜学根据报名者文化程度分甲、乙两班，每班每周三夜，每夜二时，分国文、算术、常识三科，国文三时，算术一时半，常识一时半。常识分为历史、地理、理科、卫生等 9 门。毛泽东兼教甲班历史，邹彝鼎任甲班国文教员。国文内容，分认字、写字、短文、便条、信札等项，讲义归教授的人编，自负付印、保管之责。11 月 9 日晚 6 点半，毛泽东、邹彝鼎等提前赶到国民学校迎接报名的工人，学生逐渐报到，根据安排，邹彝鼎和另外三个同学负责安排报名者做试验。每人发一张纸，要求写明姓名、住所等。有清楚不误全写出来的，有略写街名二三个及姓名住所的，有姓名不能写好的。等全部交卷后，邹彝鼎把试卷交毛泽东、单传世，由他们进行分班。分班后，师范学监主任方维夏、夜学主任周渭航致训词，他们向工人们介绍夜学各职教员，谓均系能写、能算、能作的人。11 月 12 日，甲班上国文课，这是夜校第一次上课，先是毛泽东向学生介绍邹彝鼎。邹彝鼎讲授《贮蓄》，末附授杂字四句，邹彝鼎详细给大家解释难字及意义，然后，范读、齐读。再每人发两张习字纸，以一张打格子。邹彝鼎讲授 1 点半钟。为了及时总结办校和教学经验，积累资料，毛泽东特意设置了夜学日志，并带头填写。日志记得很详尽，并有每天上课情况的总结。在这天的日志中，毛泽东记录："教授两点余钟，学生听之颇能娓娓不倦。"毛泽东对邹彝鼎的夜学工作表示高度认可。

毛泽东、邹彝鼎等人勤勤恳恳，任劳任怨，帮助工人们提高文化水平，一师校志记载夜校"各先生均系热心教授，纯尽义务"。为了稍示酬报之意，一师放寒假前，毛泽东和方维夏召开夜学工作总结会，并"请大餐两席"。

会章的起草者

几年的求学生涯，毛泽东、邹彝鼎等人志趣相投，共同奋斗，他们日益深切地认识到"集合同志，创造新环境，为共同活动"需要建立一个严密的组织，经过多次的酝酿，1917年冬，毛泽东、蔡和森、邹彝鼎等人决定成立"新民学会"。成立一个组织，面临的第一个问题就是章程，这决定了组织的性质、发展方向等。这项重大任务由毛泽东和邹彝鼎负责。1918年3月，他们两常聚在一起，讨论章程细节，大量翻阅资料，很快就草拟出新民学会章程第一稿。他们给各位学会发起人传阅，征求意见。4月初，又根据大家的意见，重新起草了学会章程，条文颇祥。4月14日，新民学会成立，毛泽东、邹彝鼎、蔡和森、张昆弟等14人到会，会上讨论通过了毛泽东、邹彝鼎起草的会章，具体条文如下：

第一条，本会定名为新民学会。

第二条，本会以革新学术，砥砺品行，改良人心风俗为宗旨。

第三条，凡经本会会员五人以上之介绍及过半数之承认者，得为本会会员。

第四条，本会会员须守左之各规律：

1. 不虚伪；2. 不懒惰；3. 不浪费；4. 不赌博；5. 不狎妓。

第五条，会员对于本会每年负一次以上通函之义务，报告己身及所在地状况与研究心得，以资互益。

第六条，本会设总干事一人，综理会务；干事若干人，协助总干事分理会务；任期三年；由会员投票选充之。

第七条，本会每年于秋季开常年会一次；遇必要时，并得召集临时会。

第八条，会员每人于入会时纳入会费银壹元，每年纳常年费银壹元；遇有特别支出，并得由公决征集临时费。

第九条，本会设于长沙。

第十条，会员有不正行为，及故违本简章者，经多数会员之决议，令其出会。

第十一条，本简章有不适用时，经多数会员决议，得修改之。

会上，还讨论了"会友出省、出国诸进行问题"。

6月下旬，毛泽东、邹彝鼎等人又在湖南一师附属小学参加新民学会会议，讨论"向外发展"问题。会议认为留法勤工俭学有必要，应尽力进行。随后，蔡和森先行到北京接洽，毛泽东、邹彝鼎等人在湖南邀集志愿留法的同志。

邹彝鼎家境贫寒，旅费难于筹措，他在老家有一个定亲的未婚妻，并不希望他远涉重洋。同时，新民学会会务工作乏人，当时新民学会会员打算一批出国勤工俭学，另留一批会员立足于国内，有鉴于此，毛泽东、蔡和森等商议，建议邹彝鼎暂留长沙"提挈会中大事，三四年后，必有可观"。但邹彝鼎一直以来刻苦求学，希望"创成湖南之精神的系统的教育"，一向"好学有远志"的邹彝鼎毅然决定排除万难赴法勤工俭学。毛泽东尊重邹彝鼎的这个选择，全力为他谋划赴法。8月中旬，毛泽东和邹彝鼎等20多名准备赴法勤工俭学的青年离开长沙，从汉口乘火车去北京，途中因铁路被水冲断，在河南郾城停留了一天一夜。在郾城耽搁的时间里，毛泽东和邹彝鼎等几个同学三三两两地在附近和老乡们交谈，了解风土人情。

8月19日，他们到达北京。经已在北京大学任教授的杨昌济先生协助联系，发起留法运动的蔡元培、李石曾同意为湖南青年先办三处留法预备班，分设在北京大学与河北保定、蠡县。毛泽东做出湖南学生留法勤工俭学计划，主持此项事宜，为了解决生活问题，经杨昌济介绍，进入北大图书馆当助理员。邹彝鼎则与萧子升、陈赞周、罗学瓒等会友进了北京留法预备班。

极不幸的事

毛泽东、邹彝鼎等人在北京的生活十分艰苦，毛泽东曾回忆说："我自己在北京的生活条件很可怜。……我住在一个叫做三眼井的地方，同另外七个人住在一间小屋子里。我们大家都睡到炕上的时候，挤得几乎透不过气来。每逢我要翻身，得先同两旁的人打招呼。"大家穿得也很单薄，到了冬季，天气转冷，一群人却只靠一件旧棉衣御寒。饮食也十分简陋，经常吃不饱肚子，有一次他们甚至用脸盆做了一盆面糊糊充饥。

　　身体单薄而又苦志求学的邹彝鼎不幸病倒了，他虽然勉力支撑，但到1919 年 1 月病情加重，毛泽东与在京会友商量，由李维汉、张昆弟护送邹彝鼎回湖南。4 月，邹彝鼎壮志未酬，因病而卒。

　　毛泽东因为母亲病重在 4 月份也回到湖南，亲侍母亲汤药。他惊悉邹彝鼎去世的噩耗，悲痛难已，又念及蔡和森、向警予、欧阳泽等诸多学友都是身体不佳，多有肺病或呕血之疾，深为担忧。在与海外新民学会会友通信时，多次为邹彝鼎等病逝感到痛惜，并希望国外诸友珍重。与邹彝鼎同样熟识的罗学瓒在回信中说：“你前说国内各熟人，死得可惜，要我们珍重，很是不错的。中国读书人，一味注意读书，每每以身殉学，这种毛病，真可叹息 (也可说是家庭、社会和学校的环境太坏造成的)。”

　　1920 年，毛泽东在起草《新民学会会务报告》(第一号) 时，专在第五节中写道：“这里要述两件极不幸的事：即民国七年七月会友叶瑞龄之去世，及民国八年四月会友邹鼎丞之去世。”毛泽东还不惜笔墨地写下了一段纪念文字：“邹君名彝鼎，湘阴人，与叶君 (指叶兆桢) 同学同班。好学有远志，持身谨严而意志坚毅。七年十月赴北京留法预备班。因历年积劳得病，至此迸发。八年一月回湘，四月竟死。所作日记及论文数十本，朋友们想替他刊出其警要，但现在还没有刊。凡与他接近过的人，大概没有不觉得他是一个可敬可爱的人。他有一个极爱念的未婚妻，临死寄给她一封信，可惜没有第三人看见，不能将他的遗墨存留。他是发起学会的一个重要人。他于学会之发起，既认为必要，便毫不游移。他于学会抱有极大的希望。他丝毫不料他自己之不幸短命。他之从善如流，他之改过不吝，他之胸怀坦白、毫无城府，他之爱人如己，他之爽快，他之勇敢，他之真诚，他之好学，他之对于道义之热情——这些都是曾经和他见过面，或曾经和他相处较久的人所知道的。”

志同道合　救国救民

——毛泽东和蔡和森

　　他们是校园的风云人物，被老师视作"海内人才"；他们是亲密战友，心心相印，为了对方甘愿名利相让；他们是最契合的同志，互相信任、学习，为中国共产党的建立和发展做出了不可磨灭的贡献。毛泽东和蔡和森曾是他们时代的杰出人物，他们间的真挚友谊更是成为一段佳话。

救国必先重二子

　　蔡和森，原双姓蔡林，名龢仙，字润寰，号泽膺，学名蔡林彬。湖南湘乡县永丰镇 (今属双峰县) 人，1895 年生于上海。1913 年秋，蔡和森考入湖南省立第一师范，被编入第六班。1914 年，湖南省立第四师范与第一师范合并，原在第四师范学习的毛泽东转入第一师范，与蔡和森在同一级读书。不久，毛泽东和蔡和森相识，从而拉开了两个伟大人物革命友谊的序幕。

　　蔡和森和毛泽东都是学生中的佼佼者，两人的人品、学问、胆识俱佳，且都有胸怀天下的伟大志向和刻苦奋进的精神。1912 年，蔡和森在双峰高等小学读书时，在自己的本子上写下范仲淹的名句"先天下之忧而忧，后天下之乐而乐"，以此为座右铭勉励自己要牢记百姓的苦难生活。同样的，毛泽东读过《盛世危言》和帝国主义瓜分中国的小册子，萌发了爱国思想，认为"天下兴亡，匹夫有责"。

两人都是嗜书如命，思读结合。毛泽东在童年时代就借遍了韶山冲能够读到的书，他常常在深夜里把屋子的窗户遮起，使父亲看不到灯光或者干脆就躲到被子里看书；1912年毛泽东在湖南省立图书馆自修半年，每天早晨图书馆一开门就进去，中午只停下来买两块米糕吃，这就是他每天的午饭，他天天读到图书馆关门才出来。毛泽东读了亚当·斯密的《原富》，读了达尔文的《物种起源》和约翰·穆勒的一部关于伦理学的书，还读了卢梭的著作、斯宾塞的《逻辑》和孟德斯鸠写的一本关于法律的书。他在认真研读俄、美、英、法等国历史地理的同时，也阅读诗歌、小说和古希腊的故事。蔡和森爱好读书，有时身上仅有一个铜板，也宁愿饿肚子，用这个铜板到图书馆去看书。1915年秋，蔡和森认为一师课程太多、太杂，束缚了自学能力的发挥，在得知湖南高等师范学校设立了专科文学部，课程集中在文史方面，符合他的学习方向后，他转入了高师，在专修科文学部乙班读书，专攻文史。1917年6月，蔡和森高师毕业，没有找到合适的工作，他并不因此而苦恼，反认为这是自学的极好机会。他利用住处与高师邻近，且有老同学在湖南大学筹备处当保管员的便利条件，经常借书回家阅读。在将近一年的时间中，他读了大量中外文史、哲学、自然科学等方面的书。在当时，毛泽东、蔡和森两人还都十分推崇墨子。他们对于"新学"与"旧学"，"中学"与"西学"相互关系的见解，更是几乎完全一致。他们认为，读书要采取分析批判的态度，不论新书、旧书，中学、西学都应该学，而且认为读书的目的，尤其是研读古史古书的主要目的，是找到历史规律性的东西，用来为现实服务。

共同的观念和崇高品行使他们达到了共同的境界，也使他们逐渐成为更密切、更相得的好友。他们经常聚在一起讨论学问，探讨时事。1915年5月，他们在伦理学教授杨昌济家里成立了一个哲学研究小组，此后与陈昌、熊光楚等同学常在星期六或星期日到杨昌济家中，请杨指导，对哲学和伦理学问题进行定期讨论。1918年4月，新民学会在长沙刘家台子蔡和森家成立，毛泽东、蔡和森等是发起者和学会的领导者。会议通过了毛泽东负责起草的《章程》，《章程》规定学会的宗旨为"革新学术，砥砺品行，改良人心风俗"。

学会的纪律为：不虚伪，不懒惰，不浪费，不赌博，不狎妓。蔡和森引证《礼记·大学》篇中有"在明明德，在新民"和梁启超在《新民是当务之急》一文中对"新民"所作的解释，"采补其本无而新之，以建设中国一种新道德，新思想，新精神"，给学会起了名字。

不久，毛泽东和蔡和森从岳麓山下蔡和森家中出发，徒步去游学。他们在大半个月内游历了湘阴、岳阳、平江、浏阳等5个县，感受各地风土人情，了解百姓疾苦。后来，蔡和森对家人说，这次"游学"虽然身无分文，但"润之会写字，替人写横幅对联，人家就给点酬金。……我俩在'见人说活，遇事帮忙'的八个字之下，得益不少。我想只要乐于助人，走遍天下也不难了"。

在探讨学问，追求真理的过程中，两人将对方当成了进步的动力，他们努力改进自己，学习对方的长处。蔡和森原本采用"静坐法"锻炼身体，但是毛泽东喜欢爬山、洗冷水澡等，蔡和森意识到毛泽东的方法更锻炼人的意志，于是加入到毛泽东的运动中。他们洗冷水澡，游泳，结伴畅游湘江，在雨中登岳麓山……他们经常早上四点半起床登山，并且每日进行冷水浴二次，早起后一次，临睡前一次，当雷雨风烈之时，他们更是冒风雨而行，体会"纳于大麓，烈风雷雨弗迷"。

和他们同时代的人回忆，当时品学兼优的毛泽东、蔡和森、萧子升被称为"湘江三友"。毛、蔡二人更是"怪人"，他们的思想、生活都与众不同。"远在五四运动以前，在湖南的一般先进青年中，就盛称毛蔡之名，而奉之为表率。"

不但青年们愿与之交往，就是老师对他们也十分器重。在一师和高师任教的杨昌济就极其推崇他俩，他常向好友推荐这两位得意门生。他家还特意辟了一间房子给毛、蔡等人聚会活动。毛泽东在一师曾带头掀起驱逐校长张干的学潮，张干在1915年上学期末宣布了省议会根据汤芗铭旨意作出的要学生交10元学杂费的新规定，汤芗铭是拥护袁世凯的，学生们出于对袁世凯和汤芗铭的愤慨，认为这个规定是张干为了讨好当局而主动建议的，因此对张干也怨恨起来。毛泽东和一些同学连夜印刷传单，批评张干专横跋扈，办学无方，后有人告密，张干要开除毛泽东等为首的17名学生，但幸亏有杨昌济、徐特立等老师极力劝阻、反对，才改为给毛泽东记大过处分。无独有偶，蔡和森在高师读书时，为了拥护《新青年》宣传的反孔思想，拒绝参加学校每月朔日的祀孔活动，反对以"六经"作为主课。他的叛逆行为引起学校当局的不满，校长要将他除名。最终是杨昌济等老师大力保护，蔡和森的学籍才得以保住。杨昌济还在临终前写信给好友章士钊请他帮忙照应两个得意门生，并说："吾郑重语君，二子海内人才，前程远大，君不言救国则已，救国必先重二子。""二子"，就是指毛泽东和蔡和森。

志同道合

1918 年，蔡和森、毛泽东均已从学校毕业，正当他们筹划下一步行动时，接到了杨昌济从北京寄来的信，知道了留法勤工俭学的消息。6 月下旬，毛泽东、蔡和森同萧子升、周世钊等人在湖南一师附属小学召开了新民学会会议，讨论会友"向外发展"问题。会议认为留法勤工俭学有必要，应尽力进行。25 日，蔡和森先行进京进行联络。经杨昌济介绍，他与蔡元培、李石曾等留法运动发起人接洽，认为留法勤工俭学"颇有可为"。

蔡和森及时向毛泽东写信说明在京联络情况，并转达杨昌济希望他来京，入北京大学学习的意见。以后又在信中多次催毛泽东早日来京，说"吾辈须有一二人驻此，自以兄在此间为最好"；"兄对于会务，本有经纶天下之大经、立天下之大本的意趣，弟实极其同情"；"弟事殊不好为计，故亦望兄来指教"。蔡和森在给邹彝鼎的信中还说："驻京惟有润兄最宜，弟则反恐不经济。"毛泽东回信同意上京，蔡和森无比高兴，回信表示："只要吾兄决来，来而能安，安而能久，则弟从前所虑种种，皆不成甚问题；盖所仰赖于兄者，不独在共学适道，仰尤在与立与权也。"从蔡和森信中，可以看出他对毛泽东的倚重。确实如此，蔡和森在同学和友人中极力推崇毛泽东。当年和他一起留法的沈宜甲回忆："对于友辈，和森最称道者为毛主席，云人生少年绪合至重要。蔡和森云，毛主席为了不起的人物，是'坐定如山，意坚如铁'，言不及私，只为天下大事。劝我必须与毛主席也成为好友。"

8 月 19 日，毛泽东根据蔡和森介绍的情况，率新民学会会员 20 余人到达北京。蔡和森特意从河北保定布理村留法勤工俭学工艺学校搬来北京三眼井胡同七号与毛泽东等几人同住。北京风起云涌，各种新思潮新运动首先在这里兴起，蔡和森和毛泽东一面为湖南青年留法做计划，一面如饥似渴地吸取当时世界的新思想和新学说。

五四运动爆发后，毛泽东回到湖南，他和蔡和森分别在湖南、北京参加了游行示威。毛泽东在《湘江评论》上刊载文章："我们不说，谁说？我们不干，谁干？""我们总要努力！我们总要拼命的向前！"蔡和森则表示："吾辈不努力为先，尚让何人去做？尚待何时去做？"两人一致都有为国为民、敢为人先的志气和勇气。

1919年12月中旬，毛泽东到上海为蔡和森等赴法勤工俭学的人员送行。此后，虽然通信不便，一封信件经常要几个月辗转才能寄到，但蔡和森和毛泽东书信往来非常频繁。蔡和森给毛泽东写信，介绍到法国后自己和其他新民学会会员的情况，谈论自己的打算，并利用得天独厚的条件，把在法国接触到的西方社会思潮介绍给毛泽东。1920年5月28日，他在给毛泽东的长信中说："我在法大约五年，开首一年不活动，专把法文弄清，把各国社会党、各国工团以及国际共产党，尽先弄个明白。一面将社会、工团、无政府、德谟格拉西……加番研究。一年中以蛮看报章杂志为事，一年后兼习说话听讲。"毛泽东给蔡和森写信，则介绍国内的情况和新民学会发展、个人发展的计划。对于蔡和森、向警予冲破封建枷锁，追求自由爱情的做法，他十分赞赏，号召国内的会员向他们学习："听得'向蔡同盟'的事，为之一喜，向蔡已经打破了'怕'，实行不要婚姻，我想我们正好奉向蔡做首领，组成一个'拒婚同盟'。"后来毛泽东与杨开慧、李富春与蔡畅等，都是受到"向蔡同盟"的鼓舞而结成的革命夫妻，并在当时的社会形成了一种崭新的婚恋风尚，即主张志同道合的结合，不要旧式婚姻的繁琐和陋习。

虽相隔万里，但相互促进，这个时期成为了蔡和森与毛泽东思想发生质的飞跃的一个时期，这对志同道合的挚友在1920年秋冬间由激进的民主主义者转变为马克思主义者。

从毛泽东负责编辑的《新民学会通信集》第三集来看，1920年8月13日蔡和森在给毛泽东的信中，先说明要编译传播运动的丛书"世界革命运动之大势""无产阶级革命运动之四种利器""世界革命之联络与方法""俄国革命后之详情"，又明确提出："我现认清社会主义为资本主义的反映，其重要使命在打破资本经济制度，其方法在无产阶级专政。……所以我对于中国将来的改造，以为完全适用社会主义的原理和方法。""我以为先要组织共产党，因为他是革命运动的发动者、宣传者、先锋队、作战部。"他又和毛泽东具体详述党如何准备组织，并殷切地期盼道："我愿你准备做俄国的十月革命。……因此你在国内不可不早有所准备。"可见，在新民学会会友中，蔡和森最早接受了马克思主义和无产阶级专政的方法。然而，蔡和森的观点当时并未被大多数人接受。在蔡和森致信毛泽东前，1920 年 7 月，新民学会在法会员于蒙达尔尼聚会，部分会员认为蔡和森主张的暴力革命论"太激烈"，新民学会在法会员发生了严重的意见分歧。在蔡和森写信给毛泽东阐述观点的同时，萧子升等人也纷纷给毛泽东来信表明观点。

当时的法国，不止是受到俄国十月革命的影响，建立了工人阶级政党，也有众多其他社会思潮。一开始，在法新民学会会员从五花八门的"主义"中选择的是用无政府主义救中国，如萧子升等认为："世界进化是无穷的，革命也是无穷的，我们不认可以一部分牺牲，换多数人的福利，主张温和的革命——以教育为工具的革命。"

1920 年 12 月 1 日毛泽东致信蔡和森、萧子升并在法诸会友，明确地表示："我对于绝对的自由主义，无政府的主义……都只认为于理论上说得好听，事实上是做不到的。因此我于子昇和笙二兄的主张，不表同意。而于和森的主张，表示深切的赞同。"对于萧子升等人的主张，他分析道："教育一要有钱，二要有人，三要有机关。现在世界，钱尽在资本家的手；主持教育的人尽是一些资本家，或资本家的奴隶……所以我觉得教育的方法是不行的。我看俄国式的革命，是无可如何的山穷水尽诸路皆走不通了的一个变计。"同时，毛泽东组织国内的新民学会会员召开会议，对蔡和森等人的观点进行了深入讨论。从 1921 年 1 月 1 日这天起，连续进行了三天的热烈讨论。毛泽东率先发言，对无产阶级专政的方法进行有力地分析论证，争取到大多数会员的支持。最终赞成采用布尔什维克主义的有 12 人，赞成德谟克拉西的 2 人，赞成温和方法的共产主义的 1 人，未定者 3 人。

毛泽东和蔡和森直接推动了湖南乃至全国建党的思想准备和组织准备工作。在"改造中国与世界"道路的苦苦探索中，毛泽东、蔡和森选择了一条共同的道路。

并肩作战

1921 年年底，蔡和森回国。1922 年 7 月，蔡和森出席中共二大，并被选为中央执行委员，任宣传部长和中央机关报《向导》主编。毛泽东因为忘了开会地点，又一时找不到任何同志，结果没能出席中共二大。直到 1923 年 6 月，两人都出席了中共三大，中央执行委员会选出陈独秀、毛泽东、罗章龙、蔡和森、谭平山五人组成中央局。毛泽东为中央局秘书。"三大"以后，毛泽东、蔡和森两家同住在上海闸北的三曾里。蔡一家住楼下后厢房，毛一家住楼下前厢房。楼下堂屋是招待来往客人休息的地方，楼上堂屋是中央局开会的地方。在前厢房，蔡和森同毛泽东经常研究《向导》周刊的稿子。在后厢房，向警予同杨开慧为女工夜校编写教材，两人经常并肩携手去女工夜校授课。蔡和森开始对中共三大做出的共产党员以个人名义加入国民党的决议有想法。毛泽东耐心做他思想工作，说明形势需要，并动员向警予劝说，最终解除了蔡和森的思想顾虑。毛泽东、蔡和森两家人如同一家人一样，生活上互相关心，工作上互相支持。

1927 年中共五大在汉口召开，毛泽东与蔡和森都出席了会议。在这次会上，蔡和森当选为中央委员，毛泽东为中央候补委员。"五大"后，毛泽东在武汉主持中共中央农民委员会工作，蔡和森经常到武昌都府堤 41 号毛泽东家里，与湖南来的干部和农民谈话，与毛泽东促膝谈心。6 月，因为繁忙的工作，儿时就患有哮喘的蔡和森肺病复发，他中央秘书长的职务又被解除，就住在毛泽东家里养病。毛泽东夫妇二人无微不至地照顾他，尽管自己生活拮据，但是想方设法给蔡和森补充营养，使蔡和森很快好起来。

　　在窘迫的生活面前，在残酷的革命斗争中，毛泽东和蔡和森始终同甘共苦，始终并肩作战，保持思想上的高度一致。

　　1927年8月7日，中共中央在汉口召开紧急会议，史称"八七会议"。八七会议是在中国革命的危急关头召开的，当时党内正处于思想混乱和组织涣散的状态，因为白色恐怖，环境极其恶劣，到会的中央委员不到半数。会议有三项议程：1. 共产国际代表作报告；2. 中央常委代表作报告；3. 改选中央政治局。在共产国际代表作报告后，代表们紧紧围绕统一战线中的机会主义路线问题、农民和土地问题、军事工作和武装斗争问题发言，毛泽东与蔡和森表现出高度地一致，批评陈独秀右倾机会主义错误。他们一致认为过去党在统一战线问题上，只重视上层几个领袖人物，而忽视了广大工农群众，这就使党失掉了群众基础。毛泽东以自己的亲身经历批评了过去中央反对农民运动的错误。蔡和森也说，五大的中心集中到土地革命，制定了很好的决议，但大会后的中央并不实行，而采取压制农民运动的态度。然而，他们关于农民问题的意见没有被共产国际代表罗米那兹采纳。在军事问题上，毛泽东着重指出：秋收暴动非有军事不可，党要非常注意军事问题。他说"须知政权是由枪杆子中取得的"。会后临时政治局分工前，毛泽东表示，不愿去大城市住高楼大厦，愿到农村去，上山结交绿林朋友。

　　在选举临时中央政治局时，会议十分热烈。共产国际代表提出了一个临时政治局名单，蔡和森进入中央政治局常委，而毛泽东榜上无名。蔡和森却表示宁愿自己不进，他说："和森之所以反对国际代表提出之名单（是与常委决定的），是因为除加一苏兆征同志及罗亦农同志外，一切皆是旧人"，"毛泽东……亦未在列，而如和森反在名单内有地位"，"毛泽东应加入"，在他的一再建议下，毛泽东被选为政治局候补委员。

　　为驳斥关于毛、蔡企图组织左派的诬蔑，蔡和森声明："和森与毛泽东同志之关系，绝对不是甚么企图组织左派；只因泽东一向反对中央农民政策，1926年冬季以来，完全代表湖南土地革命的倾向，为一切敌人之所痛恨，而为一切农民之所欢迎。所以马日事变后，和森主张回湘工作，'八七'会议时又主张他在中央。"

大革命失败的危急关头，蔡和森支持毛泽东的正确意见，主张土地革命和独立展开武装斗争。正是因为毛泽东、蔡和森等一批共产党员的坚持，挽救了中国革命和中国共产党。

1928 年，中共六大在莫斯科举行，蔡和森出席了会议。当时，毛泽东创建了井冈山革命根据地。蔡和森在大会上作了重要发言。他认为：(1) 武装斗争是土地革命时期农民运动的主要方式；(2) 只要发动广大群众，割据局面就有可能形成……蔡和森的发言，对毛泽东是非常有力的支持。毛泽东虽未出席大会，却被选为中央委员。

此后，蔡和森长期在上海和莫斯科两地工作，因反对过"左"的政策，于 1928 年被撤销政治局委员和中央宣传部长之职。1931 年年初，他从苏联回国，提出想去江西苏区，但中央派他去恢复刚被破坏的广东省委。因广州已难立足，他在香港联络同志开展工作。6 月，顾顺章叛变，带特务抓捕了蔡和森。1931 年 8 月 4 日，蔡和森牺牲。

毛泽东很久以后才得知这个惨痛的消息。1939 年 5 月，他与人谈话时提到蔡和森，沉默了良久，说："一个共产党员应该做的，和森同志都做到了。"

毛泽东十分关心蔡和森的家属。1938 年，毛泽东通过周恩来派人到湘乡把蔡和森的子女接到重庆，以后又设法送到苏联。1946 年 1 月 8 日，毛泽东在延安给正在苏联求学的蔡和森的儿子蔡博等人写信，鼓励他们不断进步，成为将来建设新中国的有用人才。

毛泽东和蔡和森的友谊在他们的子女身上得到延续。蔡博和毛岸英在苏联读书时成为了好友，两人相互鼓励，相互促进。他们都回国后，两人经常书信往来，毛岸英把个人计划、工作中的感想毫不避讳地告诉好友。可惜不久毛岸英牺牲在朝鲜战场。蔡博后来成为了我国著名的冶金专家。

从学友到战友，毛泽东和蔡和森这对志同道合的学友情深意重；从父辈到子辈，毛泽东和蔡和森的革命精神及友谊得以传承。友谊不因距离而分裂，不因生死而相断，毛泽东——蔡和森，他们的友谊如同他们光辉的名字一样永垂不朽。

笃念旧交

——毛泽东和贺果

贺果是毛泽东同班时间最久的同学之一，且他们的友谊延续到新中国成立后。毛泽东笃念旧交，帮助同学尽心尽力；贺果以一个忠实记录者和当事人的身份，向世人展现了这份珍贵的友谊。

运动健儿相勉励

"你有锻炼的兴趣，这是可贵的。但不要只偏重一两项，搞畸形发展，还应该懂得运动的目的，是为了增强体质，以便有充沛的精力去搞好学习，担负起改造社会的大任。"几十年后，这一番铿锵有力的话还清晰地镌刻在贺果的脑海中。

贺果，字佩钦，号培真，1896 年 11 月出生于湖南邵阳东乡罗浮岭马王塘(今邵东县九龙岭镇新安塘村)一个贫苦农民家庭。1911 年冬，贺果毕业于邵阳东湖小学，1912 年 1 月就读于驻省邵阳中学，同年底返邵阳北塔庵自学，1913 年，贺果考入湖南省立第四师范学习。

报到当天，贺果看到宿舍铺邻是位高个少年，也正在忙活。相互介绍得知少年叫毛泽东，和自己同班。因相似的家庭背景和自学的经历，两人聊得十分投机。正在互相了解之际，一位中年人走进了宿舍，笑着对贺果和毛泽东说："毛泽东同学，贺果同学，你们俩谈得好热闹呀！"贺果吃惊不已，问道："请问这位先生，您怎么知道我们的名字呀？"中年人笑着答道："你们报考四师不是交了照片么？"一位比毛泽东、贺果先报到的同学向他们介绍道："这位是我们四师的校长陈润霖先生！"毛泽东和贺果站起身来，向陈先生深深一鞠躬，表示敬意。

毛泽东说："陈先生，我们在社会上就听说您啦。今天能见到您，我们真高兴！"

"往后，"陈润霖拍了拍毛泽东的肩，"我们就在一块学习啦！你们两位入学的语文试卷我都看了。毛泽东同学，你写得一手好文章啊！"

毛泽东谦和地一笑，说："什么好文章啊？那是初出茅庐的涂鸦。"陈润霖当时还兼他们的任课老师，他很喜欢这两位好学的同学。

毛泽东和贺果在四师由相识到相知，两人有共同的运动爱好。四师校内有一块操坪，每当课余的时候，他们常相约去操场上或打球，或跳高、跳远。陈润霖以往在学生中倡导静坐炼心法，他受此启发，要求学生课余要多到操场上去运动。

次年，四师与一师合并，贺果仍与毛泽东同班。在一师，毛泽东对运动更有所得，他倡导"文明其精神，野蛮其体魄"。各项运动他都爱好，冷水浴、日光浴、风浴、游泳、登山、露宿、体操和拳术等都是他锻炼的项目。他习惯于把体育活动与磨炼意志和耐受力结合在一起。贺果却有所偏好，最初只爱打篮球和跳高。有段时间，学校为了在全省运动会中夺得锦标，苦心集训"球王队""选手队"。贺果是选手之一。他开始也和队员们一样有些忘乎所以，不守纪律，随意缺课。很快，贺果的功课落下了，成绩很不理想。毛泽东深为贺果对学业的忽视和对体育锻炼的偏爱而担心。他多次启发和引导贺果，说改造社会还需要知识。由此，有了上文的对话。当时满身汗水的贺果听了他的一席话，愣在当场，从来还没有人这样直白地当面议论过自己的兴趣，但他没有丝毫不悦，他知道毛泽东是把自己当朋友才如此直言不讳，倾心相交。"担负起改造社会的大任"久久萦绕在贺果心头，他从此有了新的规划。

在毛泽东的启发下，贺果不仅刻苦钻研功课，而且体育锻炼也注意纠正偏好。他常和毛泽东去散步、郊游、爬山。有一次两人爬到妙高峰，在君子亭谈天说地，说到体育运动，毛泽东提出了自己的主张，要"三育并重"，"身心并完"。体育锻炼，身体各部分都要活动，他一边说还一边给贺果示范运动。这些动作，就是毛泽东自编自做的"六段运动"。毛泽东后来公开发表的第一篇论文《体育之研究》在第八节中专门论述："愚既粗涉各种运动，以其皆系外铄而无当于一己之心得。乃提挈各种运动之长，自成一种运动，得此运动之益，颇为不少。凡分六段：手部也，足部也，躯干部也，头部也，打击运动也，调和运动也。段之中有节，凡二十有七节。以其为六段，因名之曰六段运动。"随后，他对六段运动的做法进行了详细阐述。当时，青年毛泽东对"国力苶弱，武风不振，民族之体质日趋轻细"的现象深感忧虑。一师曾死了7个同学，这些同学皆因埋头读书，不注意锻炼身体，最终身体衰弱而病逝。毛泽东为此感到十分痛惜，撰写挽联："为何死了七个同学，只因不习十分间操。"1917年他将自己的体育实践经验和研究成果整理成文，以"二十八画生"的笔名发表在同年4月1日《新青年》第3卷第2号上。毛泽东写道"体者，为知识之载而为道德之寓者也……"提出体育、德育、智育三育并重。这篇文章极其出色，它具有唯物观点和辩证法思想，是当时体育研究的精华。毛泽东的老师杨昌济先生曾评价：该文是当时全国论述最全面、写得最好的体育论文，对促进中国体育教学改革具有重要意义。近100年后的今天来看，该文的许多见解仍具有现实意义，如，"吾国学制，课程密如牛毛，虽成年之人，顽强之身，犹莫能举，况未成年者乎？况弱者乎？"

贺果受毛泽东的影响也逐渐在体育运动中成了一名全能型的选手。三年级时，贺果在足球方面表现很突出，跑得快，跳得高，动作敏捷，成为湖南第一师范最出色的的足球运动员，并被称为当时长沙的"八大球王"之一。

1916年秋，一师顺应时势创办学生课外志愿军。志愿军编制为一营二连，当时贺果为二连连长，毛泽东为一连连部上士。这批学生军当时为保卫学校，救援市民起了积极作用。

1917年，第三次远东运动会预备会在上海举行，湖南选派7名代表参加，其中一师就占了4名，即学生贺果、彭道良、刘培基和附小教员陈绍休。贺果等人在长沙大西门外码头搭乘轮船赴上海，临启航时，毛泽东匆匆赶来，将新购的一部《石头记》交到贺果手里，并对他说："你把它带到船上，好让大家消磨时间。"几人是头一次长途旅行，没有经验，谁都未曾想到在旅途中会闲得发慌，而毛泽东却体贴入微地替他们想到了。贺果双手接过《石头记》，内心十分感动。

难中相助

1918 年秋，贺果从一师毕业后想继续升学，但由于家庭经济困难，无法实现，他无奈回到了家乡。一天，他收到了毛泽东寄来的信，信中邀请他到法国去勤工俭学。原来，毛泽东、蔡和森等人发起组织赴法勤工俭学运动。这恰合贺果的心愿，他接到信后，连忙赶到长沙。他向一位同乡借了 60 元钱作路费，和李维汉等 20 多名湖南青年来到了北京。经毛泽东的介绍，贺果等人到保定育德中学赴法预备班补习。贺果在保定学习的一年里，仍和毛泽东书信往来频繁。毛泽东还曾特意从北京来到保定看望，并帮助贺果等人处理赴法的具体事宜。贺果等人家境贫寒，每月伙食费都难以筹出，也是毛泽东与蔡和森多次到华法教育会去申请，解决了贺果等人每月 3 元钱伙食费。伙食费有时接济不上，贺果只好去买烧饼充饥。滴水成冰的冬天，缺衣少食，他和几个同学挤在棉被里取暖，没有棉裤，就穿着三条夹裤过冬。是毛泽东的支持和鼓励，使贺果战胜了种种艰难困苦。贺果多次在日记中记载："发家兄十二号明片一张，毛泽东君明片一张。""是日下午，长沙初级班三十余人到此。余等在此同学多到站欢迎……肖君子昇、毛君润之，蔡君和森自北京来。""晚与和笙君、芝圃君（张昆弟）往第一栈与毛蔡诸君谈一时许。""晚写家信第十五号，发毛润之一片。""曾（星煌）从京归，带来毛润之、罗荣熙信各一函。"

1919 年冬，贺果等人在毛泽东的帮助下，远赴重洋来到法国。在法国勤工俭学的日子十分艰难，法人的歧视和排挤，语言不流畅，做工技巧不娴熟，等等，就如 1920 年 9 月 4 日，贺果在《留法勤工俭学日记》中记载："我们现在的时间,很可宝贵,很想去多读书,又不如愿;天天把时间卖给工厂里……我们实为经济所征服了,为生活所制住了。"可想而知,在这样苦寂的生活里,来自遥远家乡的书籍给予他们多大的慰藉。虽然隔着千山万水,毛泽东非常关心贺果这些身处异域他乡的同学们,常通过自己创办的文化书社给在法同学寄去大量书籍。如贺果日记记载:"因为近来文化书社付来一百余元书籍,不久又会有二百余元书籍寄来……"

毛泽东和他们互相通信,保持着密切的联系,他对他们思想进步十分关注。1920 年,贺果、罗学瓒等在法国发起组织工学世界社,毛泽东得知后,在给罗学瓒的信中说:"请你将组织、进行、事务等告我一信。"后来,他还赞扬工学世界社,说:"我们总要有主义地进行,在法同学组织的工学世界社——革命团体——那办法就很好!"

1920 年 12 月工学世界社成员在法国蒙达尔尼合影,二排右三为贺果

在贺果等同学留法期间,毛泽东不仅编印了《新民学会会员通信集》,还曾利用《湘江评论》刊登赴法同学的通信稿件、来往书信。《湘江评论》被迫停刊后,他积极向北京《晨报》、上海《时报》和湖南《大公报》《通

俗日报》等报刊推荐发表留法同学的文章。1920 年 10 月 29 日，在法国哈佛尔工厂做工的贺果写了一篇 2200 余字的文章——《我作工的感想》，经罗学瓒转寄给国内的毛泽东。毛泽东收到该文，认真的阅读后，感慨万千，写了一段热情洋溢的文字：

"培真君这篇'作工的感想'，请阅者注意，他这是'作工的'感想。这是怎么说，只是'事非经过不知……'乃'作者盖是过来人，故能道之如此'的意思罢了。诸君，年来国内的文化运动、劳动运动的话，不是闹得很热闹吗？冷眼的看来，几个'读书人'的笔墨运动罢了。他们的诚心不诚心，这未可全称否定，而他们之不足引起真正劳动者浓厚的同情，只因为他们是站在机声隆隆、煤烟如墨的工场旁边，和从来不惯住这不能出风头的农村的外面说话。——做文章的时候，所住的洋房子离工厂、农村还都远得很——那么，劳动者的真正痛苦，哪里会知道，不是隔靴搔痒是什么？培真君在工厂半年多之后的这篇文字，内容比那些笔墨运动家所说的没有那样好听好看，可是一锤子一笔，一凿子一字的，我们觉得沉痛一点罢。唉，单只恨那些做了半世工的劳动者，——尤以中国工人为可怜——凿了、锤了不可计数的，而不会写一笔一字说给大家听，诸君，这是什么原因？诸君，如果想知道这一点，请钻进工场里去罢，去呵，去呵，现在是时候到了呵！"

毛泽东这段文字 400 余字，"一锤子一笔，一凿子一字"，可见他对贺果勤工俭学的认可。他将他的评语连同贺果的文章寄送到北京《晨报》，并于 1920 年 12 月 24 日发表，毛泽东写的文字为"编者按"。不久，湖南《大公报》也全文转发。

独在异乡为异客，每逢佳节倍思亲。1920 年 9 月 26 日，身处异国他乡的贺果在日记中写道："今日是旧历中秋，去年今日已到上海，前年今日却在保定，再前年今日却在长沙。是晚还作环水陆洲的舟游，同船十余人，尽乐而归。今年今日，却在这里。""再前年今日"是指 1917 年 9 月 30 日中秋节的晚上。那年，一师范学校各班举行中秋节晚会。会后，毛泽东邀请贺果等 10 多名同学到水陆洲去泛舟。他们在铜元局附近雇了两只小船，环游水陆洲一周。至夜，清风明月，大家谈笑风生。船划出不远，毛泽东提议背诵唐诗中的诗句，要求每句含有一个"月"字，看谁背得多。贺果记起了唐代诗人张若虚的《春江花月夜》，其中含有"月"字的诗句不少，他便与张昆弟、罗学瓒等竞相背诵起来："海上明月共潮生""何处春江无月明""月照花林皆似霰"……毛泽东深为贺果在文学上的长进而高兴。船到水陆洲南头，夜已很深，毛泽东又提议上岸露宿沙滩，大家下船以大地作床，青天为帐，卧听湘江波涛声，不知东方之既白。

知己相聚，醉酒歌诗；峥嵘岁月，人生快意。琅琅的诵读声，爽朗开怀的笑语，汩汩的划桨声，和谐地融汇在一起。回忆往昔，温暖了孤独的游子心。

开除了倒好

1921年年底，贺果因参加占驻里昂中法大学的斗争，被法国政府强送回国。归国后，他即往贵州投身革命斗争，并于1924年加入了中国共产党。同年底遵照党组织指示赴莫斯科东方大学学习。1925年回国后，先后在安源煤矿、共青团长沙市委、邵阳老家、长岳游击司令部筹备处、南昌北伐军政治部、中共海丰县委从事革命工作，担任过南昌北伐军政治部组织科长、中共海丰县委巡视员、烟台刘珍年军政治部秘书等职。1930年，李立三左倾错误时期，贺果因不赞同冒险盲动行为而受到迫害，当地党组织不给他组织关系介绍信，致使他被迫脱党。此后，贺果从事教育工作。他生性耿直，洁身自好，宁可终老偏山僻壤，也不愿向国民党政府卖身求荣，生活十分艰难，有段时期沦为贵州瓮安城赶乡场的小商贩。1949年，瓮安解放时，他积极联络当地进步人士，为瓮安解放竭力献策。这段时期，贺果与毛泽东因革命形势紧张，联系被迫中断。

贵州解放后，贺果奉调担任贵阳市教育局局长一职。新中国成立初期，贺果在北京出席全国教育工作会议时，毛泽东多次接见他。昔年老同学见面，无限激情与感怀涌上心头。贺果于日记中详细记载："归新侨（饭店），统战部张同志通知，今天毛主席在怀仁堂请客，事先要我去见面。六时半统战部车来接。到统战部与李部长和笙（维汉）兄一道赴怀仁堂，……毛主席一人在，握手时说：'你是贺果，我以为你不在了！没有信来，我还不知道你还在呢！'谈些同班同学的情况和我过去的一些简单情况。"当毛泽东得知贺果被开除党籍时，毛泽东安慰他说："开除了倒好，不然，你一定完了！"虽然毛泽东以无所谓的口吻安慰老友，其实他了解贺果为革命所做的贡献和当年受到的打击，他对贺果的政治命运十分关注。在他的过问下，后来中共贵阳市委给贺果恢复了党籍。

毛泽东笃念旧交，情见乎辞。1952 年，贺果将自己的工作情况写信向毛泽东作了汇报，信中还表明了对毛泽东出访安全问题的担忧。当时，正好有一位外国总统访问中国，报载，这位总统邀请毛泽东回访，贺果看到这个消息便十分担心毛泽东出访中的安全。毛泽东及时回了信，信云：

贺果兄：

惠书敬悉。告我以中小学情形，极为有益。我暂时不会出国，请放心。情意勤恳，极为感念。问你好！

弟　毛泽东

1952 年 12 月 5 日

1956 年 4 月 29 日，毛泽东又亲笔给贺果复信："给我的信收到了，感谢你的好意。我情况还好，盼你保养身体。便时望将你的情况告我为盼！"

1973 年 1 月，贺果进京，却没有见到毛泽东。原来，毛泽东在 1972 年尼克松访华前休克过一次，身体还没有回复，但当时这个消息除了毛泽东身边的工作人员，只有中共高层极少的人知道。贺果虽然不明所以，但是作为毛泽东的客人，他在京的生活被安排得十分周到。毛泽东派王海容设宴款待他。每天都有参观游览活动，晚上观看文艺节目或电影。他还派王海容请贺果到全聚德吃烤鸭。后来，又派人送给贺果一千元钱，补他自费进京的花费。贺果将自己的危难处境，以及胞弟贺绿汀被"四人帮"组织迫害身陷囹圄的情况通过王海容转给了毛泽东。1 月 14 日，又写了一份书面材料转呈毛泽东。毛泽东对贺果兄弟都是十分了解的，决定出面帮助。一天，他当面责问张春桥："贺绿汀怎么样了？不要整了吧！"贺绿汀是著名的作曲家、音乐理论家、音乐教育家。他创作了《游击队歌》等著名歌曲，《春天里》《四季歌》《天涯歌女》等影片中的插曲至今仍家喻户晓，久唱不衰。

最后，在周恩来的具体过问下，贺绿汀终于从上海的监狱里放了出来。贺果闻讯弟弟出狱，非常感激毛泽东与周恩来，他十分想见毛泽东，表达自己的感激之情；但想到在监狱熬了几年的同胞弟弟，他决定先赶往上海去见弟弟，还计划以后再与弟弟一起来拜见毛泽东。谁知，贺果就此再也没有见到毛泽东。

1976年9月，毛泽东逝世的消息传出，贺果闻之犹如晴空霹雳，悲悔交加，失声痛哭，此时他十分后悔当年没有坚持面见毛泽东。

十年生死两茫茫，不思量，自难忘。耄耋之年的贺果，不顾身体不好，行动不便，曾两次进京瞻仰毛泽东遗容。1990年8月，贺果逝世。昔人俱乘黄鹤去，此地空余当年情。

同窗诗友　密切往来
——毛泽东和周世钊

在众多同学中，毛泽东与周世钊的友谊充满着温暖、浪漫的气息，他们同窗五载，志同道合，是益友，是挚友；新中国成立后，他们诗词唱和，心灵相通，是诗友，是净友。

同窗之谊

周世钊，字惇元，又名敦元、东园，1897 年 3 月 12 日出生在韶山邻乡的湖南省宁乡县石子冲一个农民家庭。相似的成长环境使两人性格上有吃苦耐劳等共同点，使得他们在 1913 年湖南省立第四师范第一次见面后就十分投契。1913 年，毛泽东考入四师。这之前，毛泽东已在湖南省立图书馆自修半年，他的父亲毛顺生不同意他自修，除非他考入学校，否则不肯再继续供养他，毛泽东在此时也认真地考虑自己的前途，认为自己最适合教书，在他看到师范学校不收学费、膳宿费低廉的动人广告后，于是报考了师范。这一年，小学刚毕业的周世钊也被录取，两人同被编入四师预科一班。他们同住一个宿舍，又在同一个教室上课、自修。一群激情飞扬的青少年正处于对世界、对人生、对知识的汲汲吸取中，在他们中间，爱读报、爱看书、爱讨论的毛泽东成为班上引人注目的一个，周世钊当时在班上也是优异突出的好学生，他品学兼优，古文功底扎实，兼之为人厚道，对教书也怀有浓厚的兴趣。志趣相投的毛泽东、周世钊常在一起讨论问题，两人很快成为密友。

他们相互影响，相互促进。毛泽东听课时记下了万余言的《讲堂录》，它主要是国文课和修身课的笔记，内容涉及哲学、史地、古诗文、数理等，对古今名人治学、处世、治国和有关伦理道德的言行记录较多，突出理想情操，求实好学，不务虚名等内容。凡典故、词义、要旨和警句，他都分条写出。他还以工整的楷书全文抄录了屈原的《离骚》和《九歌》，并将《离骚》的内容，分段提要，写成眉批。毛泽东不仅治学严谨、认真踏实，还有一种非凡的胆识与机智，有无限的活力与抗争精神，这些都使周世钊深为佩服并深深地影响了他。而周世钊身上温和敦厚、待人赤诚、顽强好学的特点亦为毛泽东所欣赏。

四师并入一师后，两人都转入一师读书，再次同被编入第八班。他们依旧深受老师和同学们的喜爱和称赞。当时，同学们给毛泽东取了个外号叫"毛奇"。毛奇是德意志建国时期普鲁士一个很有学问又很会打仗的将军。同学们以此称呼他，一是因为他姓毛，但主要是认为毛泽东是一个"志向非凡、与众不同"的奇特的人。

1917年6月，一师开展"人物互选"活动。"人物互选"是根据一师校章规定而开展的一项群众性活动。目的是考察学生学业与操行，促使学生进步发展。它分为德育、智育、体育三大部分，共17个项目；德育又

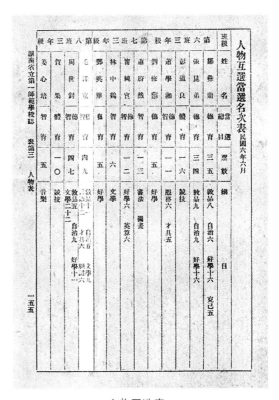

人物互选表

细分为敦品、自治、好学、克己、俭朴、服务等，智育包含文学、科学、美感、职业、才具、言语等，体育包含胆识、卫生、体操、国技、竞技等。校章规定：每人投三票，每票限举一人，被选者不以本班为限；采用双记名法，被选人写在上端之右，选举人写在下端之左；选举人应按照规定的标准，将被选人的考语事实写在票内。

全校 12 个班，575 名学生参加，当选者 34 人，最终毛泽东以 49 张得票占据第一名，仅他一人在德、智、体三方面都有得票，具体是"敦品"11 票，"自治"5 票，"文学"9 票，"言语"12 票，"才具"6 票，"胆识"6 票，"胆识"一项为他所独得。第二名是周世钊，得票 47 张，"敦品"5 票，"自治"9 票，"好学"11 票，"文学"22 票。超过 40 票的只有毛、周两人。

毛泽东、周世钊同声相应，在一师总务学友会，毛泽东任总务兼教育研究部部长，周世钊则任文学部部长；毛泽东、蔡和森等组建新民学会，周世钊也成了新民学会第一批会员；毛泽东创办工人夜校，周世钊任工人夜校管理员。周世钊以实际行动积极支持和协助毛泽东从事革命活动。

你是一个真能爱我的人

从一师毕业后，周世钊在王季范的介绍下到长沙修业小学教国文，而毛泽东此时为组织新民学会会员赴法勤工俭学在北京、上海等地四处奔波。1919 年 4 月，毛泽东到修业小学看望周世钊，周世钊问他住在何处，毛泽东说未定，周世钊盛情邀请他到修业小学同住，并告诉他修业小学正缺历史教师，每周只有 6 节课，课时轻松不耽误革命事业，建议他来任教。毛泽东答应了，住入修业小学并教历史课。在修业小学，两人生活清苦。冬季寒风刺骨，毛泽东被褥单薄，他就卷着被子到周世钊床上同睡。

生活贫穷，但事业开展得如火如荼。毛泽东创办《湘江评论》，周世钊应邀担任顾问。当毛泽东发起"驱张运动"时，周世钊则带领学生参加示威游行声援运动。

毛、周两人相互看重，相互支持，在繁复冗杂的环境中，新民学会会员也逐渐走上了不同的道路，但他们二人却成为了更加密切的朋友。毛泽东为新民学会会员赴法勤工俭学奔跑劳累，却出乎所有人意料，他本人留在国内。当时，很多新民学会会员对此举不理解。对此，1920 年 3 月 14 日，毛泽东在给周世钊的信中说："我觉得求学实在没有'必要在什么地方'的理，'出洋'两字，在好些人只是一种'迷'。中国出过洋的总不下几万乃至几十万，好的实在很少。多数呢？仍旧是'糊涂'，仍旧是'莫名其妙'……因此，我想暂不出国去，暂时在国内研究各种学问的纲要。……吾人如果要在现今的世界稍为尽一点力，当然脱不开'中国'这个地盘。关于这地盘内的情形，似不可不加以实地的调查，及研究。这层工夫，如果留在出洋回来的时候做，因人事及生活的关系，恐怕有些困难。不如在现在做了，一来无方才所说的困难；二来又可携带些经验到西洋去，考察时可以借资比较。"在向周世钊详细解释了自己不出国的理由和近期规划后，毛泽东也向他说明，他不是绝对反对留学，而是主张大留学政策，自己预备两三年后组织一个"游俄队"。由此可见，毛泽东与周世钊不同于普通朋友的密切关系。不巧的是，几年后因为革命形势的发展，毛泽东的游俄计划也遭搁浅。在这封信的开头，毛泽东还写道："接张君文亮的信，惊悉兄的母亲病故！这是人生一个痛苦之关。……我想你现时在家，必正绸缪将来进行的计划，我很希望我的计划和你的计划能够完全一致，因此你我的行动也能够一致。我现在觉得你是一个真能爱我，又真能于我有益的人。倘然你我的计划和行动能够一致，那便是很好的了。"这封信沉淀了毛泽东对周世钊的深厚感情。

　　同样的，周世钊对毛泽东也正如毛在信中所说，是一个真能爱他的人。1920 年 6 月，他致信毛泽东，言辞恳切，劝其返湘。当时，毛泽东和同学张文亮等人在上海民厚南里租了几间房，一起试验工读生活。周世钊信云："吾兄平时，素抱宏愿，此时有了机会，何不竭其口舌笔墨之劳，以求实现素志之十一？相知诸人，多盼兄回湘有所建树，弟也主张兄回省。" 7 月初，毛泽东离沪返湘。

　　毛、周二人曾经还有一个共同的职业畅想——做一名教员。两人一度主张教育救国，利用教育改造社会。1920 年秋，毛泽东担任湖南一师附属小学主事，周世钊应毛泽东之约，到一师附小兼任高小的历史课，他们常常在一起商谈国家大事和办学方针，合办了《小学生》杂志，还一起编辑出版《新湖南》《湖南通俗报》等报刊。他们写稿、编辑、校对，有时还亲自上街卖报，忙得不可开交。毛泽东忙于建团建党的活动时，曾邀请周世钊一起进行革命活动，但周世钊还是不改想做教员的初衷，并且当时入了上大学的"迷"，拒绝了毛泽东的邀请。1921 年，毛泽东创办了湖南自修大学。而这年，周世钊则考入南京东南大学学习教育与文学。在时代的蜿蜒沉浮中，两人人生的航标各自指向了不同的方向。一个戎马生涯，一个毕业后在长沙做着一名普通的教师。周世钊先后在湖南第一女子师范学校、长沙明德中学、省立二中、长郡中学、周南女子中学、第一师范学校、长沙师范学校等校任国文教师。

　　毛泽东和周世钊彼此尊重对方的选择，仍然联系密切。毛泽东考察湖南农民运动情况和写调查报告前，曾把调查情况和想法告诉周世钊。直到战火纷飞，毛泽东转战南北，两人音讯渐渐难通，但两人一直相互牵挂着对方。周世钊挂念友人，曾赋诗一首，其中有一句"九州明月系离肠"。当得知毛泽东到了延安、重庆时，周世钊又不顾风险致函问候。

诗词唱和

　　1949 年长沙和平解放，周世钊被任命为湖南一师校长。由周世钊领衔，湖南一些老新民学会会员和老师联名向毛泽东致贺。10 月 15 日，毛泽东即写信给周世钊："迭接电示……勤勤恳恳，如见故人……兄过去虽未参加革命斗争，教书就是有益于人民的……兄为一师校长，深庆得人，可见骏骨未凋，尚有生气。倘有可能，尊著旧诗尚祈抄寄若干，多多益善。"从此，两人开始了鸿雁传书、诗词唱和、倾心交谈的频繁交往。

　　新中国成立以后，毛泽东写给周世钊的信有 20 封之多，信中他亲切地以别甫"东园兄"或"惇园兄"来称呼周世钊。1950 年 12 月 29 日，毛泽东致信周世钊："晏睡的毛病正在改，实行了半个月，按照太阳办事，不按月亮办事了。但近日又翻过来，新年后当再改正。多休息和注意吃东西，也正在做。"

毛泽东对老友毫不讳言自己的生活习惯。在此之前的 9 月，周世钊应毛泽东之邀进京相见。途经河南许昌，因同行之人有事停留了一日。周世钊无事游览许昌，寻找一代枭雄曹操在此地的遗迹，但无所得。他抚今追昔，吟诗《五律·过许昌》："野史闻曹操，秋风过许昌。荒城临旷野，断碣卧斜阳。满市香烟溢，连畦豆叶长。人民新世纪，谁识邺中王！"许昌烟厂正收烟叶，农民肩挑车送，田里遍是豆苗，一派兴旺的新时代景象跃然纸上。后来，周世钊将此诗寄给了毛泽东。时隔多年，1956 年 12 月，毛泽东在给周世钊复信时，还记得好友的这首诗，并附录《水调歌头·长江》相赠。信的全文如下：

　　惇元兄：

　　　　两次惠书均已收到，情意拳拳，极为高兴。告知我省察情形，尤为有益。校牌仍未写，因提不起这个心情，但却时常在念，总有一天要交账的。时常记得秋风过许昌之句，无以为答。今年游长江，填了一首水调歌头，录陈审正。

　　　　水调歌头·长江

　　　　才饮长沙水，又食武昌鱼。万里长江横渡，极目楚天舒。不管风吹浪打，胜似闲庭信步，今日得宽余。子在川上曰：逝者如斯夫！

　　　　风樯动，龟蛇静，起宏图。一桥飞架南北，天堑变通途。更立西江石壁，截断巫山云雨，高峡出平湖。神女应无恙，当惊世界殊。

　　　　暂时不会出国，你们的意见是正确的。

　　　　问好！

　　　　　　　　　　　　　　　　　　　　　　　毛泽东

　　　　　　　　　　　　　　　　　　　　一九五六年十二月五日

　　1955 年，周世钊担任湖南教育厅副厅长兼湖南省立第一师范学校校长。6 月，毛泽东到长沙视察，工作之余，他决定到青年时代常去的湘江看一看。周世钊受邀陪同。6 月 20 日，两人旧地重游，都十分高兴。毛泽东提出要在正涨着洪水的湘江游泳，工作人员为了安全着想，用各种借口希望打消毛泽东的念头。周世钊也帮着劝说："现在湘江水涨，水又广又深，游泳也许不便啊？"毛泽东望着周世钊呵呵一笑，说："惇元兄，你不要说外行话啦！庄子不是说过：'水之积也不厚，其负大也无力。'水越深，浮力越大，游泳起来当然越要便利些，你怎么反说不便啊？"在毛泽东的坚持下，他跃入了湘江，整整游了一个小时，才在岳麓山下的牌楼口登岸。

上岸以后，毛泽东又提出去读书时常登的岳麓山。于是，几人从白鹤泉步行直至山顶的云麓宫，一路谈笑风生。原本准备好的轿子，毛泽东坚决不肯坐，一行人一路步行，登上山后，毛泽东没有坐下休息，又兴致勃勃地浏览云麓宫壁上的诗句和对联。周世钊看到毛泽东登上山顶，一点也不疲倦，在云麓宫吃中餐时，感慨地说："润之兄，你是上 60 岁的人了，身体还这样健康，还在湘江涨大水时游泳横渡过来，接着又步行上云麓宫，真可谓不是青年胜似青年啊！如果把你今天的真实情况讲给全国的青年听，我看他们一定会感到无比兴奋的，能起到很好的教育作用。"毛泽东笑了笑，回答说："这算什么！爬山吧，仅仅这样一点路程。游水也不是什么难事情。"

事后，周世钊作诗记述此次同游：

七律·从毛主席登岳麓山至云麓宫
滚滚江声走白沙，飘飘旗影卷红霞。
直登云麓三千丈，来看长沙百万家。
故国几年空见虎，东风遍地绿桑麻。
南巡喜见升平乐，何用书生颂物华。

两人分手后，周世钊将此诗和其他几首诗抄寄毛泽东。毛泽东读后十分高兴，立即回信："读大作各首甚有兴趣，奉和一律，尚祈指正。春江浩荡暂徘徊，又踏层峰望眼开。风起绿洲吹浪去，雨从青野上山来。尊前谈笑人依旧，域外鸡虫事可哀。莫叹韶华容易逝，卅年仍到赫曦台。"信中这首诗后来在公开出版时，被编者加上了标题《七律·和周世钊同志》。

1961 年 12 月 26 日毛泽东 68 岁生日当天，毛泽东给周世钊写信："你努力奋斗吧。我甚好，无病，堪以告慰。"又兴致盎然地说："'秋风万里芙蓉国，暮雨朝云薜荔村'。'西南云气来衡岳，日夜江声下洞庭。'同志，你处在这样的环境中，岂不妙哉？"

肝胆相照

周世钊曾当选为第二届、三届全国人大代表，第四届全国人大常委会委员，第一届、二届、三届湖南省人大代表和省人民委员，第一届湖南省政协常委，第二届、三届湖南省政协副主席等。在这些职务中，他是以爱国教育家、民主人士的身份担任的，其实，以他青年时代的进步活动和为教育做的贡献，要加入共产党本不是难事，但周世钊在1950年第一次进京与毛泽东交谈后，确定了自己的心意，于1951年2月加入了民盟，并任湖南省支部委员。当年，毛泽东询问周世钊和王季范："我们过去分别后，你们参加过什么民主党派吗？"王老回答说没有。周世钊随即向毛泽东表白："我对民主党派不感兴趣，因此我不愿加入。"毛泽东又对他们说："现在全国解放不久，共产党对知识分子和农村发展党员采取慎重态度，吸收党员较少，你们两位最好先去参加一个民主党派。中国民主同盟就是知识分子的组织，你们去参加民盟好了。"周世钊加入民盟后，进入华北革大政治研究院学习一年，系统学习了马列主义、毛泽东思想，深刻检讨过去视教育不超政治之偏颇，树立无产阶级世界观，热忱献身新中国教育事业。在他的主持下，湖南第一师范成绩斐然。1953年，他又被选为民盟中央委员。

1958年7月，周世钊当选湖南省副省长，他害怕自己难以胜任，10月17日便写信将担忧告诉了毛泽东。一周后，毛泽东立即复函，信中殷切地鼓励这位老朋友。"赐书收到，十月十七日的，读了高兴。受任新职，不要拈轻怕重，而要拈重鄙轻。古人有云：贤者在位，能者在职，二者不可得而兼。我看你这个人是可以兼的，年年月月日日时时感觉自己能力不行，实则是因为一不甚认识自己，二不甚认识客观事物——那些留学生们，大教授们，人事纠纷，复杂心理，看不起你，口中不说，目笑存之，如此等类。这些社会常态，几乎人人要经历的。此外，自己缺乏从政经验，临事而惧，陈力而后就列，这是好的。这些都是实事，可以理解的。我以为聪明、老实二字，足以解决一切困难问题。这点似乎同你谈过。聪谓多问多思，实谓实事求是。持之以恒，行之有素。总是比较能够做好事情的。你的勇气，看来比过去大有增加。士别三日，应当刮目相看了。我又讲了这一大篇，无非加一点油，添一点醋而已。"毛泽东写这封信时似乎是回到了青年时代，那时新民学会会员之间通信剖析自我，坦诚相见，互相关怀，真情流露。这封信给周世钊极大鼓舞。

虽然不同在一个党派，但毛、周二人肝胆相照。周世钊为了教育和激励青少年，他曾撰写出版了《我所认识的毛主席》《少年毛泽东的故事》《湘江的怒吼——"五四"前后毛主席在湖南》《毛主席青少年时期锻炼身体的故事》等文章和书籍，在多所学校、工厂报告毛泽东青少年时代的革命活动，他以丰富的细节、深厚的感情呈现给中国人民一个栩栩如生的青年毛泽东。

毛泽东对周世钊也是极为信任，情意拳拳。不止是在诗词方面，毛泽东与周世钊倾心交谈，向他解释"坐地日行八万里"等自创诗词的含义，在为什么要抗美援朝，为什么把毛岸英遗体留在朝鲜等很少与别人谈及的事情上，毛泽东也打开心扉，与周世钊促膝长谈。周世钊曾担心抗美援朝会引起人民不理解，影响国内建设。毛泽东回答他："现在美帝的侵略矛头直指我国的东北，假如它真的把朝鲜搞垮了，纵不过鸭绿江，我们的东北也时常在它的威胁中过日子，要进行和平建设也会有困难。所以，我们对朝鲜问题，如果置之不理，美帝必然得寸进尺，走日本侵略中国的老路，甚至比日本搞得更凶。它要把三把尖刀插在中国的身上，从朝鲜一把刀插在我国的头上，以台湾一把刀插在我国的腰上，把越南一把刀插在我国的脚上。天下有变，它就从三方面向我进攻，那我们就被动了。我们抗美援朝就是不许它的如意算盘得逞。'打得一拳开，免得百拳来。'我们抗美援朝，就是保家卫国……"

朝鲜战争胜利后的一天，周世钊在和毛泽东又一次见面时曾提到这场战争，并对毛泽东的长子毛岸英牺牲在战场感到十分痛惜。毛泽东对此回答：

我作为党中央的主席，作为一个领导人，自己有儿子不派他去抗美援朝、保家卫国，又派谁的儿子去呢？人人都像我一样，自己有儿子不派他去上战场，光派别人的儿子去上前线打仗，这还算个什么领导人呢？这是一方面。另一方面岸英是个青年人，他从苏联留学回国后，到农村进行过劳动锻炼，但他没有正式上过战场。青年人就是要到艰苦的环境中去锻炼，要在战斗中成长。基于这些原因，我才派他到朝鲜去的。

关于为什么不同意把毛岸英的遗体运回国内，毛泽东认为，岸英是响应党中央的号召，为抗美援朝，为保家卫国而牺牲的，就把他安葬在朝鲜的国土上，让它显示中朝人民的友谊，让中朝人民的友谊万古长青，不必把他的遗体运回国来安葬。

周世钊当时还身负一项特殊的使命，就是作为毛泽东的代表，帮助处理同学旧友间的生活困难。1963 年 12 月 13 日，毛泽东在写给周世钊的信中叮嘱道："如有其他穷师友，因生活困难，日子难过的事，请告我，应即援助，都由你经手。这是一种社会主义援助性质。"

周世钊为人襟怀坦荡，正直无私，在"文革"期间，多次上书毛泽东，坦陈己见，反映下情民意，言人之不敢言。他主持科教界工作期间，亲自为一些受冤屈的知识分子奔波平反。对于"左"倾错误，他多次在人大、政协会议上发言。1967 年，红卫兵抄了周世钊的家，他进京与毛泽东见面，反映了"文化大革命"中的种种问题，并进言："今天这个局面，民主党派还起什么作用……连个庙都没有了。"又说："我一身之外无长物，抄家者一无所获，不过搞乱了我好些旧书，弄得残缺不全，可惜，可惜，痛心，痛心！"毛泽东听后沉思良久，低沉地说："这对你不起，由我负责赔偿，你那些旧书，我这里都应该有，任你挑选拿去做赔……"他又说："你不要心存芥蒂，湖南的事，你还是要管的，当说的说，可管则管，至少是教育方面的事，你要管，不必负气。"周世钊回答说："我连个党员都不是，怎能管事，怎么管事？"毛泽东说："你愿入党我可作介绍。你是副省长嘛，即使造反，你也应管，再说你又是湖南民盟的负责人……怎能袖手旁观……"

1972 年 8 月，周世钊再次向毛泽东进谏八点意见，涉及"解放老干部""为知识分子正名""恢复共青团、少先队组织""制止开后门不正之风""消除派性"等方面。

1972年10月2日深夜，毛泽东亲自接见周世钊，两人面谈3小时，会见结束时，毛泽东恳切地建议周世钊经南京、上海回长沙，并一再叮咛他注意安全："你没有人护卫，更应多加小心为是。"1976年4月，周世钊病危。毛泽东从北京医院选派了两名医生乘飞机专程到湖南为周世钊治病。然而，病重难返，4月20日周世钊在长沙过世。不久，毛泽东也与世长辞。但一代开国领袖与学友间志趣相投、相互鼓励、共同进步的真挚友谊在后世传为佳话。

辩论总是会有益的

——毛泽东和蒋竹如

蒋竹如是毛泽东湖南第一师范的同学，两人虽不同班，但共同参加了当时的许多革命活动，在一次次与旧势力的斗争中结下了友谊。新中国成立后，两人书信往来，蒋竹如对教育事业提出建议，毛泽东给予鼓励。

反日驱张

蒋竹如，又名集虚、庆蒲、继琬。1898 年出生在湘潭。1915 年至 1920年就读于湖南第一师范本科第 1 部第 13 班。毛泽东是学校的风云人物，是各场新运动的领军者，思想进步的蒋竹如深受他的影响，并在他的领导下参加运动。

1919 年，五四运动如同火山一样爆发，将旧思想的禁锢，旧军阀的压制燃烧；也如同一场暴雨，洗礼了怀抱着新思想的青年。在此时，新民学会的力量迅速壮大，蒋竹如、彭璜、向警予、郭亮等 21 人新入会，他们多为一师、周南、商专、湘雅等学校的教员和学生。

5 月 23 日晚上，蒋竹如正在一师 13 班的自习室里复习功课，忽然毛泽东把他叫了出去，并告诉说：北京学生派来了两个代表，要求湖南学生起来罢课，和北京学生采取一致行动。两代表暂住在楚怡小学何叔衡那里。我们现在要商量一下怎样响应北京的学生运动。毛泽东和蒋竹如、陈书农、张国基等几人相邀，来到一师后山操坪里，在月光下商谈了一阵，最后决定通过新民学会会员的活动，每个学校推举一个或两三个代表，于25日上午到楚怡小学开会。第二天，几人便分途进行，通知各校推派代表。

5月25日，各校20余人聚集在楚怡小学。当时，湖南处在军阀张敬尧的残酷统治下，没有言论自由，新闻全被封锁。五四运动爆发半月有余，湖南人民仍不知道运动进展的真实情况。会上，毛泽东请北京来的两位代表报告情况。他们汇报了北京学生和市民群众游行示威的经过和继续罢课的目的，并希望湖南学生实行总罢课，声援北京学生的爱国斗争。毛泽东便提出罢课的问题，征求大家的意见。结果一致主张罢课，并决定成立湖南学生联合会，作为发动罢课和统一各校学生行动的领导机构，法专代表夏正猷、商专代表彭璜分别当选为正副会长。学生联合会的会址设在商专，它的办事人员大多是新民学会的会员。毛泽东有时也住在商专里面，就近指导学联的各项活动。他是这个富有战斗性的新的学生组织的实际领导者。

6月3日，大多数学校罢课了，只有明德、法专和几个女学校没有罢课。法专代表夏正猷身为学联会长而自己所在的学校不能带头实行学联的决议，引起了各校学生的不满，不久，他辞职，学联改选彭璜为会长。在这次改选中，蒋竹如被选为干事部部长。4日，长沙《大公报》发表蒋竹如等学联干部拟写的罢课宣言，宣言表明"外交失败，内政分歧，国家将亡，急宜挽救"，湖南学生"力行救国之职责，誓为外交之后盾"。宣言还向政府提出拒绝巴黎合约、废除中日不平等条约等要求。

学联除领导各校学生举行罢课以外，同时展开了以抵制日货为中心的反日爱国运动。为此，曾经在各校学生中组成许多讲演队、检查队和戏剧队，每天轮流在街头和沿江码头进行活动。长沙坡子街华太长号的老板暗地里囤积日货，并把日货冒充国货出售。蒋竹如和评议部长彭光球为惩罚奸商，平息公愤，发动长郡、一师等校学生四百余人，捣毁了华太长号。这件事一时轰动长沙全城，奸商们虽然利欲熏心，但也不得不收敛起来。这年6月份的长沙城里，热之闹之，四处涌起了源源不竭的反日浪潮。毛泽东带着蒋竹如等学联干部组织青年学生在城乡、车站、码头，作爱国反日宣传。7月9日，在毛泽东的指导下，彭璜、蒋竹如组织湖南学联发起成立湖南各界联合会，以"救国十人团"为基层组织。在毛泽东、蒋竹如等不辞辛劳的发动、组织和宣传下，当月"救国十人团"就发展到400多个，表现出令人震惊的发展势头。

7月14日，毛泽东建议以湖南省学联名义创办的刊物《湘江评论》创刊。毛泽东亲自担任主编和主要撰稿人，蒋竹如等人积极支持该刊的运营和销售。当时毛泽东白天在修业小学上课，还要领导各项运动，只能在深夜为刊物写稿，每期稿件都是交给蒋竹如去接取付印。在《湘江评论》创刊宣言中，毛泽东激情澎湃地写道："时机到了！世界的大潮卷得更急了！洞庭湖的闸门动了，且开了！浩浩荡荡的新思潮业已奔腾澎湃于湘江两岸了！"他还说："世界什么问题最大？吃饭问题最大。什么力量最强？民众联合的力量最强。什么不要怕？天不要怕，鬼不要怕，死人不要怕，官僚不要怕，军阀不要怕，资本家不要怕。"毛泽东为创刊号撰写创刊宣言和长短文20余篇，热烈的感情，尖锐的笔法，激情的文字令人震撼，加上蒋竹如等人对该刊有力的组织宣传，创刊号首印两千份拿到街上立刻卖完，蒋竹如等人又急忙组织再印两千份，仍不能满足需要，根据这个形势，后来每期都印五千份。

7月21日，《湘江评论》第二号出版，毛泽东亲自撰文《民众的大联合》，该文在三、四号陆续连载。他说："国家坏到了极处，人类苦到了极处，社会黑暗到了极处。补救的方法，改造的方法。教育，兴业，努力，猛进，破坏，建设，固然是不错，有为这几样根本的一个方法，就是民众的大联合。"该文一发表引起了巨大轰动，不仅是蒋竹如等青年学生以更积极的身姿投入各项爱国活动中，就是在当时的进步思想界也有很大影响，北京、上海、成都等地一些报刊转载了这篇文章，北京《每周评论》说，此文"眼光很远大，议论也很痛快，确是现今的重要文字"。《湘江评论》出版不到一个月，就编辑到第五期，毛泽东亲自撰写了40篇文章，还要自己编辑，自己排版，自己校对，有时还亲自上街叫卖。

《湘江评论》对帝国主义和封建势力进行了揭露和抨击，宣传了反帝、反封建、反军阀统治的思想，湖南军阀张敬尧坐立难安，预备查禁封锁。八月中旬，第五期刚刚印好，还没有来得及发行，张敬尧派来了军警，包围了湖南学生联合会，张贴布告，解散学联，查封《湘江评论》。由于事先得到风声，毛泽东布置学联职员离开，蒋竹如等人把学联的重要文件，印章和未卖完的各期《湘江评论》，一篮一篓地转移到河西的湖南大学筹备处去了，才没有受到损失。

9 月中旬，毛泽东在商业专门学校召集蒋竹如等人开会，指出北洋军阀内讧是驱张的大好时机，并当即布置该项工作。11 月中旬，新民学会进行改选大会，毛泽东、蒋竹如等选举为评议员。会后，即进行驱逐张敬尧运动。16 日，毛泽东、蒋竹如等组织原学联的骨干开会，宣布重建学联。12 月 3 日下午，毛泽东、蒋竹如、周世钊等人又在白沙井枫树亭易培基家里开会，决议发动各校学生长期罢课，组织驱张请愿代表团，分赴北京、衡阳、常德三地活动，利用各方面力量驱逐张敬尧。会后，毛泽东嘱咐蒋竹如立即去学联布置全市学生罢课运动，尽先组织赴京代表团。在蒋竹如的组织发动下，各校学联代表通过枫树亭决议。蒋竹如回到第一师范，当晚即召开了全校学生大会，通过了学联的决议。大会推举他和钟秀两人为赴京请愿代表团代表。会后，蒋竹如又向一师当局交涉，退出学生入学时所交押金，作为罢课后回家的旅费。随后，在毛泽东的部署和领导下，蒋竹如等人参与到驱张运动的一系列行动中，最终驱张运动取得成功。

1962 年 2 月，蒋竹如撰文《湖南学生的反日驱张斗争》，详细回忆了毛泽东领导、组织的反日驱张斗争和自己在运动中的一些工作。

可以来此入学研究

蒋竹如从湖南一师毕业后，留在学校担任教员。

做一名教育工作者，是蒋竹如的理想。1921 年元旦，毛泽东领导新民学会会友集合在长沙潮宗街文化书社，讨论"改造中国与世界"的道路、方法，以及团体、个人进行计划。在讨论个人进行计划时，蒋竹如发言："想做一个教育者，从事小学、中学的教育事业。师校毕业后，教书、积钱，再入高等师范，然后往外国留学。从事教育时，拟集合同志，自办学校。"在述说"会友个人的生活方法"时，蒋竹如发言："物质生活，不外衣、食、住3项。现我决定家产一点不要。师校毕业后以教员为职业，与相知之数友同居生活，生活费互助，轮流升学。衣则10年内决定只穿布衣，食则每日一餐也可，住屋更可随便。至精神生活，则急要读书。我从前觉得人生无味，盖进化无已，没有底境，使人迷茫，觉得无味。近受杜威、罗素的影响，将凡事之无希望的方面，黑暗的方面，坏的方面，不去着想；专想有希望的方面，光明的方面，故觉颇有生趣。"1920年10月底至11月初，湖南省教育会组织举行中外名人学术讲演大会，邀请美国哲学家、教育家杜威，英国哲学家、数学家、逻辑学家罗素等，以及国内著名学者蔡元培、吴稚晖、章太炎等来讲学，在湖南众校举行了40多场讲演。杜威讲教育哲学，主张实用主义，提出教育即生活，学校即社会的口号。罗素主张自由主义。他们的演讲受到热烈欢迎，在一定程度上满足了当时正为湖南、中国前途苦苦探索的年轻人对政治思想的渴望。湖南众多青年学子深受他们学说的影响，蒋竹如是其中之一。毛泽东是这次演讲大会的记录者之一，他们的演讲对毛泽东也产生过重大影响，但毛泽东对此进行了深入辩证的思考，认为他们的学说有不合适中国国情的一面。

昔年在毛泽东的影响下，蒋竹如成为早期中国共产党党员，大革命失败后，蒋竹如脱党，转而长期从事教育工作。抗日战争时期，他回湘潭新群中学任国文教员兼班主任。不久离开新群，先后到湖南省立五师和一师任教。新中国成立后，他首批被聘任为湖南省文史研究馆馆员。1950年，任湖南一师教导主任。

蒋竹如素有才名，在1917年一师的"人物互选"中以好学6票、文学5票榜上有名。民国年间，是《国学丛刊》等各大杂志的撰稿人。毛泽东第一次诗论正是体现在给蒋竹如的信中。原来，毛泽东曾嘱咐周世钊"倘有可能，尊著旧诗尚祈抄寄若干"。因故未能及时寄诗的周世钊将该信给蒋竹如看了，蒋竹如便给毛泽东寄去许多诗词，毛泽东非常高兴，1950年3月14日，他致函蒋竹如："得示极慰，迟复为歉。惠我瑶章，弥见勤勤恳恳，深情厚意，如对故人。律诗是一种少数人吟赏的艺术，难于普及，不宜提倡，惟用民间言语七字成句有韵而非律的诗，即兄所指民间歌谣体制，尚是很有用的。弟于律诗不会作而好读，前复东园兄信请他抄其旧作寄我，未见寄来，却似乎因此引出了吾兄寄来的许多大作，使我非常高兴。韩信将兵多多益善，倘蒙多寄大作（寄重庆诗未收到），极表欢迎。"这封信是毛泽东较早的诗论作品，后来在它的基础上，毛泽东还对诗词进行了深入阐述。

全新的国家点燃了蒋竹如的激情，他决定潜心学习，进行深造，以跟上时代的步伐。1950 年 7 月 31 日，他写信给毛泽东要求去北京参加华北人民革命大学的学习，并随信寄去了一篇回忆早年学校生活的文章。收到蒋竹如的信，毛泽东十分高兴。他回信道：

竹如兄：

　　七月三十一日来信收到。顷询革大。据称该校研究班九月间可收留若干人。似此，兄如有决心，并能吃苦（该校火〈伙〉食不大好），可以来此入学研究。大作同时收到，甚谢！顺颂

教祺

毛泽东

八月十日

毛泽东对老同学是十分关怀的，知道他从事教育工作，支持他学习上进。1951 年 1 月 14 日，毛泽东给一师同学、新民学会会员李思安的信中，又提到蒋竹如："如果你愿意和蒋竹如同学他们一道进革命大学学习一时期，则可以进该校。"蒋竹如等人在 3 月份进入革大学习。同时，他们在一师的老同学周世钊也进了革大。而与此相反的是，毛泽东拒绝了一些至亲想利用他的权力安排学习、工作的要求。如同是发生在 20 世纪 50 年代，毛泽东的表兄文运昌提出解决 15 名文家亲属学习、工作问题，毛泽东批示不能办。毛泽东从小在外婆文家长大，对文家亲友怀有深厚感情，但他并不因此网开一面。同样对于帮助他良多的文运昌本人，他也毫不留情地拒绝道："运昌兄的工作，不宜由我推荐，宜由他自己在人民中的表现，取得信任，便有机会参加工作。"

蒋竹如等人进入革命大学学习时，毛泽东正在外地。1951 年 4 月下旬的一个下午，毛泽东已从河北石家庄回来，他从繁忙的工作中抽身出来，派秘书去华北人民革命大学政治研究院接周世钊、蒋竹如到中南海。几名昔年同窗相聚畅谈，在了解研究院情况和周世钊、蒋竹如的学习打算后，毛泽东羡慕地说："你们能够请假学习一年好极了，有机会学习是最好不过的事。学习完成后再往东北、华东参观也很重要。我呢，也很想请假两三年学习自然科学，只可惜可能不允许我有这样长的假期。"

5 月一个星期六的下午，毛泽东又派秘书接他们去中南海聚会。谈到抗美援朝战事发展情况，毛泽东说："我们志愿军的武器不如敌人，大炮都少，飞机更没有上前线，但常常打胜仗。这是因为志愿军战士都是翻身的农民和工人……这次战争我们打的是品质战。"谈话后，毛泽东与蒋竹如等人共进晚餐。9 月，毛泽东又约蒋竹如、周世钊等 5 人到中南海共进晚餐。席间，毛泽东又很高兴地与他们谈论抗美援朝战争，并说："一个美国记者说，美国的军队再花三十年也打不到鸭绿江。我看再打二百年，他们也没有希望打到鸭绿江。"时光仿佛回到一师，一群青春张扬的青年人，也是以毛泽东为中心，直面时事，畅所欲言。

写信议政

对于毛泽东的关怀和信任，蒋竹如十分感动，常寄去诗词，并写信问候。他知道老友希望多了解一些下情，因此也常在去信中讲述自己对政事的看法。1954 年 8 月 9 日，时在长沙市女子师范学校当教员的蒋竹如给毛泽东写信，信后附了四点建议：（一）关于购粮工作，似应禁止超额竞赛办法。地方干部在执行政策时，互相挑战，争取超额，似乎不妥。因为农民收获有限，国家所取愈多，则农民所留愈少。去年购粮工作中，各乡互相挑战，争取超额完成，于是某些地方提升粮户地位，有的缺粮户升为保粮户，保粮户升为余粮户，这样一来，使若干农民的情绪不安，减低了生产兴趣，影响国家的增产计划。（二）洪水为灾，似应准备大建水库。今年湖南水患特大，不仅滨湖受害，山区、丘陵地区也有极大损失。今后防御的方法，惟有在扼要的山谷中大建水库，一则预防洪水，二则预抗旱灾，一举两利。（三）特殊的教育制度似应加以改进。湖南的育才幼儿园、省幼儿园、军区幼儿园在教育界中显得特殊，组织庞大，管理人员众多，耗费巨大，一则给群众不好的印象，二则那些幼儿，过惯了优裕生活，也没有好处。（四）对铁路工作人员的免票似应加以限制。现在各业工人的待遇，都是以各人的工薪去维持各家的衣食住行的费用，但铁路工人的家属，却能享受免票乘车权利，这种特殊优待，似不合理。一则妨碍了国家收入，二则形成了特殊制度，给人民群众以不好的心理影响，似应只能限于工作人员本身享有免票权利。

毛泽东读后十分震撼，也十分感动。10月29日，将信批转给中共中央书记处书记、国务院副总理陈云和中共中央秘书长、国务院副总理邓小平。批示云："此信附件建议四点，值得注意，请陈云、小平二同志一阅。写信人是一个中学教员，过去我的同学。"同日，毛泽东复信蒋竹如：

竹如兄：

　　八月九日的信收到。

　　建议四点很好，已告有关同志注意。

此复。顺颂

教安

毛泽东
一九五四年十月廿九日

1953年，国家开始实行粮食统购统销政策，在此之前，国家要从粮食市场购粮储备，就得和私人粮商竞争，遇上农民储粮备荒，国家、粮商都买不到粮食，国家出现粮食购少销多的局面。为了解决这个现象，也为了积累国家建设发展所需的工业资金，国家采取政治权力强制推动粮食征购。为了完成征收任务，基层有时动用过激的征收方式。中央为此又设法制止。1954年冬，党中央采取措施，防止蒋竹如所指出的弊端。

蒋竹如的第二点建议反映了湖南水灾的情况，这一年6月至7月，湖南遭受百年难遇的特大洪水，洞庭湖附近数十县被淹。蒋竹如的提议得到了各级领导的重视，中央派人到湖南视察，1955年各地开始修建水库。

蒋竹如的四点建议真实反映了情况，不止是湖南的现实状况，也是全国其他各地的真实现象，为毛泽东了解乡情提供了真实的材料。毛泽东最是痛恨搞特殊化，蒋竹如提到的两个特殊化现象使毛泽东警觉，并予以制止。

1955年2月，蒋竹如关于语文教学、文字改革提出了一些不成熟的见解，并给毛泽东去信。毛泽东仔细地阅读后，郑重复信说：

竹如兄：

　　二月惠书收读，甚谢！兄作语文学研究，提出不同意见，我虽未能同意，但辩论总是会有益的。来书已付文字改革委员会研究去了。拼音文字是较便利的一种文字形式。

　　汉字太繁难，目前只作简化改革，将来总有一天要作根本改革的。

此复。顺问

教安

毛泽东

一九五五年五月一日

毛泽东日理万机，虽然认为老同学的建议有失偏颇，但仍认真对待，将蒋竹如的信转给全国文字改革委员会研究参考。毛泽东以一颗真挚之心对待昔年同学，他诚恳地表明自己的意见，并予以解释。"辩论总是会有益的"更是一种鼓励，是民主作风的体现。蒋竹如同信还寄去了一本自己的专著，这本专著是他根据多年从事语文教学和研究的经验写成。毛泽东看后，十分欣慰。

在毛泽东的关怀下，蒋竹如兢兢业业从事教育工作，并致力于语言文字的研究，为新中国教育事业和语言文字改革作出了积极贡献。在毛泽东的领导下，中国文字改革委员会执行文字改革任务：简化和整理汉字，推广普通话，制订和推行汉语拼音方案，使汉语言文字逐步走上标准化的轨道。

此后，毛泽东又多次问候蒋竹如，始终关心他的生活情况。 1963 年 3 月 24 日，毛泽东给老同学周世钊的信中提道，"蒋竹如兄处，亦乞见时代为致意。他给我的信都已收到了。"

1967 年，蒋竹如因病去世，时年 69 岁。

后　记

　　因为工作原因，我前两年开始细读毛泽东诗词，没想到最让我沉迷其中的，居然是毛泽东早期的一首《沁园春·长沙》。

　　独立寒秋，湘江北去，橘子洲头。看万山红遍，层林尽染；漫江碧透，百舸争流。鹰击长空，鱼翔浅底，万类霜天竞自由。怅寥廓，问苍茫大地，谁主沉浮？携来百侣曾游，忆往昔峥嵘岁月稠。恰同学少年，风华正茂；书生意气，挥斥方遒。指点江山，激扬文字，粪土当年万户侯。曾记否，到中流击水，浪遏飞舟？

　　青春年少、意气风发的毛泽东和同学好友那段风华正茂的学生岁月依稀就在我的眼前。少年乐相知，衰暮思故友。同学，是我们少年时代、青年时代相处最久、共享欢乐、分担忧愁的好友；同学情谊，是人生中最真挚、最纯粹的情感之一。我的思绪不禁被牵动：一代伟人毛泽东是怎么和同学相处的呢？他是生而不凡，在青少年时代就异于同龄人么？在彼此立场、地位发生改变的时候，是否能维持那真挚的友情呢？徜徉在一堆堆资料中，我看到了一个农家少年求学路上的艰难，体会到了少年毛泽东和我们一样曾有过的郁闷和孤独。他不折不挠、不弃不馁艰苦奋斗的轨迹深深地烙印在我心头，与此同时，我更为毛泽东与同学们之间的道义之交深深感动。原来，毛泽东也并不是天赋异禀，他之所以由一个被同学排挤的"土包子"逐渐成长为一个同学公认的领军人物，之所以走出校门后能成就一番伟大事业，怀抱远大的志向，着眼于现实，始终坚持"富贵不能淫，贫贱不能移，威武不能屈"是一个极其重要的原因。那波诡云谲的岁月已经飘逝，那艰难的过去已经走远，但我想坚定的意志和百折不挠的精神不论在什么年代都有永恒的价值，我想把这样一个成长中的毛泽东、生动的毛泽东呈现给今天的青年们，也勉励在文字路上跋涉却常想松懈的自己。

如毛泽东和他的同学们合群奋斗一样，真挚的同学感情也是我人生前进的重大动力，在此特别感谢我的同学张莉娟在我写作之路上的无私帮助，还要万分感谢出版社的领导和编辑，他们对我仍显稚嫩的文字的肯定以及对我的支持，为我增添了极大的信心和继续走下去的勇气。

李丽写于 2017 年春